高中英语教学创新

探索有价值学习之路

刘海燕 著

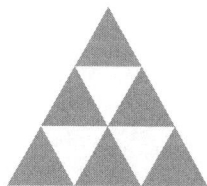

INNOVATION

上海交通大学出版社
SHANGHAI JIAO TONG UNIVERSITY PRESS

内容提要

本书立足核心素养,构建基于核心素养的英语教学框架,助力学生追求有价值的英语学习。全书共八章,从对基于核心素养的英语教学进行概述,到探讨有价值的英语学习的内涵,提出引导学生进行深度学习、探究学习和自主学习的途径,并指出不同的学习途径在英语学习中的应用,再到运用案例的形式重点阐述从"教"向"学"的转变,探索引领学生走向更加有效和有价值的学习路径,同时建立相应的评价框架和方法,系统阐述对有价值学习的评价,最后进行反思和总结,并对未来的研究提出展望。本书为高中英语教学创新和实现有价值的英语学习提供了参考,适合英语教师、英语教学研究人员阅读参考。

图书在版编目(CIP)数据

高中英语教学创新:探索有价值学习之路/刘海燕著.—上海:上海交通大学出版社,2025.1
ISBN 978-7-313-30674-6

Ⅰ.①高… Ⅱ.①刘… Ⅲ.①英语课-教学研究-高中 Ⅳ.①G633.412

中国国家版本馆 CIP 数据核字(2024)第 090625 号

高中英语教学创新——探索有价值学习之路
GAOZHONG YINGYU JIAOXUE CHUANGXIN——TANSUO YOUJIAZHI XUEXI ZHI LU

著　　者:刘海燕
出版发行:上海交通大学出版社　　　　　地　　址:上海市番禺路 951 号
邮政编码:200030　　　　　　　　　　　电　　话:021-64071208
印　　制:上海景条印刷有限公司　　　　　经　　销:全国新华书店
开　　本:787mm×1092mm　1/16
字　　数:269 千字
版　　次:2025 年 1 月第 1 版　　　　　　印　　张:13.5
书　　号:ISBN 978-7-313-30674-6　　　　印　　次:2025 年 1 月第 1 次印刷
定　　价:68.00 元

前　言

　　语言的学习与运用是人类进步和交流的重要桥梁,在当今全球化的时代背景下,掌握英语已经成为一项不可或缺的技能。然而,仅仅追求语言能力的提升已经不能满足我们对学生未来发展的期望,新时代赋予基础英语教育以新的目标和追求,作为英语教师,我们应该以培养出具有创新能力和跨文化交际能力的人才为己任,这样的价值导向下培养出来的人才不仅能够流利地运用语言,而且能够深刻理解语言背后的文化、历史和社会等多层次含义,最终成长为具有爱国情怀、国际视野、国际交往能力和文化自信的新一代中国人。为了实现这一目标,我们迫切需要进行高中英语教学的探索和创新。

　　本书的写作源于本人多年的一线英语教学实践,主题"高中英语教学创新——探索有价值学习之路"的设立受到上海市市西中学董君武校长著作《从有效性学习走向有价值学习》的启发,在结合学校的教育教学改革对高中英语教学实践的深入指导的基础上撰写而成。它以探索有价值学习之路为主题,系统地介绍了高中英语教学中的创新理念和实践方法。本书基于国家英语新课程标准中对核心素养的要求,针对教学实际中的困境和问题进行了深入的剖析并提出了一系列行之有效的解决方案和实施路径。

　　全书共分为八章,每章都围绕英语学习的核心素养和有价值学习的实现展开讨论。第一章深入解读高中英语的核心素养要求,为后续章节的内容奠定基础。随后的各章依次探讨了追求有价值学习的实施路径,通过"教""学""导"三个环节有意识地引导学生追求有价值学习,教师在教学中体现内容的中心化和结构化、引导学生进行探究性学习、依托元认知策略促进自主学习能力的发展,并阐述了教学创新实践的具体流程、深度反思和评价方式。最后一章总结了教学创新实践的成果,并为未来的研究和教学实践提供了参考和指南。

　　通过阅读本书,从事英语教育的工作者将深入了解高中英语教学创新的重要性和必要性,同时也能够从中获得一些实用的教学策略和方法。无论是教师还是学生,都可以从中汲取灵感,探索更高质量、更有价值的英语学习之路。期待《高中英语教学创新——探索有价值学习之路》能为英语教学创新提供有益的参考和启示,为我们的英语教育教学注入新的活力和动力。让我们共同探索,让英语学习真正走向有价值的未来。

　　在此书即将完稿之际,回首创作的心路历程,我感慨万千。感谢著作等身的董君武校长百忙之中对目录和框架再三推敲并对撰写规范提出诸多中肯的建议；感谢张芸副校长从英语专业角度给我的灵感、启发和鼓励；感谢上海市市西中学各学科老师们的分享和帮助，尤其感谢朱妍祺、邓婧、姚绮蓓和金嘉颢等几位年轻老师不吝提供案例二、案例三、案例八和案例九的实操部分供作者进行分析和评价；感谢上海交通大学出版社编辑团队对本书出版的大力支持，尤其是责编汤琪老师不厌其烦、事无巨细，这样的专业态度和热情深深感染了我。最终促成拙作的诞生，在此向各位表达我最诚挚的敬佩与感激之情。

在这个信息爆炸的时代，教育的生态正在发生着翻天覆地的变化。唯愿《高中英语教学创新——探索有价值学习之路》能为致力于教育改革，不断寻求和探索的人们，增加一条充满憧憬和希望的道路。让我们携手合作，共同探索教学的新领域，为培养适应未来社会发展的英语人才而努力，为英语教育教学事业的繁荣做出微薄贡献。

书中大部分内容基于我多年的研究课题积累，虽然在专家和同行的帮助和点拨之下几易其稿、反复打磨，但是书中难免存在值得商榷和推敲之处，对于很多概念的界定和阐述或有不精确之嫌，真诚期待各位读者海涵与指正，以推动我在这个领域进一步深化研究，并为实践工作注入更多的指导和启示。

刘海燕

2024 年 1 月 6 日

目　录

第一章　基于核心素养的英语教学

高中英语的核心素养要求包括语言能力、文化意识、思维品质和学习能力四个维度。新课标对这些要求进行了清晰且详尽的阐述。理解高中英语新课程标准中的核心素养在各个维度的具体要求以及了解英语教学过程中所面临的困境和存在的实际问题，对于落实学生的核心素养具有至关重要的作用。核心素养的落实有助于培养全面发展的学生，即助力他们掌握适应终身发展和社会发展需要的必备品格和关键能力。

第一节　英语学科核心素养概述

一、核心素养

核心素养的英语表示为"key competence"，即关键的能力。从词源来看，汉语中的"素养"在英语中对应"competence"，该词源于拉丁语"competere"，意为"合力奋斗"。最初，"competence"指的是人们在应对各种情境时所需的全面能力，本质上强调的是个体的存在状态或能力。而核心素养中的"核心"与传统教育目标存在差异，着重于实施"育人教育"并促进学生的全面发展。这意味着核心素养强调培养学生具备全面能力，以更好地适应和应对不同环境和挑战。

2016年，北京师范大学受教育部委托在《中国学生发展核心素养》研究成果中指出："以培养'全面发展的人'为核心，核心素养分为三个方面，包括文化基础、自主发展、社会参与，综合表现为六大素养，具体分为十八个基本点，包含人文底蕴、科学精神、学会学习、健康生活、责任担当、实践创新、国家认同等。"新课程标准中对核心素养的定义则是指学生应具备的，能够适应终身发展和社会发展需要的必备品格和关键能力。核心素养是新课标的"灵魂"，也是未来教育发展前进的方向。

二、英语学科核心素养

(一) 英语学科核心素养的内涵

学科核心素养在学科教育中具有重要价值,是学科育人价值的鲜明体现。学科核心素养涵盖学生通过学科学习逐步培养的正确价值观念、必备品格和关键能力。这不仅有助于国家实施立德树人根本任务,更是素质教育和学科育人的集中展示。学科素养的培养不仅关注知识的传授,更注重学生的全面发展,旨在培养具备核心能力和积极价值观的学生。这一理念促使学科教育更加注重培养学生的创新思维、实际应用能力,为其未来的发展和社会参与打下坚实基础。

英语学科核心素养是学生通过英语学习逐步形成的,包括必备品格、关键能力和正确的价值观,旨在使其能够适应个人终身发展和社会进步的需要。《普通高中英语课程标准(2017 年版 2020 年修订)》提出:"学科核心素养是学科育人价值的集中体现,是学生通过学科学习而逐步形成的正确价值观、必备品格和关键能力。英语学科核心素养主要包括语言能力、文化意识、思维品质和学习能力。"下面对英语学科核心素养的内涵进行概述。

1. 语言能力

语言能力涵盖学生在听、说、读、写等多方面的语言运用能力。语言能力作为基础,不仅使学生能够有效理解和表达个人意愿,还是其他核心素养的基石。通过听力,学生能够接触和理解各种语言输入;通过口语,学生能够表达个人思想和情感,实现有效的交流。阅读和写作则进一步拓展了语言能力的广度和深度,培养学生对于语言表达的敏感性和独立思考的能力。提升语言能力对于学生综合素养的发展具有积极作用。首先,语言能力的提升有助于培养学生的文化意识。通过对语言的深入理解和运用,学生能够更好地感知和理解英语国家的文化,促进跨文化的交流与理解。其次,语言能力的提升有助于发展学生的思维品质。良好的语言表达能力不仅意味着学生对信息的准确理解,更需要思维清晰、逻辑严密。通过语言能力的培养,学生的思辨性和批判性思维得以发展,提高了解决和分析问题的能力。同时,语言能力的提升对学习能力的增强也至关重要。英语学科作为知识的载体,语言能力的提升使得学生更容易获取并理解各类知识,提高了学科学习的效率。这对于学生的学科综合素养的培养起到了基础性的支撑作用。此外,语言能力还有助于跨文化交流能力的培养。随着全球化的推进,跨文化交流成为当今社会的重要需求。通过不断提升语言能力,学生能够更加流利地与他人交流,更好地融入国际社会。

2. 文化意识

英语学科核心素养中的文化意识不仅包括对中国本土文化的理解和认同,而且涉及对不同国外文化的全面理解和尊重。首先,英语学科核心素养中的文化意识强调学生应当具备对多元文化的敏感性和开放性,能够超越单一的文化视角,理解并接纳来自不同文化背景的思维方式、价值观和社会习惯。通过对多元文化的深刻理解,学生能够培养出良好的跨文化认知,拓宽自身视野,提高文化适应力。其次,文化意识的培育有助于学生对国家认同感的建构。在英语学科中,学生通过学习英语,不仅能习得一门语言技能,而且是走入英语国家的文化世界,感知其中的价值观、历史沿革以及社会结构的一个通道。这种对文化的感知不仅加深了学生对英语国家的认同感,同时也促使学生更全面地了解自己所属国家的文化底蕴,为他们建构自身的文化认同提供了深厚的基础。再次,文化意识的培养也有助于学生成长为具有社会责任感的文明人。通过学习不同文化,学生能够更加深刻地理解文化之间的相互影响和共生关系,培养出尊重差异、包容多样的文化背景的态度。这种跨文化的宽容和理解,有助于学生在面对多元社会时更好地与他人交流合作,形成积极的社会互动和合作模式。最后,学生对文化的敏感性和责任感的培养也使他们更有可能成为推动文明交流、传播友好理念的重要力量。

3. 思维品质

思维品质主要包括学生的逻辑性、批判性和创新性三方面,对学生的全面发展和终身学习起到重要的引导和支持作用。首先,逻辑性是思维品质的基石,要求学生能够清晰地组织和表达思想,形成合理的论证结构。在英语学科中,逻辑性的培养意味着学生不仅仅能够理解语法结构和句法关系,更要能够在语篇层面建构有条理的观点和论证,使其表达更加准确且具有说服力。其次,批判性思维是思维品质中的关键要素,要求学生在接受信息的过程中能够有独立的思考和判断能力。在英语学科中,培养学生的批判性思维意味着引导他们对文本进行深入分析,辨别信息的可信度,提出有力的反驳和质疑。这种批判性思维的培养不仅能够帮助学生更好地理解语言表达的多层含义,还能够使他们在面对信息时更加审慎和独立地思考,具备更强的信息素养。最后,创新性思维是思维品质的高阶表现,要求学生能够在解决问题和表达观点时展现其独创性和创新性。在英语学科中,创新性思维的培养不仅体现在学生的语言运用上,更包括对文学作品的独到见解和创作能力上。通过激发学生对语言和文学的创新兴趣,培养他们的创新性思维,可以使学生更好地融入全球文化,推动语言和文学的发展。

4. 学习能力

学习能力在英语学科核心素养中占有重要地位,它不仅仅强调学生应具备运用有效英语学习策略的能力,而且要求他们通过多种途径不断提升学习效率,培养自我管理和良好的学习习惯。首先,学习能力的培养要求学生能够灵活应用各种英语学习策略。这包括但不限于积极参与听说读写的各个方面,善于利用技术手段,如在线资源、语言应用程序等,以提高学习效果。通过选择适当的学习方法和工具,学生能够更加高效地掌握英语语言技能,同时培养对英语学科的浓厚兴趣。其次,学习能力的核心是学生的自我管理能力,这要求他们在学习过程中能够有效地规划时间、制定学习目标,并通过明确的学习计划来达成这些目标。在英语学科中,自我管理不仅包括对学习任务的分解和安排,还需要学生具备对语法、词汇等知识点的自主学习能力。通过自我管理,学生可以更好地适应学科内容的深度和广度,提高学习的针对性和系统性,从而更好地应对不同层次的英语学科要求。最后,良好的英语学习习惯也是学习能力的重要组成部分。学生通过养成良好的学习习惯,如每日坚持英语阅读、积极参与口语练习、定期复习语法知识等,不仅能够提高学习的持续性和深度,还能够培养学科学习的自觉性和主动性。这些习惯有助于学生建立起对英语学科的长期兴趣和自发学习的动力,使其在学习过程中更为自信和有条不紊。

总之,英语学科核心素养中的学习能力涵盖运用学习策略、自我管理和良好学习习惯的方方面面。通过培养学生在学习中的主动性和创造性,英语教育旨在使学生不仅能够应对学科内容的挑战,更能够在未来不断适应不同学科和知识领域的学习需求,实现终身学习的目标。学习能力的培养不仅仅是为了应对眼前的学科考核,而且是为了学生未来的发展。

(二) 英语学科核心素养之间的关系

在英语学科中,核心素养包括语言能力、文化意识、思维品质和学习能力,它们构成了学生全面发展的基石。

语言能力作为基础要素,是学生在英语学科中沟通、表达和理解的基本工具。通过良好的语言能力,学生能够更有效地参与各种学科活动,建立起英语学科知识的扎实基础。文化意识作为价值取向,强调学生对不同文化的理解和认同。这不仅丰富了学生的视野,还培养了他们的跨文化认知、态度和行为取向。文化意识使学生具备更广泛的社会视野,有助于培养他们在全球化背景下更具包容性和开放性的心态,从而更好地适应多元文化的社会环境。思维品质涉及学生的逻辑性、批判性和创新性,是学科学习和实践中的心智特征。通过培养思维品质,学生能够更深刻地理解英语学科知识,具备分析和解决问题的能力,同时也能够更好地适应未来复杂多变的社会需求。学习能力是学生发展的条件,是他们在不断学习和适应变化过程中的基础。通过良好的学习能力,学生能够更有效地应用各种学习策略,提高学习效率,培养自我管理和良好的学习习惯,从而更好地实现个人发展。

这四大核心素养并非孤立存在,而是相互融合、相互渗透的关系。语言能力为文化意识的理解提供了工具,文化意识的培养丰富了思维品质的内涵,而思维品质的提升又促进了学习能力的发展。它们相互支持、相互促进,共同构建了学生综合素养的框架。英语学科核心素养不仅对个人发展具有重要性,更为社会价值观的培养提供了坚实基础,使学生能够更好地融入国际社会,为从事未来的职业和承担社会责任做好充分准备。

三、英语学科核心素养的意义

英语学科核心素养相互融合，塑造了学生全面发展的基石，不仅促进个体成长，而且为适应多元社会和全球化背景提供了关键支持，成为当今高中生应具备的基础性综合素养。

在新时期教育和新课程改革的推动下，培养学生的核心素养成为教育的当务之急。这涉及培养学生的必备品格和关键能力，体现了教育方针对宏观教育理念准确表述"核心素养"与英语培养目标的重要性。这一过程是为了实现培养应用型人才的根本任务，使英语教育与国际接轨，提升国家教育的整体实力。培养学生的核心素养不仅是教育思想的体现，更能够确保学生具备将所学英语知识应用于实践的基本素质，以培养应用型人才。下面对培养学生英语学科核心素养的意义进行概述。

（一）新课程理念下对英语教师的客观要求

培养英语学科核心素养在新课程理念下成为对每一位英语教师的客观要求，这旨在推动学科教育向更为全面、深入、贴近学生需求的方向发展。新课程理念强调学生主体地位、个性化发展，因此，英语教师需要具备崭新的教育理念和教学方法，从而更好地适应学科发展的需求。

核心素养的培养涉及语言能力，教师需要在语言能力上达到高水平，以确保能够有效传授英语知识。这包括对语法、词汇、语音等方面的深入理解，以及良好的语言运用能力。只有教师本身具备扎实的语言基础，才能在教学中为学生提供良好的语言示范，引导学生形成正确的语言习惯。文化意识的培养要求教师在教学中能够融入多元文化元素，使学生更全面地了解英语所处的文化背景。这需要教师对英语国家的文学、历史、社会等方面有全面的了解，能够通过教学活动引导学生发展对文化多样性的认知和尊重。思维品质的培养意味着教师要在教学中引导学生培养逻辑性、批判性和创新性思维。这要求教师在课堂上设计具有启发性和挑战性的问题，鼓励学生主动思考、质疑，培养他们独立解决问题的能力。另外，学习能力的培养需要教师在课堂上运用多样化的教学策略，激发学生的学习兴趣，培养他们自主学习的能力。这包括利用现代技术手段、开展实践性的学习活动，以及注重学生个体差异，因材施教，提供个性化的学习支持。

新课程理念强调学生是学习的主体，而教师则是学生学习的引导者和组织者。因此，培养英语学科核心素养不仅是提升教师自身素质的过程，更是转变教育教学观念、调整教学方法的必然要求。教师需要在课堂教学和日常生活中实现对学生主体地位的充分发挥，发挥学生在学习中的积极性和创造性，使课堂成为学生的天地，语言学习成为一种愉悦而富有成就感的体验。

教师要采用"兵教兵、兵带兵"的模式，让学生在轻松的语言环境下，开展自主学习、探究性学习和深度学习,不断提高语言应用能力。教师应当在发挥学生主体地位的同时,以自身的专业知识为学生提供正确的引导和支持。为胜任这一使命,教师不仅要具备过硬的学科知识,更需要不断更新教学观念,灵活运用教学方法。终身学习的意识是每位英语教师都应该具备的素养,通过不断摸索、积累经验,与时俱进,提高自身的教育教学水平。只有这样,教师才能更好地适应学科教育的变革,更好地引导学生实现个人发展和学科素养的全面提升。最重要的是,英语教师要以爱心为引领,热爱自己的学生。只有在关爱的氛围中,学生才能真正感受到语言的魅力,激发学习的兴趣。教育是一项仁爱的事业,只有真正关心学生的发展,以爱心为基础,才能达到教学相长的效果。英语教师要以满怀高尚的理想与信念,为培养学生的核心素养而不懈努力,使每一位学生都能够在英语学科中获得全面、个性化的发展。

(二) 我国初等教育和高等教育接轨的需要

随着我国教育理念的不断转变,高等教育由精英向大众发展,研究型大学逐渐向应用型大学转型。这一变革反映了对应用型人才的需求上升,高中英语教学在这一背景下应当与高等教育接轨,培养学生的核心素养成为当务之急。社会对学生英语语言能力的要求日益提高,因此,高中英语教学不仅要关注知识传授,而且应注重培养学生的核心素养。

培养学生的核心素养在高中英语教学中具有时代发展的紧迫性。当前,社会对英语能力的需求不再局限于传统的对语法和词汇的掌握,更强调学生在语境中的运用能力、批判性思维能力以及跨文化交流的能力。这些都是核心素养的重要组成部分,而高中英语教学应当紧密贴合社会需求,培养学生具备这些能力,使其更好地适应未来的学科学习和职业发展。与此同时,高中英语教学与高等教育接轨也体现了教育体制的协调发展。随着高等教育的大众化,高中英语教学应当调整教学目标,不仅关注学生的语言知识储备,而且要注重学生的综合素养培养,使其具备更全面的能力。这有助于顺应高等教育的变革,让高中生在升入高等教育阶段时更为顺利地适应学科学习和社会交往的需要。当前教育理念的转型也要求高中英语教学要更加注重对学生个体差异的观照。培养核心素养不是一刀切的标准,而是要因材施教,关注每个学生的发展需求。这意味着在高中英语教学中,教师需要更加灵活地运用不同的教学方法,激发学生的学习兴趣,引导他们发展个性化的学科兴趣,培养独立思考和解决问题的能力。

(三) 对学生听、说、读、写能力的延伸

在当今的教育环境中,培养学生的英语核心素养已经成为教育者关注的焦点。这并非对传统教育教学优点的否定,而是一种更为综合、贴近实际的教学理念。传统教育模式的优点被保留,并在此基础上进行创新和发展,以适应社会的不断变革。目前,教师们普遍提倡的是培养学生的英语核心素养,旨在让学生不仅具备基本的听、说、读、写能

力,而且要在这些基础上实现真正的运用自如。这种培养方法不仅要保留传统的语言技能培养,更强调学科特点和应用性。通过吸取传统教学模式的优点,教育者注重培养学生对英语学科的深层次理解和实际应用能力。在听、说、读、写的基础上,引导学生将语言运用到实际的情景中,使他们能够更自如地进行沟通、理解和表达。这种全方位的培养不仅有助于学生在语言技能上的提高,而且能够为他们未来面对各类实际问题时提供更为灵活和全面的解决方案。在听力方面,学生通过多样化的听力材料,例如英语广播、影视剧以及真实对话录音,不仅提升了他们的听力水平,还使他们对不同语境下的表达方式有更为敏锐的感知。同时,在口语表达上,通过角色扮演、小组讨论等互动性活动,学生能够更自信地运用所学语言进行交流。在读写方面,则注重在真实语境中进行阅读理解和写作练习,培养学生从中获取信息、分析问题、提炼观点并进行有效表达的能力。

(四) 我国英语教学与世界教育教学接轨的需要

长期以来,我国的语言教育发展相对较慢,特别是在英语教学方面,存在一定的局限性。与一些发达国家相比,我国的英语教学在与外界的交流方面有所欠缺,导致一定的教学闭塞现象。然而,随着社会的不断变革和全球化的推进,我国意识到培养学生的英语核心素养是迎接国际挑战、融入全球社会的必然要求。这种认识促使我国英语教学不断更新,力求与世界教育教学接轨,以适应国际化的潮流。

随着核心素养理念的提出,我国英语教学迅速调整教学模式,将理论与实践相结合,致力于培养学生全面的英语能力。这种变革使各种先进的教学方法在我国英语教育中得以应用,为学生提供更为多元化的学习体验。双语教学的引入、汉语作品中英语单词的融入等实践都是为了让学生更好地适应国际化环境。这种教学模式的推广使学生在提高语言技能的同时,也能够更好地理解和融入世界文化,培养他们在全球范围内的竞争力。在这个过程中,不仅英语教学的理念在不断更新,同时也促使了师资队伍的提升。教育者更加注重培训具备国际化视野的教育专业人才,使其在教学中能够更好地引导学生,提升学生的跨文化交际能力。这种与世界教育教学接轨的努力,不仅是对英语教育的一次深刻改革,而且是为了培养具有国际竞争力的人才,推动我国教育水平的提升。

第二节　核心素养教学实施困境

当前英语课堂教学应紧密围绕核心素养展开,将核心素养作为教学的指导原则。具体来讲主要包括注重培养学生的语言应用能力、跨学科思维、创新能力和文化意识。

教师在教学设计中需结合核心素养的要求，引导学生在语言学习的同时发展综合技能，促进深度学习和全面发展。通过以核心素养为中心的教学，英语课堂教学能更好地满足当今社会对学生综合素质的需求，培养具有国际竞争力的英语能力。但在英语课堂教学实践中，核心素养指导下的课堂教学却存在着一些问题，影响了课堂教学水平的提升，影响了培养核心素养目标的实现。下面从五个方面对当前课堂教学困境进行阐述。

一、教学目标方面

《普通高中英语课程标准(2017年版2020年修订)》提出了培养学生语言能力、文化意识、思维品质、学习能力等学科核心素养的具体目标，然而在实际教学过程中，很多教师仍然以应试教育为导向，教学目标存在着模糊不清的状态。具体体现在如下两个方面：

(一) 教学目标依然侧重于培养学生在考试中取得优异成绩

在当前高中英语教育中，教学目标主要聚焦在培养学生在英语考试中取得优异成绩。这种应试教育的导向导致教学目标呈现出狭窄的特点，过度关注学科知识的传授，忽视学科核心素养的全面培养。这一导向使得学生在英语学科中获得了一定的语法和词汇知识，却缺乏将这些知识进行综合运用的能力，从而对其语言能力的全面发展产生负面影响。

教学目标的狭窄性表现在对学科核心素养的忽视。教育的本质应当是全面发展学生的能力，包括语言能力、文化素养、思维品质等。然而，由于教学目标主要集中在应付考试上，学科核心素养的培养显得次要。学生可能会过分强调对语法规则和词汇的死记硬背，忽略了在实际语境中的灵活运用，导致他们在语言表达和交际能力上存在一定的匮乏。另外，应试教育的导向影响教学方法的选择。教师可能更倾向于采用针对考试内容的教学方法，从而忽略培养学生实际运用语言的能力。课堂可能更加侧重于知识点的传授和应试技巧的训练，而缺乏对语言运用的实际场景的模拟和训练。这使得学生在真实语境中的语言应用能力相对薄弱，无法适应更广泛的语言需求。最重要的是，这种教学目标的狭窄性使得学生的学习动力和兴趣受到一定程度的打压。学生可能因为过度追求分数而失去对英语学习的热情，将学习视为一种应试的负担而非积极主动的过程。这不仅对其个体发展产生负面影响，也有悖于培养社会主义建设者和接班人的总目标。

(二) 教学目标中忽视情感态度和价值观的培养

在当前高中英语教学中，情感态度和价值观的培养并未得到足够重视，导致学生的英语学习缺乏积极的情感态度和深厚的文化积累。教学过程中往往偏重于语言知识的传递，而忽略培养学生对英语学习的情感投入和对不同文化的尊重与理解。这使得学生在学习英语的过程中缺乏对语言的热爱和对多元文化的欣赏，从而难以真正成为具有中国情怀、国际视野的社会主义建设者和接班人。

首先,情感态度方面的淡漠表现为学生对英语学习缺乏积极的情感投入。由于课堂教学过于注重考试和应试技巧,学生会将英语学习视为一项繁重的任务,而非一种有趣和富有情感体验的活动。缺乏积极的情感态度会影响学生的学习动力和学习效果,阻碍其对英语的深入理解和运用。其次,价值观方面的忽视导致学生对不同文化认知的局限性。英语作为一门国际性语言,其学习本应使学生能够更好地理解和尊重不同文化。然而,由于教学过程中忽略了文化的导入,学生可能对英语国家的历史、习俗和价值观缺乏深入了解,难以形成开放包容的国际视野。这与建设具有国际视野的社会主义建设者的目标背道而驰。

二、教学本质方面

在当前教育改革的背景下,对教育本质的重新定义呼唤着教学理念的变革。传统的教学观念将教育本质局限于对学生进行知识的直接传授,强调通过教师的讲解使学生能够在短时间内掌握更多文化知识,以便迎合相关考试的需求,达到社会对学生综合素质水平的要求。在这一传统教学模式中,教师被定位为知识的传授者,而学生则被视为仅仅是承受知识的载体。然而,随着信息化时代的到来,学生能获取知识的方式不再局限于传统的课堂教学,而是能够利用信息技术和高科技的产品通过多种途径进行学习和探索。这一转变无疑对传统教学模式提出新的挑战,亦迫切要求我们对教育的本质内涵进行与时俱进的深入理解和更新诠释。教育不再仅仅是知识的传授和学生对知识的接受,而更应该注重培养学生的学习能力。在这一新的教育理念下,教学的本质不再是简单地传授知识,而是对学生综合素质的全面培养,特别是学习能力的培养。

然而在英语课堂教学中,仍然存在一些教学本质的偏差问题。首先,有些教师仍然将自己定位为纯粹的知识传授者,依然采用传统的教学模式,忽略学生在信息时代具备的自主学习能力。这种模式导致课堂教学与学生个体发展的脱节,未能切实关注和培养学生的学习兴趣和主动性。其次,过分注重应试教育导致教学目标偏窄,强调的是学科知识的掌握,而非学生综合素质的培养。这使得英语教学过程中缺乏对学生跨文化沟通能力、创新思维、批判性思维等方面的培养,而仅仅侧重于应对英语考试的应试技巧。这与现代教育理念中强调的培养学生综合素养的目标相背离。为解决这一教学本质偏差的问题,有必要倡导一种更加全面的教学理念。教育的本质不仅仅是知识传授,更是培养学生的学习能力、创新能力和终身学习的意识。在英语课堂教学中,教师应该更注重激发学生学习的兴趣,通过引入多元化的教学手段和资源,让学生在探究、合作和实践中培养综合素质。教育者的角色也需要转变为引导者和促进者,引导学生发现问题、解决问题,培养他们的独立思考和创新意识。在培养学生综合素养的过程中,注重跨学科的融合,将语言技能与文化认知、创新能力相结合,使学生更好地适应现代社会的发展需求。通过这种全面的教学理念,可以更好地实现学生的全面发展,使其成为适应未来社会发展的具有综合素养的人才。

三、教学内容方面

在核心素养的视域下,英语教学应该更加注重语言和文化的综合发展,而不仅仅局限于服务于应试教育。然而在当前的英语课堂教学中,存在着教学内容单一的问题,主要表现在对听、说、读、写多方面能力的培养不足,以及对英语人文性功能的忽视。

首先,传统的英语教学过于注重书面交流的能力,而对听、说、读等综合技能的培养相对不足。在过去的教学中,主要目标是培养学生的阅读理解和书面表达能力,而听力和口语技能的培养却未能得到足够的关注。这使得学生在实际语境中理解和表达的能力相对薄弱,难以适应真实交流的需要。其次,英语教学更多强调英语的实用性和服务性,而忽略其人文性功能。在实际教学过程中,对文化的介绍和对学生跨文化沟通能力的培养较为匮乏。英语并不仅仅是一门工具性的语言,更是连接不同文化的桥梁。忽略英语的人文性功能,使得学生对于英语所蕴含的文化背景和社会价值的理解不足,无法真正领会语言与文化之间的紧密关系。此外,教学内容主要集中在对单词的记忆和对句子的理解,却忽略了对学生认知思维能力的培养。在课堂中,学生更多地被要求死记硬背,较少有机会进行深度思考和分析,限制了学生的批判性思维和创造性思考,使得他们在解决问题和面对复杂情境时的能力相对欠缺。

四、教学方式方面

在英语课堂教学中,传统的"填鸭式"教学方式对学生的学习产生了深远的影响。尽管过去这种死板的教学方式为国家培养了大量人才并在一定程度上发挥了积极作用,但随着社会的发展,这种陈旧的教学方式已经无法满足快速进步时代的需求。新课改旨在转变这种传统的英语教学方式,但在当前仍存在一系列问题。

首先,传统的"填鸭式"教学方式过于僵化,忽略学生的个体特性。每位学生被视为一个相同的"加工品",在相同的知识框架下接受相同的信息。这种标准化的教学方式阻碍了学生个性化发展的空间,未能针对每个学生的特点和需求提供差异化的学习体验,导致学生在片面发展的同时失去了自身特色。其次,"填鸭式"教学方式使学生的技能过于固定和相同,缺乏创造性和创新性。学生主要被培养为应试机器,注重记忆和机械地运用知识,而缺乏实际运用英语进行创造性思维和实际交流的能力。这种教学方式使学生缺乏主动学习和自主思考的机会,阻碍了其发展为具有创造力和创新能力的综合型人才。此外,这种"填鸭式"教学方式将课堂视为一个"人才加工厂",强调的是大量信息的灌输和标准化的产出。这种看似高效的方式却忽略了学生思维的长远发展,过分强调短期的应试目标,使得学生在追求分数的过程中丧失对知识深度的追求和对终身学习的兴趣。

五、学生水平差异方面

在传统教育教学方式的指导下,英语课堂教学中普遍存在学生水平差异大的问题,这主要体现在统一授课的教学模式下。这一问题不仅影响学生的学习积极性,还导致水平较低的学生在课堂中难以跟上教学进度,逐渐与同学之间产生学业差距。

首先,学生英语水平差异引发了课堂内的学习不均衡。在统一授课的模式下,教师通常按照预定的进度进行教学,而学生对英语知识的掌握程度却存在较大差异。水平较低的学生可能在理解和掌握知识的速度上相对较慢,从而难以在有限的授课时间内消化吸收所学内容。这导致了学生在课堂学习进度上的不均等,增加了一部分学生的学业负担。其次,水平差异逐渐导致了学业差距的扩大。在统一授课模式下,水平较高的学生可能更容易跟上教学进度,取得更好的学习成绩,而水平较低的学生则可能因为理解难度较大而逐渐掉队,导致英语成绩下滑。这种学业差距的扩大使得学生之间的竞争愈发激烈,影响了整个班级的学习氛围。进一步影响学生的学习积极性。对于水平较低的学生来说,课堂上的理解困难可能让他们逐渐对英语学习失去信心,对学科的兴趣下降。这种负面情绪不仅影响了学生的学习积极性,也可能对其整体学业规划和发展产生消极影响。

第三节　新课标要求的核心素养

一、新课标新变化

英语课程标准会随着时代的发展而发展,不同阶段下英语课程目标不同。下面对2003 年版和 2017 年版 2020 年修订的高中英语课标进行简单概述,以了解两版课标的变化情况。

2003 年版《普通高中英语课程标准(实验)》提出了以语言技能、语言知识、情感态度、学习策略和文化意识五个方面共同构成英语课程总目标,其出发点和落脚点是强调学生综合语言运用能力,使英语教育更加注重培养学生的语言实际运用能力。这一变化反映了对传统英语教育的批判性反思,不再仅仅强调语法知识和基础词汇的灌输,而是更加注重培养学生的实际语言运用能力。

2017 年版 2020 年修订的《普通高中英语课程标准》中提出"学科核心素养",标志着普通高中课程修订的重大转变,也是深化基础教育课程改革的显著成果。英语学科的核心素养包括语言能力、文化意识、思维品质和学习能力四个维度。核心素养要求的根本目的是要培养全面发展的人才,而不是知识的接收机器。如图1-1所示。

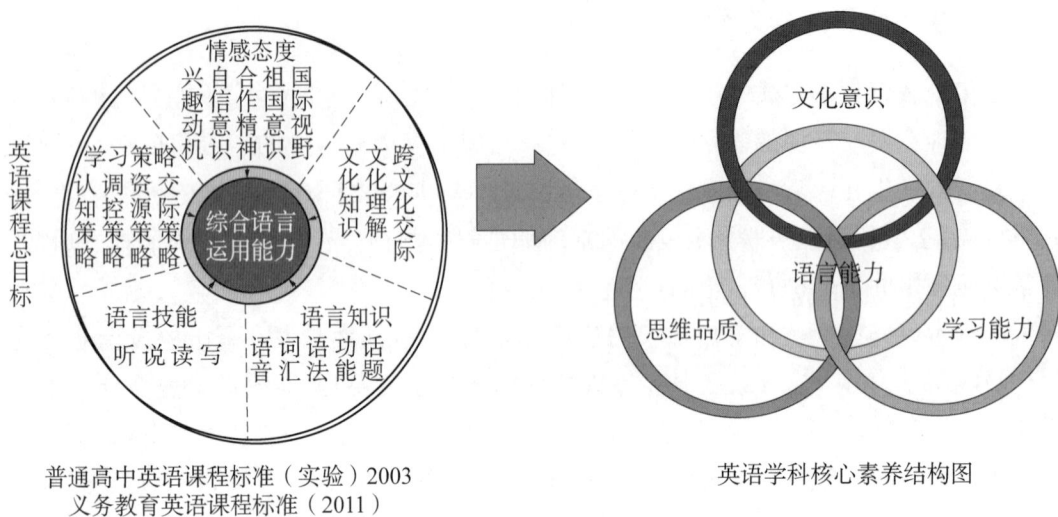

普通高中英语课程标准（实验）2003
义务教育英语课程标准（2011）

英语学科核心素养结构图

图1-1　新、旧两版高中英语课程标准总目标

　　从图1-1可以看出,2003年版的英语课程总目标中,综合语言运用能力被确立为核心目标,其构成要素包括语言知识、情感态度等五个要素。2017年版2020年修订的课程目标进一步地将"语言能力"置于更大的背景中,将其纳入更为广泛的综合素养体系。通过对两者的比较,不难观察到一个显著的变化:在新版课程目标中,"语言能力"不再是核心,而是成为综合素养中的一个组成部分。这一调整标志着对学生的培养目标有了更为深入和全面的思考,将英语学科的发展从传统的强调语言技能转变为更广泛的综合素养的培养。这表明对学生全面素养的期望,超越了单一语言技能的训练,更注重培养学生在不同领域的综合能力。这一调整反映出当代社会对英语学习者的更高要求。在全球化和信息化的背景下,学生需要更多元化的能力来适应不断变化的社会需求。因此,将语言能力融入更广泛的综合素养中,有助于培养更具综合素养的英语学习者,使其更好地融入多样化的语境,更自如地运用英语进行交流。

二、新课标对英语核心素养的要求

　　新课标中提出要培养英语核心素养,同时又对英语核心素养提出要求。下面对英语核心素养的具体要求进行分析。

(一) 语言能力的要求

　　在英语学科核心素养的四个要素中,语言能力是指在社会情境中,以听、说、读、看、写等方式理解和表达意义的能力,以及在学习和使用语言的过程中形成的语言意识和语感。在以上语言能力素养的界定中包含四个关键要点:第一,社会情境,由于任何语言的使用都发生在一定的社会情境中,因此语言学习活动要在社会情境中进行。第二,听、说、读、看、写等方式,这五种方式是日常生活中人们理解和表达意义的主要途径,因此也应该是语言学习的核心活动。第三,理解和表达意义,语言学习不是为了记忆知识和操练技能,而是为了更好地理解和表达,因此语言学习活动应该围绕理解和表达进行设计。第四,语言意识和语感,语言意识包括对语言的形式、意义、社会功能以及学习语言对个人和国家发展的意义等方面的认识,而语感是通过大量接触和使用语言而形成的。因此,教师在帮助学生发展语言能力的过程中,要采用积极有效的手段和方法,帮助学生建构语言意识,形成良好的语感。

语言能力是构成英语学科核心素养的基础,是学生发展文化意识、思维品质和学习能力的依托。英语教育就是在英语语言的学习和运用中,来发展学生的文化意识、思维品质和学习能力。在新课标中,对学生语言能力提出了如下目标:即具有一定的语言意识和英语语感,在常见的具体语境中整合性地运用已有语言知识,理解口头和书面语篇所表达的意义,识别其恰当表意所采用的手段,有效地使用口语和书面语表达意义和进行人际交流。新课标中将语言能力这一核心素养水平划分为三级,如表1-1所示。

表1-1 语言能力水平级别

素养级别	语 言 能 力
一级	意识到英语和英语学习与个人发展、国家发展和社会进步的关系,意识到语言与世界、语言与文化和思维之间有联系;具有初步的英语语感。在熟悉的语境中,较为熟练地使用已有的英语语言知识,理解多模态语篇传递的要义、主要信息和意图,辨识语篇的整体结构和文体,根据上下文推断意义;陈述事件,传递信息,表达个人见解和情感,在熟悉的人际交往中,尝试构建恰当的交际角色和人际关系。
二级	认识英语和英语学习与个人发展、国家发展和社会进步的密切关系,认识语言与世界、语言与文化和思维之间的紧密联系;具有一定的英语语感,在理解和表达中发挥英语语感的作用。在常见的语境中,较为熟练地整合运用已有的英语语言知识,理解多模态语篇传递的要义和具体信息,推断作者的意图、情感、态度和价值取向,提炼主题意义,分析语篇的组织结构、文体特征和语篇的连贯性,厘清主要观点和事实之间的逻辑关系,了解语篇恰当表意所采用的手段;有效地陈述事件,传递信息,表达个人观点和情感,体现意图、态度和价值取向,在常见的人际交往中,建构恰当的交际角色和人际关系。
三级	深刻认识英语和英语学习与个人发展、国家发展和社会进步的密切关系,深刻认识语言与世界、语言与文化和思维之间的紧密联系;具有较强的英语语感,在英语理解和表达中有效发挥英语语感的作用。在更加广泛的语言情境中,熟练地整合性运用已有的英语语言知识,准确理解多模态语篇传递的要义和具体信息,推断作者的意图、情感、态度和价值取向,提炼并拓展主题意义,解析语篇结构的合理性和语篇主要观点与事实之间的逻辑关系,批判性地审视语篇的内容、观点、情感态度和文体特征,赏析语篇中精彩语段的表意手段;准确、熟练和得体地陈述事件,传递信息,表达个人观点和情感,体现意图、态度和价值取向,在较为广泛的人际交往中,建构恰当的交际角色和人际关系。

结合语言能力水平级别的要求,高中英语教学过程中要培养学生语言能力,可以从

以下几点入手:

1. 强化语言能力的培养

在强化语言能力培养的过程中,突出学生在社会情境中的语言理解和表达能力是相当重要的。这种方法不仅关注语言知识的传授,更注重学生在实际应用中的运用。教师可以通过设计具有实际意义和相关性场景的活动,使学生在听、说、读、看、写等多个方面综合运用语言。例如,通过模拟真实社交场景进行角色扮演,学生可以在模拟的情景中运用英语进行交流,提高他们在实际社会中的语言适应能力。此外,通过与社会话题相关的多媒体资源、新闻报道等,学生能够更深入地理解和运用语言,使学习更具实际意义。在教学设计中,应注重多元化的活动形式,通过听、说、读、看、写的综合方式,使学生在不同语言技能中得到全面提升。实际生活中的任务型活动是一种有效的方法,例如让学生参与英语报告、辩论、小组讨论等,以培养他们在社交场合中自信地表达观点和交流想法的能力。教师还可以引入社交媒体、网络论坛等现代工具,鼓励学生运用英语进行实际的社会互动,提升他们在数字化时代的语言应用水平。通过这样的设计,学生将能更好地理解和运用语言,不仅在课堂中,还能在社会中展现出更为自信和灵活的语言能力。

2. 培养语言意识和语感

培养语言意识是提高学生语言水平的关键步骤。语言意识是对语言的敏感性和深刻理解,不仅包括对语法结构和词汇的认识,更涉及对语言背后的文化、社会背景以及沟通目的的理解。教师应采用积极有效的方法,通过创设丰富的语言环境,引导学生主动思考语言的形式和意义。例如,可以设计有趣的语法游戏、语言实践任务,让学生在实际运用中体会语言的规律,逐渐形成对语言的敏感性。此外,通过引入文学作品、影视剧等丰富多彩的语言材料,激发学生对语言多样性的兴趣,促使其主动探索语言的深层次内涵。

语感是学生对语言的敏感度和对语言表达的直觉感知。为培养学生的语感,教师可以通过提供大量接触和使用英语的机会,促使学生在语境中迅速捕捉语言信息。在实践中,可通过听力训练、口语表达、阅读理解等多样化的任务,引导学生通过实际应用来强化对语言的感知和理解。另外,鼓励学生参与语言角色扮演、辩论等活动,让他们在真实场景中感受语言的力量,培养敏锐的语感。同时,教师还应注重对学生语感的引导与反馈,通过定期的语言实践和反思,帮助学生逐渐形成自己的语言直觉,提高语言的灵活运用能力。

3. 整合性运用语言知识

在英语教学中,整合性运用语言知识是一种强调在真实、具体语境中综合运用已有英语知识的教学理念。这种方法旨在帮助学生将单一的语法、词汇等语言知识融会贯通,实际运用于口头和书面表达中。教师可以通过设计任务和项目,促使学生在不同语境中整合运用已有的英语语言知识。这不仅有助于提高学生的语言应用能力,而且培养了他们解决实际问题的能力,使学习更具实用性和深度。

为鼓励学生在常见的具体语境中整合运用英语语言知识,教师可采用以下策略:

(1)设计具有真实语境的任务,如模拟记者采访、旅游导览、角色扮演辩论、社区项目服务、历史事件重现或者假想产品设计等。通过这样的任务,学生能够在实际情境中应用语言知识,感受语言在生活中的实用性。

(2)引入多模态的教材,包括图表、图片、音频等,让学生在不同感官的刺激下进行整合性运用。例如,通过观看视频了解文化差异,学生可以运用语言知识描述、比较并展示对不同文化的理解。

(3)采用项目式学习,鼓励学生通过团队合作完成项目,如编写小型广告、制作新闻报道等。在项目中,学生需整合语言知识,包括词汇、语法、语境的运用,以实现项目的整体目标。

(4)建立有效的反馈与评价机制,帮助学生更好地理解和运用语言知识。通过对学生完成的任务和项目进行详细的反馈,引导他们深入思考语言应用的准确性和有效性,以促进他们自我修正和提升。

(5)创造情境化的学习环境,使学生置身于真实场景。通过模拟购物、旅行、工作等实际情境,学生能够整合运用语言知识解决问题,培养语境中的语言感知和应用能力。

通过这些策略,教师能够引导学生在具体语境中灵活运用所学的语言知识,提高语言的实用性和适应性。整合性运用语言知识的教学理念有助于学生更全面地理解和应用英语,培养他们在真实生活中灵活运用语言的能力。

4. 提升阅读和听力能力

在当今信息爆炸的社会中,提升学生的阅读和听力能力至关重要。这不仅是语言学习的基础,而且是培养学生综合语言运用能力的核心。阅读和听力能力的提升要求学生能够准确理解多模态语篇传递的要义和具体信息,具备推断作者意图、情感、态度和价值取向的能力,并且能够分析语篇的组织结构、文体特征和语篇连贯性。通过培养这些能力,学生不仅能更好地应对学业需求,而且能在日常生活中更加敏锐地理解和运用语言。为提升学生的英语阅读和听力能力,教师可以采用以下策略和方法:

(1)引入包含文字、图像、音频等多模态元素的阅读和听力材料。学生通过对多种信息源的整合,提高从不同媒体中获取信息的能力,培养跨媒体的阅读和听力技能。

(2)设计任务型学习,让学生在解决实际问题的过程中进行阅读和听力训练。例如,让学生通过阅读地图、听取导游解说等方式,规划一次虚拟旅行,培养他们在实际情境中获取信息的能力。

(3)引导学生分析阅读和听力材料的组织结构、文体特征,通过文本解构,训练他们从整体到细节的理解能力。学生需要掌握分析文章结构、推断作者态度、捕捉关键信息的方法。

（4）创造丰富的语境，模拟真实场景，让学生在语境中更好地理解和运用语言。例如，通过模拟面试、听取新闻报道等活动，培养学生在实际情境中的听说能力，提高他们的语言应用水平。

（5）鼓励学生主动参与学习，培养他们自主思考和解决问题的能力。提供有趣、引人深思的阅读和听力材料，激发学生对知识的主动探究，从而提升他们的思辨和理解能力。

通过这些策略和方法，教师能够有效地提升学生的阅读和听力能力，培养他们在复杂语境中准确理解和运用语言的综合能力。这不仅对学生的深入学习有益，更为学生未来面对社会、职场等方面的挑战提供了重要的语言支持。

5. 提升口语和书面表达能力

在英语教学中，提升学生的口语和书面表达能力同样是至关重要的。这两种表达方式不仅是语言交流的基石，也是培养学生综合语言运用能力的核心。在现实生活和职业领域中，有效的口语和书面表达能力是学生成功沟通、表达个人观点、合作协作的必备技能。教师应该积极鼓励学生通过各种练习机会，提高他们在口语和书面表达方面的准确性、熟练度和得体性。为了有效提升学生的口语和书面表达能力，教师可以采用一系列策略和实践方法：

（1）定期组织实践性的口语练习，包括角色扮演、小组讨论、口头报告等。通过这些活动，学生能够在实际情境中运用英语，提高他们的口语表达能力。

（2）设计多样化的写作任务，包括短文、日记等形式。通过写作，学生能够提升书面表达的准确性和熟练度。教师要及时提供具体反馈，帮助学生发现和改正文字和结构上的问题。

（3）在课堂中引入口头表达的技巧培训，如有效演讲、清晰发音、语速掌控等。通过系统性的训练，学生可以更自信地进行口头表达，增强沟通效果。

（4）强调语法和词汇知识在口语和书面表达中的整合运用。教师可以设计不同语法结构和词汇的练习，帮助学生在表达中更富有表现力和准确性。

（5）模拟真实的语言交际情境，如模拟商务会议、采访等。通过这样的情境练习，学生能够在特定场合中运用语言进行自如而得体的表达。

通过这些教学策略，教师能够全面促进学生口语和书面表达能力的提升。这不仅有助于学生在学术领域更好地表达自己的思想，也为其将来职业发展奠定了坚实的语言基础。通过提供多样性的练习机会，学生将更自信、熟练、得体地运用英语进行口语和书面语表达，实现综合语言能力的全面发展。

6. 培养批判性思维

在当今信息社会，培养学生批判性思维能力也十分重要。这种能力不仅有助于学生更深层次地理解语篇的内容和观点,而且能使他们在面对不同文体和观点时更具分辨力。批判性思维不仅仅是理解和接受信息,而且是对信息进行分析、评估和创造性思考的过程。在更广泛的语言情境中,学生需要辨析语篇的内容、观点、情感态度和文体特征,赏析语篇中的表意手段,从而能够更全面、深刻地理解和评价所读内容。为有效培养学生的批判性思维,教师可以采用一系列策略和实践方法:

(1)引导学生对不同语篇进行深入分析与比较,包括内容、观点、表达方式等方面。通过比较,学生能够更好地发现不同语篇之间的异同,形成更全面的认知。

(2)鼓励学生挑选和赏析语篇中的精彩语段,分析其中的表意手段和修辞技巧。这有助于培养学生对语篇细节的敏感性,提高他们的文学鉴赏水平。

(3)提出引导性问题,激发学生对语篇内容和观点的思考。通过小组讨论和课堂互动,学生更深入地思考和表达自己的观点,培养他们独立分析问题的能力。

(4)组织模拟辩论活动,让学生通过论证和辩论来深入理解和评价不同观点。这有助于培养学生客观分析问题的能力,并提高他们逻辑思维和辩证思考的水平。

(5)设计批判性写作任务,要求学生对所读的语篇进行批判性思考并撰写文章。通过书面表达,学生能够更系统地整理和表达自己的观点,同时巩固批判性思维的培养效果。

通过以上教学策略和实践方法,教师能够激发学生对语篇的深层次思考,提高他们在更广泛的语境中辨析和评价信息的能力。培养学生的批判性思维不仅有助于他们在学术领域深入地理解文本,更为将来能在社会、职场等环境中做出明智决策提供重要的认知基础。

7. 促进人际交往能力发展

在当今社会,人际交往能力是一个至关重要的素养,对于学生的个人发展和职业成功都具有重要意义。人际交往能力不仅包括与他人的有效沟通,而且涉及建构恰当的交际角色和人际关系。学生在未来的生活和工作中需要具备与各类人群相处的能力,包括同事、上级、客户以及社交场合中的朋友。教育者应当注重培养学生的人际交往能力,使其在社会交往中更加得心应手。为了促进学生人际交往能力的发展,教师可以采取一系列策略和实践方法:

(1)定期组织合作活动,鼓励学生在小组中协作完成任务。通过共同努力,学生可以学会与他人有效合作,培养团队协作精神,提高他们的沟通和协商能力。

(2)设计角色扮演任务,让学生在模拟场景中扮演不同角色,如电视台的采访记者、TED演讲嘉宾、商务谈判中的销售代表、客户服务中的服务人员等。通过角色扮演,学生能够锻炼表达自己、理解他人的能力,增强他们在实际情境中的人际交往技能。

(3)安排学生参与团队项目,要求他们在团队中担任不同的角色并承担不同的工作。通过项目的整体协作,学生能够学会领导与合作的平衡,增强团队凝聚力,培养在群体中融洽相处的技能。

（4）引导学生学习一些基本的人际交往技巧，如积极倾听、有效表达、尊重他人观点等。这有助于提高学生在交往中的沟通效率，减少可能产生的冲突。

（5）创造社交场合的演练机会，让学生参与不同形式的社交活动，如聚会、座谈会等。通过这些实践，学生可以逐渐适应不同场合的交往规范，提升社交技能。

通过以上教学策略和实践方法，教师能够全面培养学生的人际交往能力，使其在社会交往中更加自信、灵活，更好地适应未来职业和社会发展的需求。这种综合素养的培养不仅对学生个人的发展有益，同时也有助于构建和谐的社会关系网络。

（二）文化意识的要求

文化意识是指对中外文化的理解和对优秀文化的认同，是学生在全球化背景下表现出的跨文化认知、态度和行为取向。语言是文化的载体，语言学习离不开对文化知识的习得，也离不开对所学语言承载文化背后的态度和价值观的分析与判断，即学生通过语言学习获得文化知识，在对语言和文化进行比较、分析、批判和评价的基础上发展逻辑思维、批判思维和创新思维，形成正确的文化认知、态度和判断力，坚定文化自信，树立正确的价值观念，做出正确的行为选择。文化知识的学习是通过感知与注意、获取与梳理、分析与判断、内化与运用、推理与论证、鉴赏与创造等一系列语言、文化、思维整合的活动实现的，学生从中汲取文化精华，涵养内在精神，形成良好的文化修养，坚定文化自信，树立人类命运共同体意识，思考人类面临的共同挑战，学会解决问题，做出行为选择。因此，语言学习必须是基于内容和意义的学习，而文化知识的获得和跨文化意识的建构正是学科育人的内容基础。

文化意识的价值体现了英语学科核心素养的价值取向。文化意识的形成有助于学生树立世界的眼光，增强对国家的认同感和家国情怀。特别是学生可以学会如何具有一定的社会担当，作为个人和公民去承担责任，学会做人、做事，成长为有文化修养和社会责任感的人。新课标中对文化意识目标的要求为：获得文化知识，理解文化内涵，比较文化异同，汲取文化精华，形成正确的价值观，坚定文化自信，形成自尊、自信、自强的良好品格，具备一定的跨文化沟通和传播中华文化的能力。对文化意识水平进行划分，也分为三级，具体如表1-2所示。

表1-2　文化意识水平级别

素养级别	文 化 意 识
一级	能够在明确的情境中根据直接提示找出文化信息；有兴趣和意愿了解并比较具有文化多样性的活动和事物；感知中外文化的差异，初步形成跨文化意识，通过中外文化对比，加深对中国文化的理解，坚定文化自信；了解中外优秀文化，形成正确的价值观；感知所学内容的语言美和意蕴美；能够用所学的英语简单介绍中外文化现象。

续　表

素养级别	文　化　意　识
二级	能够选择合适的方式方法在课堂等现实情境中获取文化信息;具有足够的文化知识为中外文化的异同提供可能的解释,并结合实际情况进行分析和比较;提高跨文化意识,在进行跨文化交流时,能够注意到彼此之间的文化差异,运用基本的跨文化交际策略;尊重和理解文化的多样性,具有国际视野,进一步坚定文化自信;感悟中外优秀文化的精神内涵,树立正确的价值观;理解和欣赏所学内容的语言美和意蕴美;有传播中国特色社会主义文化的意识,能够用所学的英语描述、比较中外文化现象。
三级	能够运用多种方式方法在真实生活情境中获取文化信息;基于对中外文化差异和融通的理解与思考,探究产生异同的历史文化原因;具有跨文化意识,能够以尊重文化多样性的方式调适交际策略;领悟世界文化的多样性和丰富性,具有人类命运共同体的意识;分析、鉴别文化现象所反映的价值取向,自觉坚定文化自信;汲取优秀文化,具有正确的价值观、健康的审美情趣和道德情感;能够用所学的英语讲述中国故事,描述、阐释中外文化现象。

基于上述要求,我们可以明确看到,在英语教学过程中,培育学生的文化意识是至关重要的。以下是针对不同水平的文化意识,提出的一系列教学策略和建议。

1. 提供多样化的文化材料

为提高学生的文化意识,教师应采用多样化的文化材料,包括文章、音频、视频、图片等,以丰富的形式呈现不同国家和地区的文化。这种材料的多样性有助于学生全面了解多元文化,拓宽他们的视野。通过文章,学生可以深入了解文字表达中蕴含的文化内涵;音频则为学生提供听觉体验,使他们更贴近文化的语音特点;视频和图片则通过视觉形象地展现文化的风貌和传统。这样的综合性材料不仅能够让学生感受到文化的多元性,还能够在多感官层面激发学生的兴趣,提升他们对文化的理解力。教师在选择文化材料时,应考虑到材料的代表性和适应性。代表性确保了学生能够接触到典型的文化元素,而适应性则要求材料与学生的年龄、兴趣和语言水平相匹配。通过综合运用这些材料,教师能够为学生打开一扇了解世界多元文化的窗户。此外,教师还可以结合学生的兴趣和需求,精心设计文化材料的呈现方式,以激发学生的学习兴趣和主动性。总之,多样化的文化材料是培养学生跨文化认知和理解的有效途径,通过这样的材料呈现,学生将更全面地认识到文化的独特性和共通性。

2. 引导学生进行文化比较与分析

为促进学生的文化意识发展,教师可以设计任务,引导学生对不同文化进行比较和分析。通过这样的活动,学生能够深入了解文化的多元性,同时理解文化背后的历史、价值观和习俗等方面的内容。比如,可以要求学生选择两个不同的文化主题,例如中西餐文化、传统节日等,进行详细比较。学生通过研究这些文化主题,将不同文化间的异同点展现出来,从而更好地理解各种文化的独特之处。在比较与分析的过程中,学生不仅能够积累相关的文化知识,而且能培养批判性思维,审视不同文化之间的联系和差异。这样的任务设计有助于学生超越表面现象,深刻了解不同文化间的根本区别,促使他们思考文化形成的原因以及对个体和社会的影响。同时,通过对自身文化进行反思,学生能够形成更加全面、客观的文化认知,并在比较中逐渐树立正确的价值观。总的来说,引导学生进行文化比较与分析是培养跨文化意识和丰富文化认知的有效途径,有助于他们更好地适应多元文化社会。

3. 培养跨文化交际能力

为培养学生的跨文化交际能力,教师应鼓励学生在语言学习中积极参与跨文化交流。一种有效的方式是组织学生与外国学生进行联谊活动,这能为学生提供一个实际的交流平台,促使他们亲身体验不同文化背景下的交际互动。通过这样的活动,学生能够学会倾听、理解和尊重他人的观点,同时展示自己文化的独特性。这不仅有助于打破语言和文化隔阂,而且培养了学生的跨文化沟通技能,使其在真实社交场景中更得心应手。此外,教师还可以借助现代技术手段,如开展邮件交流或视频会议。这样的跨文化交际方式不受地理位置的限制,使学生有更广泛的交流机会。通过书写邮件或进行视频对话,学生能够跨越语境和文化的差异,增进相互了解。教师应引导学生在交流中注重文化敏感性,避免产生误解,提升他们的文化适应力。总体而言,通过积极参与跨文化交流活动,学生将更好地理解并适应多元文化社会,提升自己在全球化时代的跨文化交际能力。

4. 鼓励学生研究历史文化背景

为促进学生的文化意识,教师应鼓励学生通过阅读和研究深入了解各个国家和地区的历史文化背景。通过对历史文化的探究,学生可以更全面地理解文化的演变过程,包括文化的形成、发展和演化。这种深度了解有助于学生认识到文化是动态变化的,而非静态的,能够理解文化形成的根本原因以及各种文化现象的渊源。通过对历史文化的研究,学生能够更好地理解文化中的价值观、信仰、习俗等方面的内涵,进一步认识到文化对社会发展和个体行为的深刻影响。教师在引导学生研究历史文化背景时,应注重培养学生的批判性思维。学生需要学会对历史文化进行分析和评价,辨认其中的深层次内涵,挖掘文化背后的历史根源。通过对历史文化的深入了解,学生不仅能够理解不同文化的异同点,还能够形成对文化多样性的深刻理解。这样的研究活动不仅培养了学生对历史和文化的敏感性,而且有助于他们建立正确的文化认知,使他们更好地适应多元文化的社会环境。总体而言,鼓励学生研究历史文化背景是培养文化意识和文化适应力的有效途径。

5. 培养学生传播文化的意识

为培养学生传播文化的意识,教师应激发学生对中华传统文化的自豪感,并引导他们主动传播中华文化。首先,教师可以通过组织学生参与传统节日庆祝活动,如春节、中秋节等,让学生亲身体验和感受中华传统文化的独特之处。这样的参与活动既能够加深学生对本土文化的理解,同时也为他们提供了传播文化的实践平台。通过参与庆祝活动,学生能够更好地体会到文化传承的重要性,激发起他们的文化自信心。其次,教师可以组织文化展览或演讲比赛等活动,让学生通过英语向其他国家的人介绍中华传统文化。这种形式的活动不仅要求学生在英语表达上具备一定水平,更要求他们深入挖掘中华传统文化的内涵,形成清晰而富有吸引力的介绍。通过这样的传播活动,学生将不仅仅是文化的接受者,还成为文化的传播者,为国家和社会树立良好的形象。这样的实践不仅锻炼了学生的语言表达能力,同时也培养了他们的国际意识和文化责任感。总体而言,通过激发学生对中华传统文化的自豪感,并组织相关活动,可以有效培养学生传播文化的意识,使其在全球化时代更好地展示中华文化的魅力。

(三) 思维品质的要求

思维品质是指在思维的逻辑性、批判性、创新性等方面所表现的能力和水平。长期以来,外语学习多停留在知识和技能层面,发展学生的思维品质,在外语教学中一直未给予充分的重视,已有不少学者指出这一现实,并呼吁要在外语教学中特别关注思维能力培养这一紧迫性问题。对于语言学习者而言,语言既是学习的目的,也是学习中外人文和科学知识、促进其心智发展的重要工具。学生在学习语言的同时,学习其所承载的文化,通过获取、梳理、概括、整合、比较、分析、批判、评价等体现逻辑性、批判性和创新性的思维活动,获得知识,理解含义,表达观点,树立文化自信,形成正确的价值观念,这正是语言学习的目的和意义所在。

新课标中对思维品质目标的要求为能辨析语言和文化中的具体现象,梳理、概括信息,建构新概念,分析、推断信息的逻辑关系,正确评判各种思想观点,创造性地表达自己的观点,具备初步运用英语进行独立思考、创新思维的能力。思维品质水平不同级别的具体要求如表 1-3 所示。

表 1-3　思维品质水平级别

素养级别	思 维 品 质
一级	注意观察语言和文化的各种现象,通过比较,识别各种信息的异同;根据不同的环境条件,客观分析各种信息之间的关联和差异,发现产生差异的基本原因,从中推断出它们之间形成的简单逻辑关系;根据所获得的信息,提取共同特征,形成新的简单概念,并试用新概念解释新的问题,尝试从另一个角度认识世界;针对所获取的信息,提出自己的看法,并通过简单的求证手段,判断信息的真实性,形成自己的看法,避免盲目接受或否定。
二级	主动观察语言和文化的各种现象,通过比较,识别各种信息之间的主次关系;根据不同的环境条件,客观分析各种信息之间的内在关联和差异,发现产生差异的各种原因,从中推断出它们之间形成的逻辑关系;根据所获得的多种信息,归纳共同要素,建构新的概念,并通过演绎,解释、处理新的问题,从另一个视角认识世界;针对所获取的各种观点,提出批判性的见解,辨析、判断观点和思想的价值,并形成自己的观点。
三级	正确观察语言和文化的各种现象,通过比较,从错综复杂的信息中,识别关键问题,把握全局;根据不同的环境条件,综合分析各种信息之间的内在关联和存在的各种矛盾,梳理产生这些矛盾的原因,从中推断出它们之间形成的各种逻辑关系;根据所获得的综合信息,归纳、概括内在形成的规律,建构新的概念,并在实践中,用于处理、解决新的问题,从多视角认识世界;针对各种观点和思想的假设前提,提出合理的质疑,通过辨析、判断其价值,做出正确的评价,以此形成自己独立的思想。

为达到培养和提升学生的思维品质,可以考虑从如下几点采取措施进行教学改革,使英语教学将更加注重培养学生的思维品质,使他们具备辨析、分析、判断和创新的能力,从而更好地应对现实生活和未来各方面的挑战。

1. 提供丰富多样的材料和活动

在培养学生思维品质的过程中,提供丰富多样的材料和活动是至关重要的。首先,教师可以通过引入多种类型的语言和文化材料,如文章、视频、音频等,为学生创造一个多元化的学习环境。这样的材料不仅能够展示不同文化之间的差异和共性,也有助于激发学生对语言和文化的兴趣。学生通过感知和注意这些材料,逐渐形成对语言和文化现象的观察和分析能力。其次,设计各种课堂活动是培养学生思维品质的有效手段。通过比较、分析、推理、评判和表达等活动,学生得以在实践中运用所学知识,逐渐形成对语言和文化更深层次的理解。例如,可以设计小组讨论、文化展示、角色扮演等任务,让学生在交流互动中进行思维能力的训练。这样的实际活动有助于培养学生的批判性思维和创新性思维,使其在解决问题和表达观点时更具独立性。

通过提供多样化的材料和设计富有挑战性的活动,教师可以有效地引导学生发展其思维品质。这样的教学方法不仅能够满足学生对丰富知识的渴望,还有助于塑造学生独立思考和创新思维的能力。

2. 引导学生主动观察和思考

为了培养学生的思维品质,教师在教学中应该积极引导学生主动观察和思考语言和文化的各种现象。首先,通过比较和识别信息的异同,能够培养学生辨析问题、抓住关键信息的能力。教师可以设计多样的学习任务,要求学生在阅读、听力或其他语言学习活动中进行对比分析,从而引导学生逐步形成对语言和文化现象的观察及分析能力。其次,教师在教学中应该提出引导性问题,激发学生深入思考问题的深度和广度。通过向学生提出开放性问题,鼓励他们进行独立思考和讨论,可以培养学生的批判性思维和创新性思维。这样的引导不仅使学生更深入地理解语言和文化,还能够促使他们主动探索知识,形成独立见解。

总之,引导学生主动观察和思考是培养其思维品质的有效途径。通过这样的引导,学生不仅能够积极参与学习过程,还能够逐步培养对语言和文化的敏感性和深度理解能力。这对于学生在面对复杂的语境和文化交流时更具应变能力,有助于他们更好地运用语言进行有效的沟通和交流。

3. 培养学生的归纳与概括能力

为了培养学生的归纳与概括能力,教师可以设计一系列活动,让学生参与归纳共同要素、建构新概念并运用到解决问题的过程中。这样的活动不仅能够锻炼学生的归纳思维,还能够培养他们对复杂信息的理解和处理能力。首先,通过让学生在语言学习中归纳共同要素,比如总结一类单词的共同特点、梳理一类语法规则的核心思想,教师可以引导学生从细节中抽象出共性,形成概括性的认知结构。这有助于学生更好地理解语言的内在逻辑和规律,提高他们对语言知识的掌握程度。其次,教师可以设计跨文化比较和分析的活动,让学生归纳不同文化之间的共同要素,理解文化的多样性。通过这样的练习,学生能够更深入地理解不同文化之间的共通之处,提升他们对文化差异的认知水平。

总体而言,通过培养学生的归纳与概括能力,教师能够帮助他们更好地处理复杂信息,形成更为全面和深刻的认知结构。这种思维品质的培养不仅有益于语言学习,还对学生在其他学科的学习和实际问题的解决中具有积极的促进作用。

4. 鼓励批判性思维

为了鼓励学生的批判性思维,教师可以采用多种方法,促使学生提出更为深入的问题,辨析和评判不同观点和思想的价值。这样做有助于培养学生的判断力和独立思考的能力。

首先,教师可以引导学生在学习中提出批判性问题。通过提出对文本、观点或理论的深层次问题,激发学生去思考问题的本质,培养了他们深入思考和质疑的习惯。这有助于学生形成更为全面和深刻的理解,而非仅仅停留在表面现象。其次,组织讨论和辩论等活动也是培养学生批判性思维的有效途径。在这些活动中,学生需要提出自己的见解,并对他人的观点进行辨析和评判。通过与他人交流,学生不仅能够更清晰地表达自己的观点,也能够更全面地理解不同观点的利弊,培养了他们的辩证思维和判断能力。

总体而言,鼓励学生的批判性思维有助于培养他们对信息的深层次理解和对问题的全面思考。这是一种促使学生超越传统知识学习,更深入地理解和运用知识的方式,对于他们未来的学业和职业发展具有重要的意义。

5. 设计开放性的任务和项目

为了培养学生的创造性思维,教师可以设计一系列开放性的任务和项目,激发学生在语言学习中展示独立思考和创新的能力。这样的设计有助于培养学生解决问题的能力和独立思考的习惯。

首先,通过开放性的写作任务,教师可以鼓励学生用英语表达自己的见解和观点。例如,可以要求学生就某一社会问题、文化现象或科技发展进行深入思考,并用英语进行文章撰写。这样的任务不仅让学生锻炼了语言表达能力,更重要的是培养了他们通过语言表达独立思考的能力。其次,演讲也是一种促进创造性思维的有效方式。通过要求学生在口语表达中提出新颖的见解,教师可以激发学生在语言运用中追求独创性的渴望。这有助于培养学生敢于表达、勇于创新的心态,提高他们运用语言解决问题的实际能力。

总体而言,设计开放性的任务和项目是促使学生在语言学习中展现创造性思维的重要手段。通过这样的设计,学生不仅能够更全面地理解语言和文化,还能够培养独立思考、解决问题的能力,为其未来的学业和职业发展奠定坚实的基础。

(四) 学习能力的要求

学习能力指学生积极运用和主动调适英语学习策略,拓宽英语学习渠道,提升英语学习效率的意识和能力。学习能力的发展必须基于学生对英语学习策略的有效运用和迁移,这些策略包括元认知策略、认知策略、交际策略和情感策略。帮助学生发展有效的学习策略,对学生提升学习能力、适应终身发展具有重要意义。教师在教学中要引导学生学会制定学习目标、监控学习过程、选择并发现适合自己的学习方法、主动反思并评价学习效果。同时,教师还要注意引导学生学会调控个人情绪和情感,在语言实践活动中,注意交际的方式和得体性。策略的有效运用是构成学生学习能力的基础,也是他们终身发展必备的能力。

学习能力是学科核心素养发展的必要条件。形成自我管理的良好的学习习惯是学生终身发展的重要条件,同时也是学生学会拓宽学习渠道和提升学习效率的保障。新课标中对学习能力目标的要求为树立正确的英语学习观,保持对英语学习的兴趣,具有明确的学习目标,能够多渠道获取英语学习资源,有效规划学习时间和学习任务,选择恰当的策略与方法,监控、评价、反思和调整自己的学习内容和进程,逐步提高使用英语学习其他学科知识的意识和能力。学习能力级别要求如表1-4所示。

表1-4　学习能力水平级别

素养级别	学 习 能 力
一级	认识到英语的重要性;对英语学习感兴趣;有学习动力;有学习计划;掌握英语学习的常用方法和策略;有学好英语的决心和克服困难的意志;虚心学习并向他人求教;有较强的合作精神;了解多种学习资源渠道;积极参与英语学习活动。
二级	正确认识英语学习的意义;对英语学习抱有较浓厚的兴趣和较强烈的愿望;有明确的学习目标,能制订并按需调整学习计划;有稳定的学习动机;面对学习困难能分析原因并尝试解决,调节自己的情绪和情感,对英语学习有较强的自信心;能开展课外学习,能利用网络资源等扩充学习内容和信息渠道;开展自主学习和合作学习,反思学习效果并据此优化学习策略和方法,运用英语进行交流和表达。
三级	全面和正确认识英语学习的重要意义;对英语学习抱有浓厚的兴趣和强烈的愿望;有长远规划和明确的学习目标,按需制订、调整并优化学习计划;有强烈的学习动机;积极拓宽课外学习资源,通过网络等多种信息渠道获取最新知识,并根据学习需要加以取舍;勇于面对学习中遇到的困难并加以解决,主动调控心态和情绪,积极反思学习效果,对英语学习有很强的自信心和成就感;善于自主学习和合作学习,举一反三,积极争取和把握各种学习和表现机会,运用英语进行有效沟通和交流。

根据以上要求,英语教学可以从如下几点进行改革,注重培养学生的学习能力,使他们具备明确的学习目标、多样化的学习资源和渠道、有效的学习策略和方法,以及自主学习和合作学习的能力。这将为学生的终身发展奠定坚实的基础。

1. 培养学生的学习动力和兴趣

学习动力和兴趣是学生积极参与英语学习的重要因素。教师在培养学生学习动力和兴趣方面发挥着关键作用。

首先，教师可以通过激发学生对英语学习的兴趣来增强他们的学习动力。这包括引入生动有趣的教材、结合实际情境设计教学内容，以及运用多媒体等现代技术手段。通过提供富有吸引力的学习材料，教师可以引导学生积极参与，使他们在学习中感受到乐趣和成就感。其次，树立正确的学习观对培养学生的学习动力和兴趣至关重要。教师可以通过介绍成功的英语学习经验、分享有趣的学科知识，以及向学生展示英语在实际生活中的有效应用，帮助学生建立积极的学习态度。培养学生对学科的正确认知，使他们认识到英语是一种实用且有趣的工具，有助于激发学习的热情。在教学活动设计方面，教师可以注重学科知识与学生兴趣的结合，创设生动活泼的教学氛围。例如，通过游戏、角色扮演、小组合作等形式，让学生在轻松愉快的氛围中学习，从而培养学生对英语学习的浓厚兴趣。这不仅可以提高学生的学习动力，还有助于形成积极的学习氛围，促进学生在语言学习中的主动参与和投入。

总体而言，通过教师的努力，激发学生对英语学习的兴趣，树立正确的学习观，将为学生的学习动力注入新的活力，促使他们更加主动地参与学科学习，提高学习效果。

2. 设定明确的学习目标和制定学习计划

学生在学习英语过程中，设定明确的学习目标和制定合理的学习计划是培养学习能力的关键一环。

首先，明确的学习目标有助于学生明确自己的学习方向和期望成果。教师可以引导学生根据个人兴趣、学科要求或职业发展规划，设定短期和长期的学习目标。这样的目标不仅能够激发学生的学习动力，还能够让他们更有针对性地制定学习计划，使学习更加有目的性和效果性。其次，制定学习计划需要学生具备一定的规划和执行能力。教师可以通过培养学生制定计划的意识，引导他们合理分配学习时间、资源，并制定可行的学习步骤。教师还可以在学生设定目标的基础上，帮助他们制定周密的计划，明确每个学习阶段的任务和时间节点。这有助于学生在整个学习过程中保持高效的学习状态，降低学习压力，提高学习的自律性和自主性。在教学实践中，可以通过课堂讨论、个别指导、学科竞赛等方式，培养学生设定学习目标和制定学习计划的能力。通过这些活动，学生能够更好地理解自己的学科兴趣和优势，并在教师的引导下，逐渐学会合理规划学习，使学习更有目标性和针对性。教师在引导学生设定学习目标和制定计划时，还可以强调学习过程中的反馈和调整，培养学生对学习目标的持续追求和自我调整的能力。

总体来说，通过帮助学生设定明确的学习目标和制定科学的学习计划，教师可以培养学生的学习能力，提高他们在英语学习中的主动性和自主性，从而更好地适应未来的学习和发展。

3. 提供多样化的学习资源和渠道

为了培养学生的学习能力,教师应当提供多样化的学习资源和渠道,以满足学生个性化、多元化的学习需求。

首先,引导学生善于利用网络资源。教师可以推荐学生使用在线课程、学习应用、英语学习网站等,这些资源能够提供生动有趣的学习内容,同时满足学生在不同方面的学习需求。通过网络资源,学生可以随时随地获取英语学习资料,拓展知识面,提高学习的时效性和便捷性。其次,鼓励学生阅读英语原版书籍和观看英语电影也是培养学生学习能力的有效途径。通过阅读原版书籍,学生能够接触地道的语言表达和丰富的文化内涵,提高阅读理解和语言表达的能力。观看英语电影则可以锻炼学生的听力技能,同时感受地道的语音语调和生活用语,使学习更具实际应用性。这种多感官的学习方式不仅有助于提高学生对语言的感知和理解,还能够激发学生学习的兴趣和积极性。此外,教师还可以通过组织各类英语学习活动,如英语角、演讲比赛、文化交流等,为学生提供更广泛的学习机会。这样的活动不仅可以让学生在实际语境中运用所学知识,还能够培养他们的交际能力和团队协作精神。通过参与这些活动,学生可以接触到更多的学习资源,结交志同道合的学友,形成积极的学习氛围,从而更好地发展学习能力。

综上所述,提供多样化的学习资源和渠道有助于激发学生学习的兴趣,拓宽学习内容和信息渠道,培养他们主动获取知识的能力。教师应当在教学中积极引导学生利用网络、阅读原版书籍、观看英语电影,并鼓励他们积极参与各类英语学习活动,以促进学生全面发展,提高其学习能力。

4. 教授有效的学习策略和方法

为了培养学生的学习能力,教师应该教授他们常用的英语学习策略和方法,以帮助学生更有效地掌握语言技能。

首先,词汇记忆技巧是英语学习中至关重要的一环。教师可以向学生介绍各种词汇记忆的方法,如联想记忆、词根词缀法等。通过这些技巧,学生可以更轻松地掌握大量的词汇,提高阅读和听力的理解能力。此外,教师还可以鼓励学生制定个性化的词汇记忆计划,使之更符合学生的学习习惯和需求。其次,阅读理解策略也是学生学习英语的关键。教师可以指导学生使用主题句法、段落标记、关键词标记等方法,帮助他们更好地理解和分析英语文章。通过培养学生对文章结构和逻辑的把握,可以提高他们的阅读速度和准确度。同时,教师还可以组织学生进行小组讨论,共同解决阅读中遇到的问题,促进学生相互学习。此外,口语表达练习也是英语学习中不可忽视的一环。教师可以设计各种口语练习活动,如角色扮演、小组讨论、演讲比赛等,以提高学生的口语表达能力。通过实际的语言运用,学生可以更好地应对各种日常和学术场景中的交流需求。同时,教师还可以给予及时的反馈,指导学生改进发音、语调、语速等口语技巧,帮助他们更自信地运用英语进行交流。

总体而言,教师在英语教学中应该注重培养学生的学习策略和方法,包括词汇记忆技巧、阅读理解策略和口语表达练习。通过系统的教学和实际操作,学生可以更有针对性地提高英语水平,形成良好的学习习惯,提高学习效率。

5. 培养学生的自主学习和合作学习能力

为了培养学生的自主学习和合作学习能力,教师在教学中应该设计有针对性的教学活动,以激发学生的学习兴趣和积极性。

首先,鼓励学生进行自主学习是培养其主动性和独立思考能力的重要途径。教师可以引导学生设定个性化的学习目标,根据自身兴趣和需求选择学习材料,制订学习计划,并在学习过程中进行自我评估。通过这样的方式,学生不仅能够获得解决问题和自我管理的能力,还能更好地发挥自身潜力。其次,组织合作学习活动是培养学生团队协作和交流能力的有效手段。教师可以设计小组项目、合作任务或讨论活动,让学生在小组中分享观点、合作完成任务、共同解决问题。通过与同学的互动,学生不仅能够拓宽视野,还能够学到不同的学习方法和思维方式。同时,合作学习也有助于培养学生的沟通能力、团队协作精神和解决实际问题的能力。在教学实践中,教师可以为学生提供一定的自主选择权,让其在一定框架内进行自主学习。例如,提供多样的学习资源和任务选择,让学生根据自己的兴趣和需求进行学习内容的选择。此外,通过鼓励学生在合作学习中分享心得、交流看法,促进信息交流和思想碰撞,进一步激发学生的学习热情和团队合作精神。

综合而言,教师在培养学生自主学习和合作学习能力时,需要通过灵活多样的教学设计,引导学生在学习中成为更加主动、有责任心的学习者,并培养其与他人协作的良好团队合作精神。通过这样的教学模式,学生将更好地适应未来的学习和工作环境。

6. 引导学生进行学习评价和反思

为了培养学生的学习评价和反思能力,教师在教学中应该设立有针对性的反馈机制,帮助学生全面了解自己的学习状态并及时做出调整。

首先,定期进行学习评价是关键的一步。教师可以引导学生设立明确的学习目标,并在一定时间内进行自我评估。这可以通过学生自主填写学习日志、完成学习反馈问卷等形式进行。通过定期的学习评价,学生能够了解到自己在语言技能、文化认知等方面的进展,也能发现可能存在的问题。其次,鼓励学生进行学习反思是培养其学习能力的有效途径。在评价的基础上,教师可以引导学生思考学习过程中的困难、收获和改进的方向。学生可以通过书面反思、口头表达等形式,深入剖析自己在学习中遇到的问题,总结有效的学习方法,并提出改进的方案。这种反思过程有助于学生更好地理解自己的学习风格和需求,形成自主学习的良好习惯。在教学实践中,教师还可以通过个别辅导、小组讨论等方式,为学生提供更具体的反馈和建议。通过与学生的深入沟通,了解他们的学习体验和感受,教师能够更有针对性地指导学生改进学习策略,并在语言技能、文化认知等方面取得更好的发展。

总之,学习评价和反思是培养学生学习能力不可或缺的环节。通过这一过程,学生不仅能够更清晰地认识自己的学习情况,还能够形成自主学习的良好习惯,为未来的学习和发展奠定基础。

第二章　追求有价值的英语学习

在教学中有意识地引导学生追求有价值的英语学习是落实核心素养的重要路径。片面追求高效的英语学习虽然具有一定的价值，但这不一定是高价值，学习者还需明确更高的英语学习目标，注重理解语言背后的文化、历史和社会等多层次含义。通过设定明确的学科教育目标，学生在学习过程中能够以更高的价值追求为导向，更注重知识的深度和对知识的全面理解，从而实施真正高质量且有价值的英语学习体验。

第一节　寻求高效率的英语学习

一、高效率的英语学习内涵

高效率的英语学习着眼于提升学生学得更加有效的能力，突出学习的合规律性，注重在实现最大效益、优异效果和高效率的基础上达到最大的效能。这一概念强调学习过程的有序性和规律性，要求学生在有限时间内通过科学的学习计划、方法和资源的合理利用，取得更好的学习效果。学生在明确学习目标的同时，需要具备科学制定学习计划的能力，将学习任务有机地安排在合理的时间框架内，确保学习过程有序而高效。

高效率的英语学习关注学习的效益，即确保学生在学习中真正获取到有价值的知识和技能。这需要学生在选择学习资源和方法时，注重实际应用和实践，使所学内容能够在实际语境中得以巩固和应用。同时，高效率的学习要求学生通过不断的自我评估和反馈机制，及时发现和纠正学习中的问题，确保学习的效果能够达到预期目标。此外，高效率的英语学习强调学习的效率，即在相同的时间和精力投入下获得更多的学习成果。这需要学生善于利用多样化的学习资源，包括网络、影音资料等，以丰富学习内容，提高学习的广度和深度。同时，培养学生有效的学习方法，如词汇记忆技巧、阅读策略等，以提高学习的效率。

二、高效率的英语学习特点

高效率的英语学习具有一系列显著的特点,这些特点有助于学生在有限时间内获得最大的学习效益;且这些特点相辅相成,构成了高效率英语学习的核心要素,即明确的目标、科学的计划、积极的态度、多样性学习和自我反馈,这些要素的共同作用将促使学生在英语学习中更加高效且富有实际成效。

(一) 明确的学习目标

明确的学习目标是高效率学习的关键特点,对学生而言具有至关重要的指导作用。这一特点要求学生在学习过程中清晰明确自己的学习目标,即明白自己到底想要达到什么样的学业成果。这样的明确目标不仅有助于学生集中精力,使其能够将学习动力更有针对性地转化为实际行动,还能够为学生提供明确的学业方向,使其学习更具有目标性和导向性。学生在明确学习目标的过程中,会更容易激发学习动力。清晰的目标能够为学生提供明确的前进方向,使其对学业有更强烈的愿望和动力。这种学习动力的提升有助于学生更加专注地投入学习,从而更容易克服困难,迎难而上。此外,明确的学习目标有助于学生更有针对性地选择学习内容和方法。学生在明确自己的目标后,能够更加理性地选择与目标相符的学科、课程和学习资源。这样不仅提高了学习效益,还减少了学习中的无效努力,使学生更加聚焦于对实现目标有直接贡献的学习活动。

(二) 科学制定学习计划

科学制定学习计划是实现高效率学习的关键环节。一个详细、合理的学习计划是学生顺利完成学业的可靠指南。首先,学生需要对整个学习过程进行规划,明确学习的阶段性目标和任务。这有助于避免盲目学习和无计划的状态,确保每个学习阶段都有明确的方向和目标。其次,学生应当合理分配学习时间,确保每一项学习任务都得到足够的关注和时间投入。通过科学合理的时间规划,学生可以更好地应对学业压力,提高学习的有序性和效率。避免时间的浪费,集中精力进行学习,是实现高效率学习的基本要求。此外,学习计划应当具备灵活性,能够根据实际情况进行调整。面对不同的学科、任务和时间变动,学生需要善于调整计划,确保计划的实施更加灵活和可行。灵活的学习计划有助于适应复杂多变的学习环境,提高应变能力和学习效果。

(三) 积极的学习态度

积极的学习态度是高效率学习的重要特点,展现在学生对学习的积极兴趣、主动性、耐心以及积极应对挑战的态度。首先,积极的兴趣是指学生对学习内容表现出的浓厚兴趣和主动探究的愿望。这种兴趣能够激发学生主动投入学习,使学习过程更为愉悦,从而提高学习效率。其次,主动性是指学生在学习中展现出的自发性和积极性,能够主动参与学科学习、参加各类学术活动,从而使学习不再是一种被动的接受,而是一种主动的追求。再者,耐心是指学生在面对学习困难和挑战时能够保持冷静、持之以恒的心态。这种耐心有助于学生克服学习中的困难,坚持追求学业目标。最后,积极应对挑战是指学生在面对学科竞争和高难度学习内容时,能够以积极的心态去迎接挑战,将挑战视为成长的机会,而不是阻碍。这种态度使学生更有勇气和信心去超越自己,提高学业水平。

(四) 多样化的学习资源和方法

高效率学习的关键之一是多样化的学习资源和方法。这种多样性体现在学生能够充分利用各种不同类型的学习资源,如书籍、网络、影音资料等,以及采用多种灵活的学习方法。首先,多样化的学习资源为学生提供了广泛的知识渠道,使其能够更全面地获取信息。通过阅读书籍,学生可以深入了解专业知识;通过利用互联网,他们可以获取实时的最新信息;而通过观看影音资料,学生能以更直观的方式理解复杂的概念。这种资源的多元选择为学生提供了更为灵活和个性化的学习体验。其次,多样化的学习方法使学生能够灵活运用不同的学习策略,从而提高学习效果。不同的学习方法适用于不同的学科和内容,学生可以根据自己的学习需求选择最合适的方法。例如,对于语言学习,学生可以通过阅读、听力、口语和写作等多种方式全面提升语言能力;对于理论学科,采用思维导图、案例分析等方法有助于更深层次的理解和记忆。这种学习方法的多样性为学生提供了更为灵活和个性化的学习路径,能帮助他们更好地理解和掌握知识。

(五) 自我评估和反馈

高效率学习的学生具备自我评估和反馈的能力,这是他们在学习过程中不可或缺的重要特征。自我评估意味着学生能够对自己的学习表现进行客观、全面的审视,从而更加准确地了解自己的学习状态。这种能力使学生能够及时检视学习进展,发现潜在问题和挑战,并在学习过程中主动调整学习策略。自我评估的过程通常包括对学习目标的达成情况进行审视,评估学习过程中所采用策略的有效性,以及对个人学习动机和态度的审视。通过这一全面而深入的自我审视,学生可以识别出导致学习困难或不足的因素,进而采取有针对性的措施进行改进。例如,他们可以调整学习计划,重新安排学习时间,或者改变学习策略,以更好地适应学科的要求。与自我评估相辅相成的是自我反馈的能力。学生需要在自我评估的基础上能够给自己提供具体、明确的反馈,这样他们才能更加清晰地了解需要改进的方向。自我反馈包括对自己学习方法的效果、对问题解决的创造性和促进对知识掌握的深度等方面的评价。通过这样的反馈,学生能够更有针对性地进行调整,提高学习效率和质量。

第二节 追求有价值的英语学习

一、有价值的英语学习概述

有价值的英语学习体现在明确的学科教育目标上。这意味着学习者在学习的过程中要清晰地知道为何学习英语,即明确学科学习的目的性。这不仅包括对语言知识的掌握,更注重对语言背后的文化、历史、社会等多层次的理解。学科教育目标的明确性使学生在学习中更具有目的性,学生不仅注重知识的深度,更追求对英语的全面理解和实际应用。

有价值的英语学习要求学习者关注学习的目的,即考虑为何而学、学习的价值如何。这使得学生在学习英语时能够更加积极主动,更好地理解学科学习的重要性。对于价值选择的思考也能够引导学生形成正确的学习态度,培养出对英语学习的兴趣和决心。同时,有价值的英语学习在考虑学习的规律性,即在学习效能上也有着显著的特点。学习效能强调在学习的过程中实现高效、高质量的学习。通过关注教育目的、育人目标,学生能够更有针对性地选择学习内容和方法,提高学习效果。这也使学生在学习中更具有自主性和指导性,不再仅仅是被动接受知识,而是能够主动运用、理解、分析和评价所学的内容。

二、有价值的英语学习特点

有价值英语学习旨在超越传统语言技能,使学生在广泛的语境中运用深层次知识,实现学科理解和思考的最大价值。有价值的英语学习具有如下四大特点。

(一) 明确的学科教育目标

有价值的英语学习体现在明确的学科教育目标上。首先,这要求学生在学习的过程中要清晰地知道为何学习英语,即明确学科学习的目的性。这不仅包括对语言知识的深入掌握,而且注重对语言背后文化、历史、社会背景等多层次的理解。通过设定明确的学科教育目标,学生能够更有目的地进行学习,不再仅仅是追求表面的语法规则和词汇量,而是更深层次地理解英语的内涵。其次,有价值的英语学习着眼于培养学生对语言学科的全面理解和实际应用能力。除了语法和词汇的掌握,学科教育目标还包括对英语所反映的文化、历史、社会等方面的深刻认识。学生在学习中将更注重思辨、分析和解读英语中的文本,能够理解背后的文化内涵,从而实现对语言学科的全面理解和内化。这种明确的学科教育目标有助于提升学习的深度和广度,使英语学习不再仅仅是一种语言技能的获取,更是一种对多元文化的理解与尊重。这符合新时代英语教育的发展趋势,将培养学生的跨文化能力、思辨能力置于更为重要的地位。

(二) 注重知识的深度

有价值的英语学习注重知识的深度,与传统的表层知识掌握有所不同。首先,这种学习强调的是对语言深层次内涵的挖掘。学生需要不仅仅停留在语法规则和词汇的认识上,更要深入理解语言所包含的文学、历史、社会现象等多元元素。通过对这些元素的深入学习,学生能够更全面地认识英语,将语言与文化、社会等方面进行有机结合,使学习更为有深度和内涵。其次,有价值的英语学习注重对文学、历史、社会等方面的深刻理解。这种理解不再是表面性的了解,而是要求学生深入挖掘语言背后的文化内涵,从而更好地理解和运用英语。通过对文学作品、历史事件、社会现象等的深入探讨,学生能够建立起对英语的深层次认知,使其具备更高水平的语言应用能力。这种强调知识深度的学习方式有助于学生形成更为全面、立体的语言认知结构,使学习更具有深度和广度。同时,也促使学生更深层次地思考和理解学科知识,培养其独立思考和批判性思维的能力。这符合新时代英语教育培养学生多元素养的要求,使其在语言学习中获得更丰富的知识体验。

(三) 关注问题情境与挑战性任务

有价值的英语学习注重关注真实问题情境和具有挑战性的任务,这一方法改革有助于引导学生进行高阶思维和深度学习。首先,通过关注真实问题情境,学生能够在实际生活场景中应用英语,使学习更加贴近实际应用。例如,通过模拟真实的交流场景,学生可以更好地理解和运用语言,提高语言应用能力。这种实践性学习有助于学生将所学知识转化为实际应用能力,培养他们在真实情境中有效沟通的能力。其次,关注具有挑战性的任务,可以激发学生的学习兴趣和动力。通过设置具有挑战性的任务,学生需要运用高阶思维能力,进行深度思考和解决问题。这种任务的设置使学习过程更具有启发性和探究性,培养学生主动学习的态度。例如,要求学生进行研究性的项目或参与英语演讲比赛,这样的任务要求学生不仅要运用语言知识,还要展示批判性思维和创造性表达能力。通过这样的挑战性任务,学生能够更全面地发展语言技能和综合素养。这种关注问题情境与挑战性任务的学习方式,不仅使学生在语言应用中更具实际能力,还培养了他们独立思考和解决问题的能力。这符合新时代对学生综合素养的培养要求,使学生能够更好地适应未来社会的挑战。

(四) 大概念关联与远迁移

在有价值的英语学习中,大概念的关联与远迁移是一项重要的特点,强调学生能够将所学的知识联系到更广泛的领域,并在不同语境中应用这些知识,实现更高水平的学科理解。

　　关注大概念的关联意味着学生不仅仅关注狭窄的语言知识,更注重语言背后的文化、历史、社会等大背景。学生需要理解语言与其他学科领域之间的关系,形成对知识的综合认识。例如,学生在学习英语的同时,可以了解英语国家的文学、历史事件,以及社会文化的发展,从而更好地理解语言的表达方式和文化内涵。这种大概念的关联有助于培养学生的综合素养,使他们在学科学习中更具深度和广度。强调对知识的远程迁移意味着学生要能够将所学的英语知识应用到不同的语境和领域。这要求学生具备更强的创造性和批判性思维,能够灵活运用所学知识解决新问题。例如,学生通过英语学习了解到一些全球性的环境问题,然后能够运用英语表达自己的看法,并参与相关的国际交流中。这种远程迁移的能力不仅提高了学生在英语学科上的应用水平,同时也为他们未来的跨学科学习和终身学习奠定了基础。通过关注大概念的关联与远迁移,有价值的英语学习强调了学生在学科学习中更加全面、深刻地理解知识,培养了他们跨学科思维和实际应用能力。这有助于学生更好地适应未来社会的复杂多变和知识交叉融合的发展趋势。

三、高效率的英语学习与有价值的英语学习之间的关系

　　高效率的英语学习和有价值的英语学习二者之间具有一定的关系。

　　高效率的英语学习能够带来很多收益,不仅提升英语语言能力,还能培养学生的核心素养。通过记忆、分析和解决问题的训练,学生在学习英语的过程中能够锻炼认知和提高智力能力。同时,深入理解不同文化背景的内容,也能提高跨文化交流的能力,拓宽视野,使学生更具国际化视野。这些收益都是英语学习所带来的实际效果。

　　然而,高效率的英语学习并不一定直接带来高价值的产生。高价值通常涉及更深层次的素养,如创新思维、领导力和批判性思维。即便学习方法再高效,但如果缺乏方法的引导、途径的探索,以及实践和经验的积累等,学生依然很难培养出高阶的素养。因此在英语学习过程中,简单追求英语知识的积累和应试技能的提升,可能无法满足更高层次的价值需求。

　　针对高效率的英语学习与有价值的英语学习之间的这种并不完全等同的关系,要改善这一现状,关键在于如何在高效率学习的基础上,引导学生进行深度思考、实践探索,进而培养与创新力、领导力等更高层次素养相关的能力。这些都需要更全面、综合的教育方法和学科体系,以更好地满足学生综合发展的需求。

第三节　英语学习之价值追求

　　英语学习的价值追求体现在多个层面,包括个体发展、社会互动、文化认知、终身学

习等方面。

一、个体发展层面的英语学习价值追求

个体发展层面的英语学习价值追求强调了语言能力、跨文化沟通技能、思维能力和综合素养的全面提升,为个体的多方面发展和终身学习提供了坚实的支持。具体体现在如下几方面:

(一) 语言能力的培养

英语学习在培养个体语言能力方面具有显著作用。这涵盖了听、说、读、写等多个语言技能的全面培养。通过听力训练,个体不仅提高对英语语音、语调的敏感性,更能够有效理解和获取信息。口语表达的训练使个体在英语环境下更具自信、流利地进行交流,极大拓展了其沟通能力。在阅读方面,英语学习不仅促进了对英语文本的理解,也提高了对文学、历史、社会等多领域知识的获取能力。写作的练习则锻炼了表达思想、观点的能力,培养了创造性思维。这全方位的语言技能培养不仅增强了在英语环境下的交际能力,同时为个体在各种语境下更为灵活地运用语言奠定了坚实基础。

(二) 跨文化沟通技能的提升

英语学习在培养个体跨文化沟通技能方面发挥着关键作用。重视不同文化的独特敏感性,学生学会尊重并理解他人的观点,培养了他们在多元文化团队中进行协作的能力。通过英语学习,个体不仅仅掌握语言的表达方式,而且能够理解和尊重不同文化背景下的交际规则和礼仪。这种培养有助于个体更好地适应全球化社会,促进多元文化团队间的有效交流,为参与国际事务、跨国公司的工作以及国际合作提供了强大的支持。这种全面的跨文化沟通技能的提升,使个体更具全球胜任力,为其职业发展和终身学习奠定了坚实基础。

(三) 批判性思维和问题解决能力的提高

英语学习不仅仅是对语法和词汇的学习,而且注重引导学生深入思考不同文化、历史、社会等方面的问题。这种学习方式有助于培养个体的批判性思维和问题解决能力,使其在面对复杂情境时能够更具深度和全面性地分析,提出独立见解。通过对英语学习中的文本分析、讨论和写作等活动,个体不仅提高了语言表达能力,还在思维层面得到了锻炼。这种批判性思维和问题解决能力的提高,使个体更具备面对未知挑战和解决复杂问题的能力,为其职业发展和终身学习提供了有力支持。

(四) 综合素养的提升

通过英语学习,个体将接触到丰富多样的英语材料,包括文学作品、历史文化、科技资讯等。这有助于提高个体的综合素养,使其更全面地理解世界,对各种知识领域有所

涉猎。在学习英语的过程中,个体将不仅仅获得语言技能,还会拓展对不同文化、人类历史、社会现象等多个领域的认知。这种综合素养的提升使学生能够更好地适应多元化的社会环境,更灵活地应对各种复杂的情境。

(五)国际视野和职业发展

英语作为国际通用语言,学习英语有助于个体打开国际视野。这对于涉及国际交流、合作的职业领域具有重要意义,为个体的职业发展提供了更广阔的空间。随着全球化的发展,越来越多的行业和职位要求员工具备跨文化沟通和国际合作的能力。通过英语学习,个体能够更加流利地与国际伙伴交流,更好地参与全球范围内的项目和合作。这不仅为职业发展创造了机会,也使个体在竞争激烈的职场中更具竞争力。

二、社会互动层面的英语学习价值追求

通过在社会互动层面追求英语学习价值,个体能够更好地参与国际社会活动,促进文化、经济诸方面的交流与发展。这对于建设更加包容、开放、多元的社会具有积极意义。社会互动层面的英语学习价值追求包括以下几个方面:

(一)国际交流与合作

通过英语学习,个体能够更好地融入国际化的社会,积极参与国际性的交流与合作。英语作为国际通用语言,为各国之间的沟通搭建了桥梁,使个体能够更自如地与来自不同文化背景的人交流互动。在国际交流中,个体能够了解不同国家的观念、价值观,增进对多元文化的理解,从而更好地适应全球化的发展趋势。这种国际交流与合作不仅促进了文化的多样性,也为解决全球性问题提供了更广泛的合作平台。

(二)多元文化的包容与尊重

英语学习使个体更容易接触到不同国家、地区的文化,培养对多元文化的包容与尊重。通过学习英语,个体能够深入了解不同文化的语言、风俗、传统,从而更全面地认识世界。这种文化的多样性促使个体更加开放,减少了不同文化之间的隔阂,为社会创造了一个更加包容和多元的环境。在这个过程中,个体逐渐掌握跨文化沟通的技能,培养了尊重不同文化的观念,有助于促进文化的交流与融合。这样的多元文化包容与尊重不仅使个体更具社会责任感,也有助于构建一个更加和谐、互相理解的社会。

(三)国际事务的参与

具备英语沟通能力的个体更容易参与国际组织、团体或机构等国际性平台的活动与工作,为解决全球性问题、推动国际事务发展发挥积极作用。英语作为国际通用语言,成为国际组织、团体或机构交流合作的桥梁。通过英语学习,个体不仅能够更加深入地理解和处理国际事务,还能够更自如地参与全球性的对话与合作。这不仅有助于推动

国际组织的发展,也为解决全球性问题提供了更多的机会和资源。因此,个体通过英语学习获得的沟通能力得以参与国际事务,不仅是个体自身职业发展的需要,也是对全球社会发展的积极贡献。

三、文化认知层面的英语学习价值追求

通过在文化认知层面追求这些英语学习价值,个体能够更深刻地理解和体验英语国家的文化,培养广泛的文化视野,提升自身的文化素养。这对于建设具有文化包容性的社会有积极意义。文化认知层面的英语学习价值追求包括以下几个方面:

(一) 跨文化理解与尊重

通过英语学习,个体得以深入领略英语国家的文化传统与价值观念,从而培养对不同文化的深刻理解与真诚尊重。这一过程不仅令学习者更好地掌握语言技能,更重要的是激发了他们对世界多元文化的浓厚兴趣。通过跨文化学习,个体逐渐领悟到文化差异的丰富和独特之处,从而在跨文化交流中展现更高的敏感度和包容性。这种对多元文化的理解和尊重有助于消除文化之间的隔阂,减少由文化误解引发的冲突,为全球社会构建起更为和谐的沟通桥梁。因此,通过英语学习所促成的跨文化理解与尊重,不仅是个体发展的必然产物,而且是推动全球化时代人际关系良性发展的关键因素。

(二) 文学与艺术品位提升

通过英语学习,个体得以深入探索世界上最重要的文学语言之一,不仅能畅读各国经典文学作品,而且有机会欣赏英语国家独特而丰富的艺术创作。这一过程不仅令学习者拓宽了语言技能,更重要的是打开了通向文学和艺术殿堂的大门。通过沉浸在英语文学的世界中,个体能够体验到不同时空、文化和思想的碰撞,从而提升对人类文明的整体理解。同时,学习英语也为个体提供了品味多元艺术表达的机会,使其能够欣赏英语国家独特的音乐、电影、戏剧等多种艺术形式。因此,通过英语学习所带来的文学和艺术品位的提升,不仅是个体在全球文化交流中卓越品位的体现,而且是其语言技能的深化。

(三) 语言背后的文化内涵

英语学习远非简单的语法和词汇掌握,更是一场深入文化内涵的探索之旅。在这个过程中,学生不仅仅是为了获得一门语言的应用能力,更是通过语言的媒介深入了解文化的思维方式、历史演变和社会习惯。语言不仅仅是沟通的工具,更是一种承载着民族精神、价值观念和传统习俗的载体。通过学习英语,个体得以穿越语言的表面,深入挖掘其中蕴含的文化内涵,了解不同文化的独特之处。这种对文化内涵的理解,使学生在语境中更为敏感且可体会到语言背后丰富的文化底蕴,促使他们更全面地认知和理解世界。因此,英语学习成为一场深刻的文化体验,为个体开启了通向多元文明的大门,让

他们更具全球视野和跨文化的思考能力。

(四) 文化影响对比研究

学习英语不仅是语言技能的培养,更是一项启发个体进行文化影响对比研究的重要过程。通过比较不同文化对个体思维和生活方式的影响,学习者能够深刻体验并审视各种文化的独特之处,从而更全面地理解自身所处文化的优势和不足。这种对比研究不仅使个体拓展了对世界多元性的认知,还促使他们更加敏感于文化背景对于个体行为、价值观和社会互动的深刻影响。通过语言学习,个体进一步发展了文化智慧,不仅能够审视自身文化中的固有模式,有助于形成更加全面、开放的思考方式,也能够在跨文化交流中更为灵活自如地应对。因此,学习英语所促成的文化影响对比研究,不仅是语言学习的一个重要成果,更是培养全球化时代公民的关键路径,让个体更好地适应并参与多元文化的全球社会中。

四、终身学习层面的英语学习价值追求

英语学习在终身学习层面能够为个体提供更广泛、更深入的学习机会,促使其在不同领域中持续成长和发展。具体来讲,终身学习层面的英语学习价值追求主要体现在以下几个方面:

(一) 不断更新知识

英语作为全球使用最广泛的语言之一,成为终身学习的桥梁,使个体能够时刻保持与国际上最新知识接轨的能力。通过持续不断地学习英语,个体在语言的涵养中不仅增强了跨文化交流的能力,更能够即时获取全球各领域的前沿信息,不断更新个人的认知体系。这一不断学习的过程使个体能够紧跟科技、文化、商业等各个领域的发展,拓宽视野,提高适应力,从而更好地融入并参与飞速演进的国际社会。因此,英语的终身学习不仅是语言技能的提升,更是赋予个体持续进步的力量,使其具备与时俱进、不断成长的知识更新机制。

(二) 适应新技术和信息时代

随着科技的蓬勃发展和信息时代的全面来临,英语作为科技、商业、学术等领域的通用语言发挥着关键作用,为个体适应新技术和信息社会的发展趋势提供了无可比拟的优势。通过学习英语,个体能够深入融入国际科研、商业交流的网络,更轻松地获取并理解最新的科技成果、商业趋势以及学术研究动态。这不仅使个体在科技创新中能够参与合作、分享,也使其更具竞争力和创新意识。英语的学习为个体提供了参与全球性项目和跨国企业的机会,促使其更好地融入国际化的团队合作中。因此,英语作为适应新技术和信息时代的重要工具,为个体提供了畅通无阻的信息渠道,拓宽了视野,使其更好地适应并推动科技与信息的浪潮。

（三）拓宽学科领域

英语作为多个学科的重要工具语言,为个体拓宽学科领域提供了无限可能。通过学习英语,个体得以深入涉足科学、技术、医学等多个领域,不仅增强了学科交流的能力,还使其能够更全面地理解各个领域的知识。英语作为科研、学术交流的通用语言,为个体提供了参与国际性研究项目的机会,促使其在不同学科领域中获得更深层次的认知。通过英语学习,个体能够轻松阅读并理解国际学术期刊、研究论文,拓展了学科研究的广度和深度。同时,英语也是技术和科学领域的关键语言,使个体更容易接触、学习最新的科学和技术进展。因此,通过学习英语,个体能够在多个学科领域中穿梭,实现学科知识的交叉融合,为综合性思考和解决问题提供了更为广泛的知识基础。

（四）跨学科综合素养

通过英语学习,个体得以涉足各种学科领域,培养了跨学科的思维和理解能力,从而提升整体综合素养。英语作为跨学科交流的桥梁,使个体得以深入探索科学、文学、技术、医学等多领域知识。这种全面的学科接触不仅令学习者在各个领域中拥有更为广泛的知识储备,更重要的是促使其培养跨学科思维的灵活性和全面性。通过理解不同学科之间的相互关联和交叉点,个体能够形成更为完整的认知结构,促使在解决问题和面对复杂情境时能够更为全面而富有创新性地进行思考。这样的学科综合素养使学习者能够更好地适应当今多元化、跨学科交叉的社会需求,为解决现实问题和参与全球性挑战提供了更为强大的认知工具。因此,通过英语学习获得的跨学科综合素养,不仅拓展了个体的知识边界,更在培养创新能力和解决复杂问题的能力上发挥着重要作用。

第三章　深度学习下的有价值学习

　　追求有价值的英语学习体验需要教师在"教"中体现内容的中心化、结构化和体系化,在英语学科大观念的引领下组织整体教学,帮助学生实现知识的串联性、理解的深层化和思维的整体性输出,以培养学生的迁移创新能力。此外,英语教学中教师应该引导学生关注和挖掘具有生活价值的学习内容,使英语学习能够与实际生活有机结合。最后,教学改进应当指向深度学习,改变原有的外部灌输、被动接受的"浅层学习",探索基于"深度学习"的"深度教学",引导学生对学习过程的理解和反思,以发展学生的批判性思维能力和创新能力。

第一节　基于深度学习大概念建构英语学习

一、深度学习的概念

(一) 深度学习的内涵

　　深度学习最早起源于布鲁姆的目标教学。1956 年,布鲁姆等人在《教育目标分类学》一书中把认知领域分为知道、领会、应用、分析、综合以及评价六个层次。一般认为,知道、领会和分析三个方面属于低阶思维,即浅层学习;分析、综合和评价三个方面属于高阶思维,即深度学习。

　　布鲁姆提出目标分类之后,安德森提出:知识包括事实性知识、概念性知识、程序性知识和元认知知识四种类型。进一步在布鲁姆目标教学的基础上把认知过程分为记忆、理解、应用、分析、评价和创造六个层次。一般认为,记忆和理解属于低阶思维,应用、分析、评价和创造则属于高层次的思维。

　　"深度学习"这一名词由马顿和萨尔乔在 1976 年首次提出。"学习者因为不同的学习目的,会关注学习材料的不同方面。并采用两种对应不同层次的学习过程。"这两种不同层次的学习过程一种是深度学习,一种是浅层学习。浅层学习就是一个浅层加工

（surface-level processing）。在浅层加工中，学习者一般将注意力放在学习文字本身上。

学习者如果仅仅关注文字本身，关注字面意思，这就是一个浅层加工，是一种复制型的学习观念，主要采取死记硬背的学习策略。目前在我国，死记硬背的学习策略依旧较为普遍，这与当前国际上研究学习科学的方向是背道而驰的。

而在深度学习也就是深层加工（deep-level processing）中，学习者指向的是学习材料的意向型内容，即学习的目的是理解作者和文字背后所想表达的意义。

散文学家梁衡老师提出写文章有形、事、情、理、典，我们在学习时的浅层加工可能仅仅关注了形和事，并没有关注理和情。为了转入深度学习，可以先从浅层理解开始，但往往仅有浅层的理解是不够的。

究竟什么才是深度学习？关于深度学习，本书中做了一个系统的概括和总结，整理了国内外对深度学习的一些研究，可以大致从学习方式、学习过程、学习结构、学习目标四大视角来理解：

1. 学习方式

深度学习是一种主动的、寻求联系与理解、寻找模型与证据的包含高水平认知的学习方式，与之相对应的是机械学习和记忆孤立信息的浅层学习方式。

2. 学习过程

深度学习是一种学生积极参与和高度投入的学习过程。

3. 学习结构

深度学习是通过学生真正理解学习内容并长期保持，从而使学生能够从所学中提取相关知识解决不同情境中的新问题。

4. 学习目标

深度学习是学生胜任 21 世纪学习、工作与生活必须具备的一组知识和技能的总称，主要包括掌握核心学科知识、批判性思维和复杂问题解决、团队协作、有效沟通、学会学习、学习毅力六个维度的基本能力，这些能力可以让学生灵活地掌握和理解学科知识以及应用这些知识去解决课堂上和未来工作中的问题。

（二）深度学习的本质

深度学习与浅层学习相对应，研究者从不同的视角提出深度学习的内涵，深度学习与浅层学习在学习目标、学习方式、学习过程和学习结果等方面都有明显的差异。

恩特威斯尔在 2009 年从学习目的、方式、结果出发对深度学习和浅层学习进行了对应比较，具体如下。

从学习目的来说，深度学习是为了自我理解，寻求意义；而浅层学习是为了应付课程，简单复制，也就是死记硬背。

从学习方式来说，深度学习首先注重将想法与以往知识和经验相联系，其次注重寻找模式和基本原则;而浅层学习往往把课程当作不相关的零碎知识,学习时采用机械记忆事实或执行既定程序。此外,深度学习中强调批判性思维,一般不使用死记硬背的方式硬性记忆。

从学习结果来说,深度学习能让学生意识到自己在学习过程中的发展性理解,并积极主动且有兴趣地参与课程内容;浅层学习则可能导致学生发现难以理解新的想法、在课程或任务中看不到什么价值或意义、学习上感到过度的压力和忧虑。

学者吴秀娟于2017年也对深度学习和浅层学习做了一系列比较,相较而言更加全面,除了从学习目的、方式、结果等视角出发,还拓展了一些其他角度,具体如下。

从教学观念来说,深度学习以学生为中心,以学习为导向;而浅层学习以教师为中心,以内容为导向。

从动机来说,深度学习出自自身的需求,而浅层学习则来自外在压力。

从投入程度来说,深度学习强调主动的高投入,浅层学习则是被动的低投入。

从迁移能力来说,深度学习能把所学知识迁移应用到实践中,这是浅层学习无法实现的。

基于对上述研究文献的整体分析,不难发现深度学习的所有要求、特点都是思维型教学所要求的,实际上思维型教学包括了深度学习的所有研究方面。

结合前人研究的整体分析,整合学习方式、学习过程、学习结果、学习目标等多个不同的视角,分析这些视角的共同因素,挖掘深度学习的本质特征,全面理解深度学习。

可以将深度学习定义为:能够深度理解并灵活应用所学知识和发展核心素养的、积极的认知、元认知和非认知(包括动机、情感、意志等)投入的、促进自主建构(包括认知建构和社会建构)的学习方式。

深度学习的本质是什么?结合对文献的研读总结,在提出深度学习内涵的基础上,挖掘深度学习的本质,主要包括以下两点:

第一,深度学习的核心目标是促进高阶思维能力的发展。

第二,深度学习的本质特征是深度思维。从学习过程来讲,深度学习特别强调内在动机的激发、积极主动的参与、高水平的认知和元认知的投入、新旧知识的联系等,关键的因素就是学生积极主动的思维。

它本质上是在非认知因素的动力、定向和补偿作用下的深度思维。离开深度思维就没有深度学习,深度学习的实现以深度思维为基础。

(三) 深度学习的关键

1. 什么样的教学目标更有意义

在深度学习中,教学目标的设定应当着眼于培养学生的综合能力、创新思维和实践能力,追求更高层次的学习目标,以满足当代社会对人才的需求和个体的全面发展。

教学目标应包括学科基础知识的掌握和理解。学生需要通过学习,掌握学科的基本概念、原理和方法,建立扎实的学科基础,为深度学习打下坚实的基础。其次,教学目标还应注重学科思想的体会和评判。学生需要理解学科的核心思想和理论,能够对学科内容进行批判性思考和评价,培养独立思考和创新意识。此外,教学目标还应强调综合应用能力和实践能力的培养。学生需要能够将学到的知识和技能应用到实际情境中解决问题,培养解决问题的能力和创新意识。教学目标还应包括积极的内在学习动机、高级的社会性情感和正确的价值观。学生需要具备积极主动的学习态度和动力,具备团队合作精神和社会责任感,树立正确的人生观和价值观,从而成为有担当、有追求、有品德的社会人才。

2. 什么样的教学内容更有价值

深度学习中,教学内容的价值不仅仅在于传授知识,更在于培养学生的综合能力和创新思维。深度学习的教学内容应该是系统的、结构化的学科知识,而不再是零散的知识点或事实性知识。学科知识是学科结构与系统中的知识,应该以学科体系为基础进行选择和组织,能够帮助学生建立完整的知识体系。深度学习的教学内容应该具有挑战性和启发性,能够激发学生的学习兴趣和思维探索欲望。教学内容应该与学生的实际生活和经验建立意义关联,能够引发学生的深度参与和持续探究欲望,从而实现知识的内化和转化。另外,深度学习的教学内容还应具有跨学科性和实践性,能够帮助学生建立跨学科思维和综合应用能力。教学内容应该涵盖不同学科领域的知识和方法,能够促进学生的跨学科思维和综合应用能力的培养,使其能够更好地解决现实生活中的复杂问题。此外,教学内容应具有现实意义和社会价值,能够帮助学生解决实际问题和应对未来挑战。教学内容应该与学生的生活和社会实践密切相关,能够培养学生的社会责任感和创新意识,使其能够成为对社会发展和进步作出贡献的有担当的人才。

3. 什么样的教学方法更有利于学习目标的实现

就教学设计而言,教学各个要素之间有着内在的统一性和必然的联系。不同的学习(教学)目标指向必然对学习(教学)内容的组织和学习(教学)方式的选择有直接的影响。学习(教学)方式的选择与学习(教学)目标、学习(教学)内容之间有着极强的内在关联性。

当教学目标转向"核心素养",教学内容的核心性和结构化特点必然要进一步凸显,教师教的方式和学生学的方式也必然要有适应性的调整,进而达到教学各要素间内在关联性的统一,形成相互支撑的状态。

在双基目标之下,获取知识是主要目标,围绕着这一目标教师以讲授为主,学生以记忆为主,作业以强化训练为主,这是最高效的方式。但是有研究表明,通过灌输的方式试图让学生"像科学家一样思考",从而形成"科学头脑"的做法是无效的,仅靠多次接触概念不足以掌握思想方法并改变行为。在核心素养目标之下,获取知识不再是主要目标,教师需要在知识的基础上帮助学生形成能力、品格和价值观念,这些变得更重要之后,教与学的方式就要进行根本转变,要强调情境性、实践性、任务性、自主性、合作性。要求教师从核心素养目标出发,进行教学主题、真实且较为复杂的教学情境和挑战性任务的设计,让学生有机会基于学科或跨学科知识解决实际问题,实现知识的综合应用与实践转化。

4. 什么样的方式能更好地体验教学与学习

教学评价是教学反思、诊断、反馈、改进的重要手段和方法。"深度学习"强调在教学目标引导下的教、学、评一致。一方面鼓励教师对教学设计和实施过程进行自我反思:目标设定是否科学合理,是否反映课程标准的规定;基于目标的内容选择与再组织的针对性和适切性;教学方式和教学组织过程对于实现教学目标的清晰指向性。另一方面,也可以引导教师透过学生的学业成就判断教学效果。同时,引导学生有根据地评判人和事,反思和评价自己的学习状态和学习结果。《课程标准》给教师们提供了相应的学业质量评价标准,它更多是引导教师基于事实,基于学生通过学习之后能够做什么事情这些表现性的行为,来判断学生的素养达成情况和学业达成状况。

5. 如何突出学生的主体地位

深度学习强调学生作为学习者的主动性与参与性,突出了学生在学习过程中的自主性与个性化,以及其对学习过程的参与与反馈。在深度学习模式下,学生不再被动接受知识,而是通过自主探索和问题解决构建知识体系,同时与教师、同伴互动,促进对知识的深入理解。此外,学生的反馈也成为教学过程中至关重要的一环,有助于指导教师调整教学策略,提升学习效果。在深度学习的框架下,学生主体地位的确立不仅体现在学习动机与目标的设定上,还体现在学习环境的构建与优化中,促进了个性化、深度学习的实现。

二、深度学习在英语学习中的重要性

深度学习关注新旧知识的迁移,强调独立思考、主动学习,注重培养学生的思辨能力和学习乐趣,而不是对语言知识和语言技能的碎片化、浅层化和脱离语境的机械学习。深度学习是学习者对学习投入达到峰值的状态,从而产生一种富有乐趣和创造性的强烈情感。深度学习通过合作、情景交互的学习环境不断给予学生积极的反馈,鼓励他们运用所学的理论、概念和知识去解决出现的新问题。深度学习是融入思辨分析的学习,它注重概念和想法之间的联系,它强调解决问题和应用知识的能力。在深度学习理念指导下的英语学习不仅帮助学生掌握语言知识和技能,而且促进其形成批判性思维,提高自主学习的能力。深度学习的重要性体现在以下几个方面。

1. 促进形成批判性思维

深度学习不是简单地接受和记忆信息,而是要求学生具有分析、评估和创造的能力。学生需要有选择地吸收信息、评判其价值，并在此基础上产生新的理解和创新性见解。这个过程中的批判性思维对于语言学习尤为重要。语言学习不仅需要理解词汇和语法，更需要理解语境中词汇的多重含义，以及在实际交流中做出适当的对词汇和语法的选择。此外，批判性思维还能够帮助学生识别和分析语言中的隐含意义，包括作者的观点和态度，以及文本的文化和社会背景。深度学习和批判性思维的相互作用是动态的，两者在学习过程中互相塑造和推动。深度学习可以提供丰富的语境和问题，激发学生的批判性思维；而批判性思维则可以促使学生深入探索和反思，进一步深化学习的程度。通过批判性思维，学生能够在深度学习中不断提问、挑战既定观点、构建新的知识，从而实现真正的学术成长和个人发展。

2. 增强理解和掌握

深度学习强调对知识的理解和掌握，而不是表面的、碎片化的、脱离语境的机械记忆。例如，在学习新词汇时，学生不仅要记住单词的意思，还要了解其用法、搭配以及在不同语境中的变化，更高的要求是掌握这些词汇在不同语境中蕴含的文化内涵。这种全面的理解有助于学生更好地掌握语言。深度学习倡导通过"联想与结构"的活动，将学生的经验与知识进行关联和转化，这意味着要将学生的日常生活经验与英语学习内容相结合，使学习更加贴近生活实际，以增强语言的实际应用能力。学生在深度学习的过程中一直处于主体地位，通过整体性学习、经验与知识的转化、深度加工、社会实践模拟和价值评价，能够有效地增强对英语语言的理解和掌握。

3. 提高语言应用能力

语言除了作为交流的工具，还承载着文化、思想和情感。深度学习不仅关乎知识的获取，更强调对所学内容的深入理解和灵活运用，并鼓励学生超越对词汇和语法的表面理解，深入探讨语言的结构和功能。通过分析不同句型的用法、语法规则的灵活性以及上下文对语言选择的影响，学生能够更清楚地理解语言的复杂性。这种理解使他们在实际应用中能够更好地选择适当的表达方式，避免因机械记忆而导致的语言使用错误。此外，语言的应用能力与语境密切相关。深度学习强调在真实语境中学习和实践，鼓励学生分析和评估不同语境中语言的使用情况。通过参与真实的对话、阅读多样化的文本和进行角色扮演等活动，学生能够更好地理解语言的语用规则。这种对语境的敏感性将帮助他们在交流中做出更合适的选择，从而提高语言的实际应用能力。最后，深度学习提供了一个探索文化差异的机会，学生通过研究目标语言国家的文化、习俗和价值观，能够更好地理解语言背后的文化意义。这种跨文化的理解增强了学生在国际交流中的自信心，使他们能够在多元文化的环境中自如地运用语言。

4. 激发内在动机

深度学习强调自主学习和探索，能够激发学生的内在动机。深度学习强调的学生在学习过程中主动参与、自主探究的学习方式与传统的以教师为中心的教学模式形成鲜明对比。在自主学习中,学生可以根据自己的兴趣和需求选择学习内容和方式。这种自主性不仅使他们能够在更适合自己的节奏下学习,还能够让他们在探索语言的过程中感受到更大的施展空间,进而提升学习的内在动机。当学生在探索语言的过程中遇到挑战并成功克服时,他们会获得一种强烈的成就感。这种成就感是激发内在动机的关键因素之一。通过深度学习,学生不仅在语言技能上取得进步,还能在解决问题和完成任务的过程中建立自信。深度学习鼓励学生在学习中挖掘兴趣,并与其生活经验和情感联系起来。当学生能够选择与自己兴趣相关的学习材料时,他们会更加投入。这种兴趣的培养不仅使学习过程更加愉悦,也促使学生更加积极地参与到学习活动中。

5. 互动与合作学习

深度学习重视社会互动与合作学习,通过小组讨论、项目合作等形式,学生可以互相学习,分享彼此的观点和经验。这种互动不仅增强了学生之间的联系,也使他们在共同探索语言的过程中感受到团队的支持与鼓励。当学生在小组中讨论或分享自己的学习经验和成果时,他们的内在动机往往会被进一步激发,因为这种互动既促进了学习的深入,又增强了他们的归属感和自我价值感。在小组讨论中,学生提出自己的观点,还能倾听和理解他人的看法。这种多样化的视角有助于拓宽学生的思维,激发创造力。在语言学习中,学生通过讨论不同的主题或问题,能提高语言的表达能力,还能加深对文化和社会背景的理解。项目合作是深度学习的一种重要形式,通过共同完成一个任务,学生能够更好地理解知识和应用知识。在项目合作中,学生需要分工,充分发挥各自的优势。这不仅增强了学生的团队协作能力,还培养了学生的责任感。深度学习中的社会互动不局限于知识的传递,更涉及情感的交流和支持。学生在小组中相互帮助、相互激励,可以建立深厚的友谊和信任。在学习过程中,尤其是在面对困难时,来自同伴的支持尤为重要。这种支持不仅能减轻学生的学习压力,还能提升他们的自信心。当学生在小组中分享自己的挑战经历和成功经验时,他们会发现自己并不孤单,因为其他同学也正经历着、努力着。这种情感上的共鸣增强了学生的归属感,使他们在学习中感受到被理解和被支持,从而更愿意主动参与到学习活动中。

6. 反思与自我评价

反思是深度学习的核心组成部分,它促使学生从学习经历中提炼出有价值的见解。通过定期的反思,学生可以回顾自己的学习过程,比较初始目标与当前状态的差异,识别自己在知识掌握、技能提升等方面的成就。这种评估过程提升了自我意识,使学生看到自己的成长。在反思中,学生能够发现自己的强项和需要改进的领域。例如,在语言学习中,学生可能意识到自己在口语表达方面表现良好,但在写作能力上仍有待提高。识别这些差距可以为后续的学习提供明确的方向。反思和自我评价不仅是评估和改进的工具,而且对学生的内在动机有着深远的影响。深度学习可以增强自我效能感,当学生看到自己的努力带来了实际的进步时,内心的成就感会显著提升,从而增强对未来进一步发展的自信心。这种自我效能感是驱动学生持续学习的重要动力。总而言之,深度学习强调反思和自我评价的重要性,使学生在学习过程中能够更好地认识自我、设定目标、制定计划并激发内在动机。通过反思和自我评估,学生不仅能明确自己的学习进展,还能增加学习的积极性和主动性。

7. 真实任务与情境学习

深度学习往往涉及真实的语言使用场景和任务,这种情境学习的真实感和实用性不仅能够提高他们的学习动力,还能深化他们对语言的理解和应用能力。与传统的课堂学习相比,真实情境中的学习更能激发学生的兴趣和参与度,使他们在实际应用中体验语言的价值和意义。真实任务不仅能够帮助学生理解语言的实际用法,还能增强他们的学习动机。真实任务通常要求学生进行互动和交流,此时学生不仅要运用语言,还要学会如何有效地与他人沟通。这种互动不仅限于口语,也包括听力、阅读和写作技能的综合运用。情境学习指的是将学习过程置于真实或模拟的环境中,使学生能够在特定场景下进行学习。这种社交式的学习互动不仅增强了学生的学习乐趣,还提高了他们的语言应用能力。通过与同伴的合作,学生能够互相学习、分享经验,从而加深对语言的理解。在深度学习的真实任务和情境中学习,教师的角色至关重要。教师不仅是知识的传递者,更是学习的引导者和支持者。

综上所述,深度学习通过创造真实的学习情境,提供学生自主学习的空间,鼓励互动、反思与自我评价,增强其成就感、培养其兴趣,全面激发了学生的内在动机。在这种积极的学习氛围中,学生会更加主动地参与到语言学习中,探索知识的广度和深度,从而有效提高他们的语言应用能力和综合素养。教育者应重视深度学习的实施,设计出能够激发学生内在动机的教学策略,以助力他们的长远发展。

三、深度学习对英语学习的影响

深度学习是一种以深入理解、批判性思维和自主探究为核心的学习理念。在英语学习领域,这种深度学习的理念不仅对学生的能力培养产生了深远的影响,也深刻改变了学生的学习方式和学习体验。

(一) 促进理解与应用

深度学习理念的核心在于对知识的深入理解。传统的语言学习往往侧重于记忆和机械练习,而深度学习则强调对语言的深入理解和应用能力。在英语学习中,学生不仅要学习词汇和语法规则,还必须理解它们如何在不同的语境中运作。例如,学生可以通过分析句子的结构和功能,了解如何有效地构造复杂句子。这种理解有助于学生在写作和口语交流中灵活运用语言。深度学习强调语境对语言使用的影响。学生通过阅读和讨论不同类型的文本,可以理解语言如何在特定文化和社会背景中表达思想和情感。这种理解使学生能更好地把握语言的微妙之处，从而提高他们的交际能力。

（二）培养批判性思维

批判性思维能力既是深度学习的基础和前提也是深度学习的目标和结果，二者相辅相成。学生在阅读材料时，通过讨论和写作练习，可以分析作者的观点、提出自己的看法，并与他人进行交流或辩论。这种对批判性思维的培养不仅提高了学生的语言能力，也增强了他们的逻辑思维和判断力。深度学习倡导从多种视角看待问题，学生可以通过探索不同文化和历史背景的文本，理解多元的观点。这种能力有助于学生在全球化的背景下进行跨文化交流，增强他们的社会适应能力。

（三）立足自主学习与探索

深度学习极大地鼓励学生的自主性，这是现代教育非常重视的一个方面。就个性化学习而言，学生可以根据自己的兴趣选择学习材料，例如选择与个人兴趣相关的书籍、电影或在线课程。这种个性化的学习方式能够激发学生的内在动机，使他们更主动地参与学习过程。在深度学习的框架下，学生可以通过项目式学习来探索英语学习的不同领域。例如，开展一个关于英语国家文化的研究项目，或制作一个关于某一文学作品的多媒体展示。这种探究式学习不仅提高了学生的语言技能，还培养了他们的研究和组织能力。

（四）强调实践与反馈

深度学习理念强调实践的重要性，以及及时反馈对于学习的重要作用。深度学习鼓励通过真实的交流和实践来巩固语言知识。学生可以参加英语角、辩论赛或演讲比赛，通过语言的实际应用来提高流利度和自信心。这样的实践不仅提升了学生的语言能力，也增强了他们的社交技能。在深度学习中，及时的反馈对于学生的进步至关重要。教师可以通过口头和书面的反馈来帮助学生识别错误并改正。此外，学生之间的互评也有助于提升他们的批判性思维和合作能力，营造积极的学习氛围。

（五）形成跨学科的学习方式

通过跨学科整合，深度学习的理念能够得到更有效的实现。在英语学习中，将这一学科与其他领域融合，不仅可以丰富学习体验，还能让学生在语言学习的过程中拓宽视野。具体而言，学生可以在学习英语的过程中深入探索历史、科学、艺术等学科知识。例如，通过阅读与历史事件相关的英文文献，学生不仅能够提高英语阅读能力，还能更好地理解事件背后的文化和社会背景。类似地，学生在学习科学的相关内容时，可以通过查阅英语科学期刊或参与科学实验，来提高专业术语的掌握和实际应用能力。通过这种跨学科的学习方式，学生不仅提升了语言技能，也为未来的学习和职业发展打下了坚实的基础。跨学科的学习通常采用问题导向的方式,强调学生主动参与和实践探索。在这样的学习环境中,学生需要通过解决实际问题来学习语言。例如,开展一个关于环保主题的项目,学生分组进行研究,使用英语进行资料收集、讨论和最终展示。在这个过程中,他们不仅需要运用英语表达自己的观点,还要学会如何有效地与团队成员合作、协调不同意见,并找到解决方案。这种学习方式不仅能有效提升语言能力,还能培养学生的批判性思维、创造力以及团队合作精神。

(六) 关注文化意识与情感连接

深度学习理念也强调情感和文化意识在学习过程中的重要性。在学习英语的过程中,学生接触到不同的文化和社会背景。这种文化意识不仅帮助学生理解语言的多样性,也增强了他们的跨文化交际能力。通过了解不同文化的习俗和价值观,学生能够更有效地与来自不同背景的人交流。深度学习强调情感在学习过程中的重要性,学生与学习材料之间的情感连接能够促进更深层次的理解和记忆。例如,学生通过阅读感人的文学作品或观看富有情感的电影,可以在情感上与角色和故事产生共鸣,从而加深对语言的理解;在课堂上,教师通过引导学生分享他们的感受和看法,增强学习的互动性和参与感。

(七) 获得技术的支持

随着科技的发展,深度学习理念与现代技术相结合,为英语学习提供了新的可能性。在线学习平台提供的丰富资源和互动工具,使学生可以通过观看视频、参与在线讨论、进行语言交换等多种活动,来提高他们的英语能力。这种灵活性和便利性使得学生可以根据自己的节奏和兴趣进行学习。人工智能技术的发展使得个性化学习成为可能。例如,有些应用程序能够根据学生的学习进展和需求提供定制化的练习和反馈。这种个性化的学习体验可以帮助学生更有效地掌握语言,提高他们的学习效率。

(八) 树立终身学习的理念

深度学习不仅仅局限于课堂,它还培养学生的终身学习能力。通过深度学习,学生不仅在英语学习过程中获得知识和技能,还能培养出良好的学习习惯。这些习惯包括主动寻找资源、独立思考、持续的自我反思等,这些都是终身学习必备的要素。在快速发展的世界中,学生需要具备适应新环境和新挑战的能力。深度学习理念鼓励学生在面对新问题时,能够灵活运用已有的知识和技能来解决问题。这种能力对于个人的职业发展和社会适应都至关重要。

综上所述,深度学习理念对英语学习的影响是深远的。通过促进理解与应用、培养批判性思维、立足自主学习与探索、强调实践与反馈、形成跨学科的学习方式、关注文化意识与情感连接、获得技术的支持、树立终身学习的理念等,深度学习为英语学习提供了更加丰富和多元的路径。

这种学习方式不仅帮助学生提高语言能力,更为他们的全面发展奠定基础。在全球化日益加深的今天,具备良好的英语能力和深厚的文化理解能力,将使学生在未来的学习和职业生涯中更具竞争力。因此,教育工作者应积极根据深度学习的理念,创造更具启发性的学习环境,以培养出更优秀的英语学习者。

第二节　为具有生活价值的学习而教学

一、为具有生活价值的学习而教学及其特点

(一) 为具有生活价值的学习而教学的概述

为具有生活价值的学习而教学是一种教育理念,其核心在于教学不仅仅是为了传授知识和技能,更应该是为了培养学生能够在现实生活中应对挑战、解决问题、实现自我价值的能力。为具有生活价值的学习而教学这一教学方式强调知识与生活的紧密联系,旨在使学生在学习过程中获得的知识和技能能够直接应用于实际生活,并帮助他们成为具有全面素养和社会责任感的人才。

具有生活价值的学习强调教学的实效性和实用性。传统教学往往局限于教授学科知识,忽视知识如何应用于实际生活中。为具有生活价值的学习而教学强调的是,学生不仅需要掌握学科知识,还需要具备解决实际问题的能力,这种能力包括生活技能,如时间管理、人际关系处理以及社会责任感等。教育者在教学过程中应该关注学生的全面发展,不仅仅是知识的传授,更应该是能力的培养。通过多种教学方法和策略,如项目学习、实践活动、团队合作等,教育者可以促进学生的实际应用能力的提升,使他们在面对各种现实情境时能够灵活应对,积极解决问题。

为具有生活价值的学习而教学强调了知识与生活的密切联系。传统教育往往将知识与实际生活割裂开来,使学生对所学知识的应用产生隔阂。为具有生活价值的学习而教学则注重将学科知识与实际生活相结合,让学生在学习过程中感受到知识的实用性和价值性,这一教学方式可以通过情境化教学、案例分析、实践项目等方式实现,使学生在学习过程中能够直接接触到现实生活中的问题和挑战,从而更加深刻地理解和掌握知识。通过与实际生活的联系,学生能够更好地理解知识的价值和意义,增强学习的动力和兴趣,从而更加有效地应用所学知识解决实际问题。

(二) 为具有生活价值的学习而教学的特点

为具有生活价值的学习而教学旨在培养学生的实际应用能力、综合素养和社会责

任感,使其能够在现实生活中应对各种挑战并做出积极有效的应对。为具有生活价值的学习而教学具有如下几个特点:

1. 实用性强

为具有生活价值的学习而教学强调的不仅仅是学科知识的传授,更注重学生能够将所学知识和技能应用于实际生活中解决问题、应对挑战。教学内容和方法设计紧密结合实际生活情境,使学生能够直接将学到的东西用于实践,增强学习的实效性和实用性。

2. 综合性培养

为具有生活价值的学习而教学不仅关注学生的学科知识水平,还注重培养学生的综合素养和能力,这种培养涵盖了生活技能、人际交往能力、社会责任感等多方面,旨在培养学生成为具有全面素养和社会责任感的人才,使其能够在现实生活中综合运用所学知识和技能,为社会做出积极贡献。

3. 情境化教学

为具有生活价值的学习而教学的实施过程强调与实际生活情境的联系,通过情境化教学、案例分析、实践项目等方式让学生在学习过程中能够直接接触到现实生活中的问题和挑战,从而更加深刻地理解和掌握知识。这种教学方法不仅使学生能够在真实的情境中应用所学知识,还激发了学生的学习兴趣和主动性,促进了他们的综合素养和能力的全面发展。

4. 学生主体性和参与性

为具有生活价值的学习而教学的实施过程注重激发学生的学习兴趣和积极性,鼓励他们主动参与学习,发挥主体作用。通过构建互动式的教学模式,教师与学生之间进行讨论、合作、实践等方式的互动,促进学生的学习和成长。这种教学方式不仅能够增强学生的学习主动性和积极性,还能够提高他们的学习效果和综合素养,使其在学习过程中更加深入地理解和应用所学知识。

5. 跨学科教学

为具有生活价值的学习而教学倡导跨学科的教学模式,达到培养学生全面理解和综合思维的能力。这一教学方式强调不同学科之间的联系和互补,通过跨学科的对话和综合性思维能力的培养,帮助学生更好地应对复杂多变的社会环境。教师在教学过程中将不同学科的知识融合在一起,让学生在跨学科的学习中拓展思维边界,培养全局性的理解和综合性思维,使其具备更强的应对社会挑战的能力。

6. 引导性和启发性

为具有生活价值的学习而教学的教学过程注重引导学生思考、探索和实践。通过启发式教学方法,教师激发学生的创新精神和批判性思维能力,不仅仅是知识的传授者,更是学习的引导者和启蒙者,帮助学生积极主动地探索和学习。这种教学方式不仅能够促进学生的自主学习和创造性思维，还能够培养其解决问题的能力，使其在学习过程中不断地探索和发现新的知识，实现个人成长和全面发展。

二、为具有生活价值的学习而教学的模式

"为有生活价值而教"的课堂教学改革核心理念包括三个方面：学习具有生活价值的知识、拓展实践体验的创新思维，以及解决生活世界的真实问题。根据这一理念构建的"从学科到生活世界"的教学动态系统，旨在凸显学科与生活世界的融合。同时，在教学实践中，基于学科本质、实践体验和生活世界，形成了"二主线、三策略、四结构"的基本教学模式，以此引导学生在教学过程中更好地将学习的知识应用于解决实际生活中的问题。

"二主线、三策略、四结构"的基本教学模式强调了学科知识与实践体验的结合，以及引导、启发和互动等多种教学策略的运用，旨在培养学生的综合能力，使其具备解决问题和应对挑战的能力。

（一）二主线

"为有生活价值的学习而教"的课堂基本教学模式以"二主线"为核心，即学科本质和实践体验。

学科本质作为教学的第一主线，强调教学的基础在于学科知识的传授。教学者致力于确保学生掌握学科的基本理论和概念，从而建立起对学科本质的深刻理解。通过系统化的教学安排和精心设计的教学内容，学生在课堂上能够系统学习学科知识，包括基本理论、重要概念和相关原则，从而打下扎实的学科基础。高中英语教学中，教师通过系统化的教学安排和设计精良的教学内容，确保学生在课堂上系统学习英语知识，如语法、词汇、阅读、写作等方面的基本理论和重要概念，为日后学习打下扎实的英语基础。

实践体验作为教学的第二主线，强调学习的实际应用和实践体验的重要性。教学注重让学生通过实际操作和实践活动来加深对学科知识的理解和应用，使学生在真实的情境中进行学习和实践，提高学生的学习效果和实际应用能力。通过实践体验，学生能够将所学知识与实际生活情境相结合，更好地理解和应用学科知识，培养解决问题和应对挑战的能力，从而为未来的学习和生活做好准备。在高中英语学习中，高实践体验主线则强调学生在真实语言环境中的实际应用和体验。通过实际操作、实践活动和案例分析等方式，学生得以将所学的英语知识与实际情境相结合，从而深入理解和应用所学内容。

（二）三策略

"为有生活价值的学习而教"的教学模式以"三策略"为重要组成部分。"三策略"主要包括引导策略、启发策略和互动策略。

1. 引导策略

引导策略的核心目标在于通过提出问题、引发思考等方式，激发学生的主动性和探索欲望，使他们在学习过程中不再是被动接受知识，而是通过思考和探索来深入理解学科内容。

引导策略通过提出问题来激发学生的思维活动。教师可以根据教学内容和学生的实际情况，设计具有启发性和挑战性的问题，引导学生进行思考和探索。这些问题可以是开放性的，让学生展开广泛的思考和讨论；或者是具体的，让学生有针对性地分析和解决。通过提出问题，教师能够激发学生的好奇心和求知欲，引导他们主动地思考和探索，从而提高他们的学习积极性和主动性。

引导策略基于引发学生的思考活动来促进其深入理解学科内容。教师可以通过引发学生的思考和探索，帮助他们更加深入地理解和应用学科知识。这一思考活动过程不仅能帮助学生理解知识的本质和内涵，还能培养他们的批判性思维和解决问题的能力。在思考和探索下，学生能够积极参与到学习过程中来，提高他们的学习效果和成绩。

在高中英语教学中，引导策略旨在激发学生的学习兴趣和自主性，促进学生对英语学科的深入思考和探索。实施引导策略的关键在于营造积极的学习氛围，通过提出问题、引发思考、激发探索等方式，引导学生主动参与学习过程。具体教学中，教师可以设计富有启发性的问题，引起学生的兴趣和思考欲望，激发其主动学习的动力。教师也应该注重学生的参与和互动，在课堂上鼓励学生发表观点、分享想法，通过小组讨论、合作学习等方式促进学生之间的交流与合作。还可以利用多媒体资源、案例分析等教学工具，引导学生从不同角度思考问题，培养其批判性思维和创新能力。

2. 启发策略

采用启发式教学方法旨在激发学生的创新精神和批判性思维能力。这一策略的核心在于通过提出具有挑战性的问题或情境，引导学生进行独立思考和探索，培养出学生解决问题的能力和创新意识。

启发策略会引发学生的好奇心和求知欲，激发他们对问题和挑战的兴趣。教师可以设计具有挑战性和启发性的情境或问题，让学生在解决问题的过程中展开思考和探索。例如，教师可以提出一个实际生活中的案例或挑战性的问题，让学生通过分析、思考和探索来解决，从而培养他们的创新意识和解决问题的能力。启发策略也会通过培养学生的批判性思维能力，帮助他们审视和评估问题，提高其解决问题的质量和效果。教师可以引导学生对问题进行深入的分析和思考，培养其批判性思维和判断能力，使其能够客观地评估问题并提出合理的解决方案。这种思考和评估的过程不仅有助于学生解决实际问题，还能够培养其批判性思维和创新能力，为其未来的学习和发展打下坚实的基础。

在高中英语教学中，可以通过提出开放性问题、借助多媒体、小组合作等多种方式实施启发策略，达到激发学生热爱英语学习的目的。

3. 互动策略

互动策略着重于建立师生之间和学生之间的互动机制，促进学生之间的合作与交流，以共同构建知识体系。互动策略基于建立师生之间的积极互动来促进学习。教师在教学过程中采用各种方式与学生进行互动，如提问、讨论、反馈等多种方式，使学生积极参与到课堂中来。通过与教师的互动，学生能够更加深入地理解学科知识，解决疑惑，澄清问题。同时，教师也能够及时了解学生的学习情况，调整教学策略，提高教学效果。互动策略强调学生之间的合作与交流。教师可以组织学生进行小组讨论、合作项目等活动，让学生通过互相交流、合作解决问题，共同构建知识体系。在这个过程中，学生能够相互启发、交流思想、开拓视野，提高解决问题的能力。通过与同学的互动，学生不仅能够加深对知识的理解，还能够培养团队合作精神和交流能力，为其未来的学习和发展打下坚实基础。

在高中英语教学中，互动策略可以通过小组讨论、课堂互动提问、角色扮演等多种方法实现，通过实施有效互动，促进学生之间的交流与合作，提高他们的英语学习积极性和参与度，达到教学目标。

(三) 四结构

为具有生活价值的学习而教学可分为四种结构：学科学习结构、实践体验结构、问题解决结构和思维拓展结构。

1. 学科学习结构

学科学习结构的核心目标是确保学生在学习过程中全面掌握学科的基本概念、原理和方法。在学科学习结构中，教师可以通过系统化的教学设计和清晰的知识讲解，帮助学生建立起对学科核心概念的深刻理解和掌握。如对学科基本概念进行明确界定和解释，可以让学生准确把握学科的基础知识框架。教师也可以针对学科核心原理进行深入讲解，引导学生理解学科知识的逻辑结构和内在联系，使他们能够从整体上把握学科的理论体系。学科学习结构还注重教授学科的基本方法和技能，如实验操作、数据分析、论证推理等，通过这些方法与技能的讲解提升学生的学科实践能力和应用能力。

高中英语学科学习结构旨在帮助学生全面掌握英语的基本概念、语言技能和文化意识。这一结构主要包括语音、词汇、语法、阅读、写作、听力和口语等方面的学习内容。教师通过系统的课程安排和多样的教学方法，引导学生逐步提高英语的听、说、读、写能力，并注重培养学生的跨文化交际能力和综合语言运用能力。另外，英语学科学习结构还包括对英语文学、历史和文化的学习，帮助学生深入了解英语国家的社会、文化和价值观。通过这样的学科学习结构，高中生能够在英语学习中获得全面的提升，为未来的学习和职业发展打下坚实的基础。

2. 实践体验结构

实践体验结构的核心目标在于将学生所学的理论知识与实际情境相结合,以促进学生的综合能力和应用能力的提升。通过实践活动,学生能够亲身参与实际操作观察、分析和解决问题的过程,从而深入地理解学科知识。实践体验结构教学方法包括实验实践、实地考察、项目实践、案例分析等,通过这些方式,学生可以将书本上的知识与实际情境相结合,加深对学科知识的理解和应用。如在语言课程中,学生可能进行口语对话、阅读讨论等实践活动,通过与他人交流、实际运用语言技能来加深对语言知识的理解和掌握。这种实践体验结构不仅能够提高学生的学科学习兴趣,还能够培养他们的观察力、分析能力和解决问题的能力,为其未来的学习和工作打下坚实的基础。

高中英语实践体验结构注重将学习内容与实际情境相结合,通过实践活动、案例分析等方式,让学生在真实的语言环境中应用所学知识。教师可以组织学生进行角色扮演、情景模拟、实地考察等活动,让学生亲身体验英语语言的应用场景,提高他们的语言表达能力和交际能力。这种实践体验结构不仅丰富了学习形式,还提高了学生对英语学习的积极性和参与度,使他们能够更加深入地理解和掌握英语知识。

3. 问题解决结构

问题解决结构是一种以问题为中心的教学方法,旨在培养学生的问题解决能力。这一结构的核心在于将学生置于实际生活情境中,通过提出具有挑战性的问题,激发学生的思维活动和学习动力。教师在教学中以问题为导向,引导学生深入思考,运用所学知识和技能解决问题。这种教学方法突破了传统的教学模式,注重培养学生的主动学习能力和实际应用能力。在问题解决结构中,教师通常会设计一系列与学科相关的问题,并引导学生逐步探索、分析和解决这些问题。通过解决问题的过程,学生不仅能够巩固所学知识,还能够培养解决问题的能力、创新思维和团队合作能力。

高中英语学科采用问题解决结构时,强调以问题为导向,引导学生在学习过程中运用所学知识解决实际生活中的问题。教师可以设计具有挑战性和实际意义的问题,鼓励学生通过分析、推理和创新思维来寻找解决方案。例如,教师可以提出一个关于跨文化交流的问题,要求学生从语言、文化等方面分析问题,并提出解决方案。通过这种结构,学生不仅能够加深对英语知识的理解和应用,还能培养解决问题的能力和创新意识,提升综合素养。

4. 思维拓展结构

思维拓展结构是一种旨在通过启发式教学和跨学科的对话,拓展学生的思维边界,促进综合性思维的培养。在这种结构下,教师通过创设具有挑战性和启发性的学习情境,引导学生跨越学科边界,将不同学科的知识与技能相结合,从而促进学生的创新思维和综合性思维的培养。这种教学方法强调学生的主动参与和思维的开放性,注重培养学生的创造力、批判性思维和问题解决能力。在思维拓展结构中,教师可以通过提出开放性的问题、组织跨学科的讨论和实践活动等方式,激发学生的思维活动,引导其进行探索和思考。在思维拓展结构中,教师也可以借助数字化技术和多媒体资源,创造多样化的学习环境和情境,激发学生的学习兴趣和积极性。如通过在线学习平台、虚拟实验室等教学工具,教师可以为学生提供丰富多彩的学习资源和互动体验,促进学生的自主学习和合作学习。同时,教师还可以组织学生进行网络合作和项目研究,借助社交媒体和在线协作平台,促进学生之间的交流和合作,培养其团队合作和沟通能力。这种思维拓展结构的教学方法不仅能够适应现代学习环境的需求,还能够满足学生个性化学习的需求,提高教学效果和学生学习成果。

在高中英语学科中,思维拓展结构致力于通过启发式教学和跨学科的对话,拓展学生的思维边界,促进综合性思维的培养。教师可以设计具有挑战性和启发性的教学活动,引导学生进行跨学科的思维对话,例如,探讨文学作品与历史、社会、科学等领域的关联,以及英语与其他学科的交叉应用。通过这种结构,学生不仅能够加深对英语知识的理解,还能培养批判性思维、创新意识和综合性思维能力,提升跨学科的综合素养,为他们在未来面对复杂多变的社会挑战做好准备。

第三节　指向深度学习的教学改进应如何理解

一、深度学习概述

随着课程改革的不断推进,"深度学习"项目应运而生,深度学习成为我国全面深化课程改革、落实核心素养的重要路径,也是教育适应信息化社会发展要求的必然结果。指向深度学习是一种教学方法论,旨在引导学生进行深度思考、全面理解和综合运用知识,以实现更深层次的学习成果。指向深度学习强调教育的目标不仅在于传授知识和技能,更在于培养学生的综合素养和解决问题的能力。指向深度学习的核心理念包括以下几个方面:

(一) 单元整体设计

指向深度学习的教学方法基于单元整体设计,以单元为基准进行整体教学设计,将课程内容有机地结合为一体,形成连贯的学习体系。这种教学方法的核心理念在于将教学内容进行结构化,使学生能够更清晰地理解知识之间的联系和内在逻辑。通过将课程内容按照单元划分,教师能够更好地组织和呈现知识,使学生能够系统地学习和掌握所学内容。这种整体设计的教学方式不仅有助于提高学习效率,还能够促进学生对知识的更深入理解。

基于单元整体设计的教学模式下,学生不再孤立地学习单个知识点,而是将知识整合成一个有机的整体,形成了更为完整和系统的学习框架。这一学习方式使学生能够更加深入地探究和理解知识,不仅仅停留在表面的了解,而是能够更深入地挖掘知识的内涵和意义。通过整体设计的教学模式,学生能够更加全面地理解和掌握所学内容,形成扎实的知识基础。同时,这种教学方法也能够激发学生的学习兴趣和积极性,促进他们更深入地参与学习过程,从而提高学习效果和学习质量。因此,基于单元整体设计的教学方法是指向深度学习的一种重要途径,有助于学生更好地理解和掌握所学知识。

(二) 设置引领性学习主题

指向深度学习的教学方法不仅依赖于结构化的知识传递,更注重在此基础上设置引领性的学习主题。这些主题通常与学科的核心知识密切相关,旨在引导学生深入思考、探索和应用知识,从而促进他们对学科的全面理解和深入认识。这些引领性的学习主题不仅具有挑战性和启发性,还能够激发学生的学习兴趣和思维探索欲望,引导他们积极主动地参与学习过程。

通过设置引领性的学习主题,教师能够为学生提供一个广阔的学习空间,让他们在自主探索和实践中获得深刻的学习体验。这些主题通常涵盖了学科的重要概念、理论和实践,引导学生对知识进行深度加工和广泛应用。学生通过深入探究这些主题,不仅能够加深对知识的理解,还能够培养批判性思维、创新性思维和解决问题的能力,从而提高他们的学习水平和综合素质。因此,引领性的学习主题在指向深度学习的教学过程中起着至关重要的作用,是促进学生全面发展的有效途径。

(三) 培养深度思维和创新能力

指向深度学习的教学方法致力于培养学生的深度思维能力,代表着需要引导他们不仅仅停留在对问题表面现象的理解,更要求他们深入思考问题背后的本质和内在规律。通过对学科知识的深度挖掘和分析,学生可以逐渐培养出批判性思维、逻辑思维和系统思维等深度思维能力。这种能力的培养有助于学生形成较为完整和深刻的学科认知结构,提高他们的学习水平和问题解决能力。另外,指向深度学习的教学方法还着重培养学生的创新意识和解决问题的能力。在学习过程中,教师会通过引导学生提出新的问题、探索新的思路和应用知识解决现实问题等方式,激发他们的创造力和创新精神。学生在解决问题的过程中不断尝试、探索和实践,从而培养出灵活的思维方式和解决问题的能力。这种创新意识和解决问题的能力在学生未来的学习和职业发展中都具有重要意义,能够使他们成为具有创造力和竞争力的人才。因此,指向深度学习的教学方法可以提高学生的学科素养,关注学生的深度思维和创新能力,为其未来的发展奠定坚实基础。

(四) 全面理解学科核心知识

指向深度学习的教学方法致力于帮助学生更全面地理解学科核心知识,不再是停留在表面的记忆和应用层面,而是更加注重学生对知识的深入思考和理解。通过这种教学方式,学生将被引导去探究学科知识背后的原理、逻辑和内在关联,从而形成更为全面和牢固的知识基础。这种全面理解学科核心知识的过程,不仅能够增强学生对知识的掌握和应用能力,还能够培养其批判性思维、分析能力和创新思维,使他们具备更强的学科素养和终身学习能力。

在指向深度学习的教学中,教师通常会引导学生通过探究、实践和讨论等方式,深入挖掘学科知识,了解其内在联系和实际应用。例如,教师可以设计探究性的学习任务,让学生自主探索和发现知识,通过案例分析、问题解决等活动,引导学生思考知识背后的原理和逻辑。同时,教师也可以组织学生进行小组讨论、合作探究等活动,促进学生之间的交流和互动,共同构建对学科核心知识的全面理解。这样的教学方式不仅能够激发学生的学习兴趣和积极性,还能够培养其独立思考和解决问题的能力,从而使他们在学习过程中获得更深层次的认知和体验。

在英语教学中,深度学习是引导学生学习方式变革的重要抓手,为英语学科实现育人目标提供了新的研究视角。指向深度学习的英语单元整体教学设计改变了孤立的、浅层的、碎片化的学习方式,实现了关联整合的学习,特别是凸显了学生在学习中的主体地位,推动学习走向对本质的把握和对问题的解决,实现迁移创新。

二、指向深度学习的教学改进应如何理解

(一) 丰富教学内容

深度学习作为一种前沿的人工智能技术,其核心在于模拟人类大脑神经网络的运作方式,以实现对复杂数据的高效处理与分析。在教学中,理解深度学习意味着不再是简单地传授知识,而是通过丰富多样的教学内容来激发学生的学习兴趣与动力。深度学习的理解需要注重实践与应用,通过实例演示、案例分析等方式将抽象的理论知识转化为具体的实践技能。同时,理解深度学习还需要突破学科界限,将其与其他学科知识相结合,拓展教学内容的广度与深度,促进跨学科综合应用。在教学实践中,丰富教学内容不仅可以提高学生的学习积极性和主动性,还能够培养其创新思维和问题解决能力,促进其综合素质的全面提升。

指向深度学习中,应当引导教学内容的丰富化,从而提升学习效果。深度学习的理解需要考虑到不同学生的个体差异和学习需求,因此教学内容应当具有一定的灵活性和多样性。通过差异化教学内容的设计,可以更好地满足学生的学习需求,提高其学习效果和学习满意度。此外,深度学习的理解还需要注重教学内容的更新与优化,及时引

入最新的研究成果和应用案例,保持教学内容的前沿性和实用性。通过不断更新教学内容,可以激发学生的求知欲和好奇心,培养其终身学习的能力和习惯。

高中英语教学中,通过丰富教学内容达到指向深度学习的目标,可以通过多方面的方法实现。引入跨学科内容是丰富教学内容的重要一步。将英语学习与其他学科如历史、文学、科学等相结合,可以拓展学生的知识面,增强他们对英语学习的兴趣。例如,通过英语文学作品展示某一历史时期的背景、通过科学文章了解英语在科技领域的应用等,不仅能够加深学生对英语的理解,还能够促进其对其他学科的学习。使用多媒体资源和互动性教学工具可以丰富教学内容。结合视频、音频、图片等多种媒体资源,可以使英语学习更加生动有趣。例如,播放英语电影或纪录片,让学生通过听觉和视觉双重感知提高语言理解能力;使用在线词汇游戏或虚拟实验室,激发学生的学习兴趣和参与度,培养他们的英语实践能力。另外,开展项目式学习和实践性活动也是丰富教学内容的有效途径。设计一些有挑战性和创新性的项目,让学生在实践中运用所学知识解决问题,从而培养他们的独立思考和创新能力。例如,组织学生开展英语演讲比赛、文化展示或英语剧本表演,让他们在实践中提高语言表达能力和跨文化交流能力。此外,鼓励学生进行独立研究和探索也是丰富教学内容的重要方式。为学生提供自主学习的机会和资源,让他们根据个人兴趣和需求选择自己感兴趣的主题进行深入研究,可以激发学生的学习动机和内在动力,促进其对英语学习的深度理解和持久学习。

(二) 多样化的教学方法

指向深度学习的教学中,多样化的教学方法十分重要。深度学习倡导学生的自主学习和主动探究,因此,教师应当结合学科特点和学生需求,灵活运用多种教学方法。如启发式教学方法可以激发学生的思维深度和创造力。通过提出开放性问题、引导学生发散性思维,让学生自主探索和解决问题,培养其批判性思维和创新能力,促进对知识的深度理解。个性化教学方法可以满足不同学生的学习需求和学习速度。教师可以根据学生的兴趣、能力和学习风格设计个性化的学习任务和评价标准,激发学生的学习动机和学习兴趣,提高学习效果。另外,反转课堂和在线学习等现代教学模式也可以丰富教学内容和提升教学效果。通过利用网络资源和教学平台,学生可以随时随地进行学习,根据个人需要自主选择学习内容和学习时间,提高学习效率和学习质量。

高中英语教学中实现多样化的教学方法是指向深度学习的关键。教师可以结合学生的不同学习风格和兴趣特点,采用多种教学方法,如小组讨论、项目式学习等多种方法,满足不同学生的学习需求,促进其综合素质的全面提升,实现高中英语教学的深度发展。

(三) 优化教学资源

优化教学资源在指向深度学习中扮演着关键角色。教学资源的优化可以提供更广泛、更深入的学习渠道。通过丰富多样的教学资源,学生可以从不同角度、多个维度深入理解知识,激发对学习的兴趣和探索的欲望。例如,引入多媒体资料、网络资源等,可以让学生通过视觉、听觉等多种感知方式获取知识,更加深刻地理解和应用所学内容。教学资源的优化还可以促进个性化学习和差异化教育。通过充分利用各种教学资源,教师可以更好地满足学生的学习需求和学习兴趣,为他们提供个性化的学习体验和学习支持。如根据学生的学习水平和兴趣特点,教师可以选择合适的教学资源和教学方法,设计个性化的学习任务和评价标准,激发学生的学习动机和学习潜能。另外,教学资源的优化还可以促进教学内容的更新和创新,推动教育教学的不断发展。随着科学技术的不断进步和社会需求的不断变化,教学内容也需要不断更新和调整,以适应新的发展趋势和挑战。通过优化教学资源,教师可以及时获取最新的教学资料和教学方法,不断丰富和完善教学内容,提高教学质量和效果。例如,利用网络资源和多媒体资料,教师可以及时引入最新的科技成果和学术研究成果,丰富教学内容,激发学生的学习兴趣和创新思维。同时,教学资源的优化还可以促进教学方法的创新和教学模式的变革,推动教育教学的变革和创新。

在高中英语教学中,教师可以通过多种方式来优化教学资源,以提升学生的学习效果和深度学习的实现。如教师可以充分利用现代技术和多媒体资源。通过引入视频、音频、图像等多样化的教学资源,可以使学习内容更生动直观,激发学生的兴趣和学习动力。例如,播放英语电影或英语歌曲可以帮助学生更好地理解语言运用的情境和语境,促进他们的语感和语言表达能力的提升。教师还可以利用网络资源和在线平台进行教学。通过互联网,教师可以获取到丰富多样的教学资料和教学工具,为学生提供个性化的学习资源和学习支持。例如,教师可以在网络上搜集英语学习网站、在线词典、英语学习 App 等,让学生随时随地进行学习,拓展学习视野,提高学习效率。另外,教师还可以通过优化教材和课程设计来丰富教学资源。通过精心选择和整合教材,教师可以设计出符合学生学习需求和学科特点的教学内容,为学生提供系统完整的学习资源。例如,借助设计案例分析、实验探究等教学活动,引导学生深入思考和探索,培养其分析问题和解决问题的能力。

第四章 探究性学习下的有价值学习

引导学生进行探究性学习是实现从教师的"教"走向学生的"学"的必经之路,同时也是实现有价值的英语学习的重要途径之一。通过探究性学习,学生在教师的引领下深入探究和分析问题,有助于提升其问题解决能力和创新思维,从而培养和发展他们的高阶思维能力。同时,在探究性学习的过程中通过团队合作的项目和任务,可以塑造学生的团队协作精神,培养学生的合作能力和沟通能力等。另外,探究性学习还可以培养学生的跨学科融合意识,促进英语与其他学科之间的交叉融合和综合发展。

第一节 探究性学习中高阶思维能力的培养

一、高阶思维能力

(一) 高阶思维能力的内涵

高阶思维能力包括创新能力、问题求解能力、决策力和批判性思维能力。高阶思维能力集中体现了知识时代对人才素质提出的新要求,是适应知识时代发展的关键能力。高阶思维能力主要表现为问题解决、批判性思维、创造性思维、元认知、决策、推理、逻辑、反思等。

(二) 高阶思维的意义

1. 提高深入和综合的思考能力

高阶思维的深入和综合思考是认知过程中的巅峰表现,它不仅是思考问题的方式,更是智慧的体现。面对复杂问题时,高阶思维使个体能够超越表面现象,深入挖掘问题的本质。这一思考方式不再是只停留在一维的分析层面,而是通过多角度、多元素综合实现问题的全景式理解。深入思考能够让个体发现问题的内在联系,厘清问题的逻辑脉络,让分析更为深刻和准确。

综合思考强调将不同信息、知识点融合在一起,形成更完整的认知体系。高阶思维的综合性体现在对多源信息的整合和对不同领域知识的交叉运用上。这种跨界思维使个体能够更全面地理解问题,同时也为创新和新领域的探索提供了有力支持。通过将各种元素和因素整合考虑,综合思考为制定全面、可行的解决方案提供了坚实的基础。

高阶思维的这种深入和综合的特质,不仅体现在学术领域,也贯穿于生活和职业发展的各个层面。在复杂多变的社会环境中,深入综合思考能够帮助个体更好地应对挑战,迎接机遇。在职场中,高阶思维方式让个体能够更好地理解市场动态、行业趋势,形成创新性的业务战略。在团队协作中,深入综合思考使个体能够更好地协调各方利益,推动团队目标的实现。因此,高阶思维的深入和综合的思考方式是认知升级的标志,它使个体更具洞察力、判断力和创造力。

2. 提高问题解决的能力

高阶思维在提高问题解决能力方面有着重要作用。高阶思维的核心在于激发创新的思维方式,让个体能够跳脱传统框架,寻找全新的解决方案。高阶思维的创新性体现在对问题的独特见解和非常规思考上,它不仅是在现有知识框架中的运用,更是对问题进行重新定义和理解。通过对问题背后机制的深入思考,个体能够超越表面症状,抓住问题的本质,从而提出更为前瞻性、全面性的解决方案。

激发创新思维的高阶思维方式在问题解决中具有突破性的效果。而这一独特之处在于能够找到未被察觉的问题维度,引领个体对问题的全新认知。这种创新性思维让个体更具有洞察力,能够发现传统方法未涵盖的解决途径,从而提高问题解决的效率和效果。另外,高阶思维的创新性在于打破思维的束缚,使个体能够在复杂、未知的情境中灵活应对,发现更为优越的解决路径。另一方面,高阶思维强调对多元化观点和方法的整合运用,这种综合性的思考方式也是提高问题解决能力的关键因素。通过将来自不同领域和学科的知识和经验进行交叉运用,高阶思维为问题解决提供了更为多样化和富有创意的选择。这种多元化的整合思考能力使得个体能够更全面地理解问题,同时也为提出更具全局性、可行性的解决方案提供了支持。

3. 适应变化和复杂性情况

高阶思维具有较强的适应变化和复杂情况的能力。高阶思维不仅能帮助个体更好地理解和应对不断变化的环境,在复杂多变的情境中找到新的机会和解决方案。高阶思维通过培养个体对环境的敏感性和适应性,使其能够在面对快速变化和不确定性的挑战时保持灵活性和高效性。

适应变化的关键在于对环境的深刻理解,而高阶思维通过提升对问题本质的把握,使个体更具有洞察力。在变化和复杂性的双重冲击下,高阶思维使个体能够抓住问题的核心,理解其演变的规律,从而更有针对性地调整自身策略和方法。这种对环境的深刻理解使高阶思维成为适应变化的有力工具,让个体在动荡不安的环境中更加游刃有余。另外,高阶思维也具有发现新机会和解决方案的能力。在复杂多变的环境中,问题的本质可能不断变化,传统的解决方案可能会失效。而高阶思维通过激发创新性思维,使个体能够敏锐地发现新的机会和应对问题的方法。这种创新性思维不仅在发现问题上具有优势,更在构建全新解决方案的过程中赋予个体更大的灵活性和前瞻性。

4. 推动个人和组织发展

高阶思维的推动作用在于激发创新和创造力,为个人和组织在不断变革的环境中保持竞争优势提供关键支持。个体通过高阶思维的运用,能够在面对挑战时迅速调整思维方式,寻找创新性的解决方案,从而推动自身发展。

在个人层面,高阶思维培养了个体的创新精神,使其能够更灵活地应对复杂多变的问题。个体通过对问题的深入思考和全面分析,挖掘新的见解和观点,不断拓展认知边界。这种创新性的思维方式使个体更具有开放性和前瞻性,从而能够在个人职业生涯中保持竞争力,应对各种挑战。

在组织层面,高阶思维成为推动组织发展的强大引擎。组织内部的成员通过共同培养和运用高阶思维,能够更好地适应外部环境的变化,保持创新和竞争的活力。高阶思维催生了组织内部的创新文化,鼓励成员提出新的观点和解决方案,推动组织不断进化。在变革时期,组织通过高阶思维的集体发挥,能够更迅速地适应市场需求的变化,保持竞争优势。

二、探究性学习中高阶思维能力的培养策略

探究性学习是一种强调学生主动参与、积极探索的学习方式,它通过创设一种类似科学研究的情境和途径,促使学生自己分析、处理信息,亲身感受和体验知识的产生过程。高中英语探究性学习中,要培养学生的高阶思维能力,可以从如下几点入手:

(一) 创设教学情境

高中英语教学中,教师应通过适当的处理,在教材与学生求知心理之间创造一种"情境",将学生引入积极的探究状态之中。通过创设教学情境,激发学生的学习兴趣,引导他们主动投入探究性学习中,并在学习中培养高阶思维。具体实践方法包括:

1. 实际情境引入

高中英语教学中,实际情境的引入是一种促使学生深入思考、主动参与的有效策略。在教学中,教师可以将抽象的学习内容具体化,引入与学生日常生活息息相关的实际情境,使之融入学生身临其境的经验之中。如在学习英语口语时,教师可以设计一个情境,模拟学生在餐厅用餐的场景。学生在这个情境中运用所学的语言知识点菜、交流,以提高他们的语言表达能力。

实际情境的引入,学生不再是简单地学习语法和词汇,而是将这些知识应用到真实生活场景中。这样的学习方式能够激发学生的学习兴趣,让他们更加投入到语言运用

和思考中。例如,通过模拟购物对话,学生可以在实际情境中体验用英语进行购物的过程,学会如何询问价格、谈判以及表达自己的需求,从而提高实际应用能力。这种教学策略的优势在于将学科知识融入学生熟悉的场景中,使学习更加贴近实际生活,打破传统课堂的枯燥氛围。学生在实际情境中既能够感受语言的实用性,又能够培养解决实际问题的能力。通过实际情境引入,教师能够激发学生的主动性和积极性,使他们在参与性学习中更好地运用高阶思维,不仅仅是简单地记忆和模仿,而是真正理解和运用语言的本质。

2. 问题驱动学习

高中英语教学问题驱动学习应用中,教师设计开放性问题,以激发学生的主动思考和求知欲。这一学习方式不仅关注知识的传授,更注重培养学生独立思考和解决问题的能力。如学习一篇文章时,教师可以提出一个引人深思的问题,要求学生通过深入阅读和思考来寻找答案。这样的问题可能涉及作者的意图、主题的探讨或与学生自身经验的联系。通过这种方式,学生在解决问题的过程中不仅能够理解文章的内容,还能够培养批判性思维和分析能力。

问题驱动学习的关键在于激发学生对问题的兴趣,并鼓励他们主动参与解决问题的过程。这一学习方式有助于打破传统课堂的单一教学模式,让学生成为知识的积极探索者。通过解决问题,学生能够深入思考,拓展对知识的理解,培养自主学习的能力。问题驱动学习旨在让学生在思考的过程中形成对知识的深层次理解,而不仅仅是表面性的记忆。在语言学习中,这种策略可以帮助学生更好地理解语法规则、词汇用法,并能够在实际运用中更灵活地运用语言。

3. 角色扮演与情景模拟

角色扮演和情景模拟中教师可以在高中英语教学中创造生动的语言学习场景,使学生在模拟的具体情景中进行语言运用、交流和思考。这种教学策略有助于提升学生的语言能力,特别是语言的实际运用能力。例如,在教学中可以设计模拟商务谈判、旅行购物、社交场合等情景,要求学生分别扮演不同的角色,通过真实的对话进行交流。这样的活动旨在使学生在模拟的情景中学会运用专业用语、礼貌用语等,并更好地理解语言与文化、社交背景之间的关系。

角色扮演和情景模拟不仅能够提高学生的语言运用水平,还能够培养他们在不同场景下灵活运用语言的能力。学生在扮演特定角色时,需要适应不同的语境要求,这促使他们更全面地理解语言的多样性和灵活性。同时,通过角色扮演模拟真实生活,学生能够更深入地感受和理解语言与文化、社交环境之间的紧密联系,有助于培养跨文化交际的意识。这一教学方法还有助于激发学生对语言学习的兴趣,因为他们能够在生动有趣的情景中参与到语言的实际运用中,感受语言的乐趣。通过角色扮演和情景模拟,学生能够在模拟的情景中更好地运用所学的语言知识,增强自信心,培养团队协作和沟通能力。这种实践性强、参与度高的教学方法为学生提供了更具体、更贴近实际的语言学习体验。

4. 文本解析与讨论

选择具有启发性的文本,教师可以引导学生进行深入的文本解析和讨论,培养学生的批判性思维和深层次理解能力。这一教学策略的关键在于选择富有挑战性和思考空间的文本,激发学生的思维广度,引导他们不仅仅关注表面信息,更深入思考文本背后的隐含信息、作者的意图以及不同观点之间的碰撞。

高中英语教学中,可以选用具有一定深度和复杂性的文学作品、社会议题文章或科学技术报道等作为教学材料。通过对文本的解析,教师可以引导学生分析文章结构、探究词汇用法、理解段落逻辑,进而推动学生更深入地理解文本所传达的信息。与此同时,深入讨论文本中的主题、观点、人物性格等方面,可以帮助学生培养辩证思维和分析能力。通过文本解析和讨论,学生有机会在教师引导下表达自己的观点、理解和解读,促使他们进行深层次的思考。教师可以提出引导性问题,鼓励学生从多个角度出发,分析文本中的信息,比较不同观点的优劣,挑战学生思维的深度和广度。这种交互性的探讨过程有助于激发学生的学习兴趣,培养他们对知识的主动追求和批判性思考的习惯。此外,文本解析与讨论也为学生提供了锻炼语言表达和逻辑思维的机会。通过参与讨论,学生能够提高口头表达能力,学会用英语清晰地表达自己的观点,增强语境中的语言运用能力。这一过程同时培养学生倾听他人观点、尊重多元思维的品质,形成开放、包容的学习氛围。

(二) 提供典型材料

高中英语教学中,教师可以精选素材,给学生提供充分开展探究的时间和空间,让学生经历"提出问题—建立猜想—展开验证—形成结论"这样一个科学研究的过程,在此基础上培养出高阶思维能力。精选素材、提供典型材料时,可以按照如下流程实施:

1. 选择具有挑战性的材料

材料选择十分重要。英语具有挑战性的材料主题相对广泛,不仅知识层次具有深度,还要能激发学生对新颖观点的好奇心、求知欲,让学生在学习中呈现出深层次的思考,引导学生思考和分析其中的抽象概念、复杂问题。

选择英语材料时,材料可以是文学、科学、社会等领域的文章、论文,也可以是涉及深层次思考的历史事件或社会现象。学生接触这些材料时,可能需要超越表面的理解,通过深入分析和思考来解读其中的隐含信息或新颖观点。这一过程,不仅能拓展学生的知识广度,还能激发他们面对复杂问题时主动提问、深入思考的能力。但是选择挑战性材料时要考虑到学生的认知水平和学科知识储备,保证他们在阅读和理解上有一定挑战,但不至于过于超出他们的能力范围。

2. 提供多样性的材料

多样性的材料可以呈现出多元化的主题和观点，为学生提供更广泛的知识视野。

在教学中，引入来自不同领域和文体的材料，教师能够激发学生的好奇心和求知欲。学生在接触不同类型的材料时，面临的主题和思考方式也会有所不同，这也会促使学生在不同的情境下运用高阶思维进行分析和思考。例如，学生在文学作品中面对抽象的情感描写和人物性格分析，而在科学类文章中则需要处理更为具体的事实和实验结果，这种多样性的学习体验有助于培养学生灵活运用高阶思维的能力。另外，多样性的材料还能够激发学生对于不同文体和领域的兴趣。不同的学生对不同领域知识的兴趣不同，如有些同学可能喜好文学作品，而有些同学可能喜好宇宙地理等知识。通过提供多样性的材料，教师能够满足不同学生的学科偏好，使他们在学习中找到更加契合个人兴趣的内容，从而更愿意投入到高阶思维的学习过程中。

3. 引导学生自主提出问题

借助提供典型材料，教师创设了一个丰富而引人深思的学习场景，而学生的主动提问则是在这个场景中展开深度思考和探究的关键。

教师可以通过激发学生的好奇心和主动性，引导他们从所提供的典型材料中提炼问题。这一过程可以通过组织课堂讨论、小组合作等方式展开，让学生在交流和合作中激发出更多的思考和疑问。例如，在阅读一篇科学文章后，教师可以鼓励学生提出关于实验设计、研究结果解释等方面的问题；而在文学作品的学习中，学生可能会产生对于人物动机、情节发展等方面的疑问。

学生自主提出问题的过程不仅让他们更加深入地理解学习材料，还培养了他们独立思考和主动探究的能力。通过思考和讨论产生的问题，学生能够逐渐形成对知识更深层次的理解，并自发地追求更多的信息和解决方案。这种主动性和自主性的学习过程有助于激发学生对学科的兴趣，培养他们在面对知识时能够主动提出问题并主动寻找答案的学习态度。

4. 鼓励学生建立猜想

提供典型材料后，教师引导学生不仅仅是被动接受信息，而是通过主动思考、结合自身理解和背景知识，建立起对材料的猜想。这一过程不仅激发了学生的主动性和参与度，更引导他们进行深层次的思考和分析。

鼓励学生建立猜想，教师可以让学生在阅读或学习过程中不断运用已有的知识体系，对新的信息进行猜测和推理。这一过程不仅培养了学生的批判性思维，还促使他们形成对问题多角度的理解，培养出学生的创造性思维和想象力。鼓励建立猜想使学生在不确定性的情境下，能够通过自身思辨力去主动寻找解决问题的线索。这种主动性和独立性的学习态度对于高阶思维的培养至关重要。

5. 展开验证

展开验证是培养高阶思维的关键环节。学生建立猜想后,可以通过实际研究和讨论对自己的理解和猜想进行验证。验证过程实质是学生深度思考与实践的过程。学生不仅要运用所学知识进行实际应用,还应在实践中对自己的猜想进行验证,形成更加完善和准确的认知结构。故展开验证的过程,学生不仅仅是被动地接受信息,更是在实践中主动运用已有的知识来解决问题。另外,验证过程也强调学生在学习中的主动性和合作性。在实践活动中,学生需要进行实质性的思考和讨论,这既有助于个体思维的深入,又有助于团队协作的培养。例如,在小组项目中,学生可以共同制定实验方案、收集数据、进行分析和总结,从而共同验证各自的猜想。

6. 形成结论并分享

猜想验证后,学生根据自己的验证情况可以形成结论,并将结论分享出来。这一结论既是对问题的回答,也是学生高阶思维的体现。教师可以鼓励学生在课堂上分享他们的结论,通过交流和讨论促进思想碰撞,进一步提高高阶思维水平。

学生在深入研究典型材料、进行实践验证的过程中,应该逐渐形成对问题的理解和解决方案。由此所形成的结论不只是对知识点的简单总结,更体现了学生对问题的深刻思考和综合分析的能力。形成结论是一个逐步提炼和深化认知的过程,促使学生形成独立见解。而分享结论是为了促进学生之间的思想交流和碰撞。在课堂上,鼓励学生分享他们的结论,可以让不同的观点在交流中得到展示,激发更多的思考和讨论。通过这种开放性的交流氛围,学生有机会从其他同学的观点中获得新的启示,拓展自己的思维广度。另外,分享结论也有助于培养学生的表达和沟通能力。在向同学分享自己的结论时,学生需要清晰地表达自己的观点,并用适当的语言和论据支持自己的看法。这种表达能力的培养对于学生未来的学术和职业发展都具有重要意义。

(三) 引导自主探究

教师应坚持让学生自主探索,把学习的主动权还给学生,让每个学生根据自己的体验,用自己的思维方式,主动、自由地发现、探索、创造。

1. 设计注重开发性和启发性的学习任务

设计英语学习任务时,教师应重视创造开放性和启发性的学习环境,让学生在探究中培养高阶思维。要实现这一目标,可以设计出具有挑战性和深度的问题,让学生进行探索。以学习文学作品为例,教师可以设计一系列引导性问题,引发学生对作品内涵和作者意图的深刻思考。这些问题不仅要求学生理解作品表面内容,更注重引导学生深入挖掘作品背后的文学元素、情感表达和文化内涵。通过这样的设计,学生被激发出对文学的深层次兴趣,自发进行深度思考,从而实现对知识的更深入理解。

2. 提供必要的学习资源和工具

提供必要的学习资源和工具是鼓励学生基于兴趣和需求进行自主材料搜集和整理

的前提。这一教学方式激发了学生主动获取信息和处理知识的主动性,培养了他们独立解决问题的勇气和毅力。教师可以为学生设置特定的主题,或让学生根据自己的兴趣选择资料进行查阅,形成个性化的学习路径。这种自主搜集和整理材料的方式使学生更具针对性地获取所需信息,让他们建立起对问题的深层次理解。通过个性化学习路径,学生有机会在感兴趣的方向上深入挖掘,从而提高对知识的独立理解和应用能力。

3. 设定明确的学习目标和评价标准

明确的学习目标和评价标准是学生自主探究学习的目标导向,有助于学生明确自己的学习方向,使他们在学习过程中具备明确的指引和期望。而及时的反馈和评价是保持学生目标导向的重要环节,它不仅帮助学生发现自身在学习中的不足,还激发了他们对进一步提高的需求。借助分析反馈和评价结果,学生可以了解他们的学习状态,形成自我认知,以便有针对性地调整学习策略。而这一评价机制也有助于培养学生的自我监控和自我调整的能力,使其在自主学习中能够不断反思、提升,实现个体化的学业发展。

第二节　探究性学习中团队协作精神的塑造

在探究学习中,学生自己发现问题,探索解决问题的方法,通过各种学习途径"获得知识和能力、情感和态度的发展,特别是探索精神和创新能力的发展"。探究性学习的主要特征是"问题性、实践性、参与性和开放性",突出学生在学习中的主体地位。教育家苏霍姆林斯基说过:"学生学习的一个突出特点就是他们对学习的对象采取研究的态度。"那么高中英语教学中,如何通过探究性学习培养学生的合作精神呢? 如下给出几点建议:

一、激趣导入新课,营造探究氛围

德国教育家第斯多惠说过:"教学的艺术不在于传授本领,而在于激励、唤醒、鼓舞。"匠心独运、引人入胜的一段新课导入语不仅是一堂课的起步环节,也是激发学生学习兴趣的关键环节,往往会起到"转轴拨弦三两声,未成曲调先有情""一波才动万波涌"的效果。它好比一把钥匙,开启学生的心扉,能较快地激发学生探奇采异、探新觅胜的兴趣,能营造出一种生动、活泼的教学氛围,迅速把学生带入教学所需要的境界。使学生形成迫切求知的心理状态,引发学生想象力、激活思维力、诱发创造力,达到"课未始,兴已浓"的奋进状态,从而为学习新课打开求知欲望的闸门。正如特级教师于漪老师所说:课的开始,其导入语就好比提琴家上弦、歌唱家定调,第一个音定准了,就为演奏或者歌唱奠定了良好的基础。高中英语课堂教学中,在新课导入语的设计上,方法多种多样,但不管采用哪一种导入语的设计,都要为全课的教学目的和教学重点服务,与讲课的内容紧密相连,自然衔接,简洁、生动,给学生以新鲜感和实实在在的收获。常用的方法有:悬念设疑导入法、多媒体情境创设法、故事讲解导入法、实物演示导入法、温故知新导入法、趣味测试导入法、介绍背景导入法等。如果说英语课堂教学是一朵绽放的花蕾,那么一堂课的导入环节就是一片锦上添花的绿叶。二者相得益彰,互为一体,给学生创设了愉悦有趣的情境,为提高整堂课的教学效率打下良好的基础。

二、引导学生质疑,鼓励合作探究

"发明千千万,起点是一问。"疑是探求新知的开始,也是探求新知的动力,进一步说,疑是创新的开始,也是创新的动力。质疑中蕴含着创新的萌芽,质疑的过程,实际上是一个积极思维的过程,是发现问题、提出问题的过程。在传统英语教学的课堂中,总是以师问生答充满整堂课,学生总是处于被动地位,对培养学生创造力非常不利。要知道创新学习的关键是培养学生的质疑能力。鲁斯宾斯坦说过:"思维总是开始于问题。"爱因斯坦说过:"提出一个问题往往比解决一个问题更重要。"而目前我们的学生总是习惯被问,却不懂发问。华东师范大学教授巢宗祺老师在谈到探究性学习时说:"我们要鼓励和帮助学生自己探究问题,探索解决问题的方法,寻找答案;要鼓励和帮助学生在探究之中尝试采用不同的方法,探索适合于自己的获取新知和能力的途径。"萨特说:"阅读是一种被引导的创造。"在英语课堂教学中,教师引导学生自主质疑、合作探究,大大激活了学生的思维和想象能力,使学生积极主动地发现、建构意义,甚至创造意义。虽然学生的答案五彩缤纷,但都是学生独特的探究体验,正所谓"一千个读者就有一千个哈姆雷特"。学生在探究之中尝试采用不同的方法,探索适合于自己的获取知识和能力的途径。因此,在英语课堂教学中,教师要有目的、有意识地引导并鼓励学生质疑,针对一般问题,可引导学生在边学习边探究中自行解决;不理解或解决不了的疑难问题,教师要积极搭建学生之间的对话载体,通过合作探究的方式进行集中解决。这样,学生在独立思考的基础上,通过相互交流,不仅可以培养解决实际问题的能力和相互协作的精神,更可以为新知识的构建创造平等和谐的情境,从而发挥学生的主体作用,发展学生的创造能力。

三、任务驱动、自主学习、小组合作

任务驱动,以完成一个任务为线索,通常教师可以把一个任务巧妙分解成几个子任务,把教学内容融于任务中去,让学生在完成任务的过程中发现自己的不足,经过自主探索和教师提示,自行或共同解决问题。在完成任务的同时,学会如何思考问题并寻找解决问题的方法,培养学生创新意识、创造能力以及自主学习的习惯。自主学习是学生根据自己提出的任务去实践、探索和学习的过程。它是培养学生自主意识和自主探究能力的重点环节。建构主义强调,当问题呈现在学生面前时,他们会根据以往的经验,提出解决问题的途径。

第三节　探究性学习中跨学科融合意识的启发

探究性学习强调学生通过自主探索和发现,深度思考问题,并在解决问题的过程中培养综合性的能力。而在跨学科融合理念下,探究性学习不仅能够让学生深入学科知识,还能够培养他们在综合性问题解决中的能力,提高对复杂问题的综合性思考水平,更好地适应未来综合性、跨学科性的挑战。高中英语教学中,实现探究性学习与跨学科融合的途径很多,如下对几种常见的途径进行总结。

一、创设综合性问题

创设综合性问题过程中巧妙设计问题,能够激发学生的兴趣,引导学生在解决问题的过程中融合多学科知识,形成全面的视角。这一问题通常需要学生运用语言学、文学、历史、文化等多个领域的知识,使学习不再局限于英语语言本身,而是延伸到更为广泛的学科范畴。这样的问题可以以文学作品、历史事件、社会现象等为基础,涵盖多个学科领域,鼓励学生在解答问题的过程中进行跨学科思考。

二、项目式学习

项目式学习将不同学科的知识融入一个整体项目中,学生可以在解决实际问题的过程中,运用多学科知识,培养跨学科思维。如教师可以设置《家乡的污染(Pollution of Our Hometown)》这一课题,让学生通过小组合作、个人独立研究、师生互相协作等方式对课题进行研究。这一课题研究的主要目的在于让学生了解世界某些地区的污染情况。教师提出主课题"家乡的污染",学生选择子课题,即学生可选择其中的任一子课题:①家乡的河流污染;②家乡的大气污染;③家乡的噪声污染;④家乡的土地资源破坏。再进行调查研究。学生利用业余时间,从污染状况、污染原因等方面进行社会调查,运用摄影、摄像、检测、采访、网上查阅等手段,采集家乡环境污染问题的资料,并就解决方法提出设想,用英语以书面形式呈现。最后在课堂上,学生把自己的调研成果用英语表达出来,展示所收集到的图片和相关资料,也可通过多媒体把制作的课件向同学展现。教师可以对这次英语研究性学习活动中学生的态度与成果进行评价和总结,让学生意识到自己的潜力和成功,从而激发学生的兴趣。

三、多学科小组合作

多学科小组合作将来自不同学科背景的学生组成小组,学生能够在合作中一起面对涉及多学科的问题,从而拓展他们的知识领域和思维方式。在小组合作中,学生不仅需要运用自己所学的学科知识,还需要学习来自其他学科的知识,形成全面的解决方案。这一合作模式促使学生在实践中深入理解不同学科之间的关联性,培养跨学科思维。例如,一个小组中可能有来自语言学、历史学和科学等不同学科的学生,共同研究一个历史事件。语言学生可以负责分析相关文献,历史学生关注事件的时代背景,科学学生研究可能的科学因素。通过相互合作,他们能够从各个学科的角度全面理解并解决问题。另外,多学科小组合作也培养了学生的合作精神。在解决复杂问题的过程中,学生需要协调各自的学科知识,学会倾听和尊重其他学科的观点,达成共识。这种跨学科小组合作模式不仅培养了学生的团队协作和沟通技能,也促使他们共同进步,为未来面对复杂问题提供了更为综合和深入的解决方案。

四、学科交叉讨论

学科交叉讨论引导学生在课堂上进行关于英语文学作品的学科交叉讨论,教师能够营造出一个开放的学术氛围,激发学生的学科探究兴趣。在这样的讨论中,学生可以分享来自历史、文化等不同学科的知识,从而深入挖掘文学作品背后的丰富内涵。

学科交叉讨论可以以一个开放性的问题为引导,例如,讨论一部文学作品如何反映其所处的历史和文化背景。学生可以从语言、历史、文学等不同学科的角度出发,分析文学作品中所蕴含的文化元素、历史事件等。通过这种交叉式的讨论,学生能够从多个学科的视角审视同一主题,拓展他们的思维广度。此外,学科交叉讨论也促使学生在思考问题时更为全面。他们需要理解和尊重不同学科的观点,同时掌握多学科的知识来支持自己的观点。这样的交流过程既培养了学生的学科综合能力,又促进了跨学科的思维方式,为他们在更高层次上理解和应用知识奠定了基础。

五、整合学科资源

整合学科资源是指教师整合不同学科的教材、案例和资源,创设一个融合多个学科领域的学习环境,从而促使学生在学习中涉足多个学科,形成更为全面的认知。这样的环境打破了传统学科之间的界限,为学生提供了一个更为开放和多元的学习空间。在这个环境中,学生不再局限于某一学科的知识,而是能够接触到来自多个学科的信息和观点。教师可以通过在课堂设计中引入跨学科的元素,将不同学科的知识进行有机融合。在整合学科资源的学习环境中,学生需要跨学科地思考问题,结合多学科的知识进行分析和解决。这种学科融合的学习方式使得学生能够更好地理解知识的综合性和复杂性,培养他们在实际问题中运用多学科知识的能力,为未来更为广泛的学科应用奠定基础。

六、跨学科实践活动

跨学科实践活动是安排学生参与跨学科的实践，以促进他们对不同学科之间关联性的理解。如教师可以组织学生参观与英语相关的文化活动、博物馆展览等，让学生通过实际体验感受到语言与文化、历史等学科的密切联系。这样的实践活动不仅激发了学生对学科的兴趣，还提供了一个更为直观和生动的学习方式，加深了学生对学科之间关系的认识。在跨学科实践活动中，学生有机会在实际情境中运用各学科的知识，促使他们形成更为全面的学科认知。如教师可以让学生参与"对生物科学发展的认知、关注与思辨"这一跨学科的大概念，指导学生围绕生物科学进行主题意义探究，通过学习理解、应用实践、迁移创新等一系列综合、关联和实践的学习活动，帮助学生掌握人体生物学相关的语言知识，培养学生理性看待科学的意识，帮助学生了解流行病的特征及危害，学会自我保护，引导学生认识到技术进步和世界人民合作在疾病防控方面的重要性，增强其对人类命运共同体的认知。这种全方位的学科体验有助于打破学科的单一性，培养学生的综合素养和跨学科思维。而通过跨学科实践活动，学生能够在实际操作中体验到学科之间的相互联系，加深对知识的理解和运用。这样的学习方式使得学生更容易将抽象的学科概念与实际生活联系起来，提高他们的学科适应能力和实际问题解决能力。同时，跨学科实践活动能够激发学生对学科的兴趣，培养他们在学科领域中深入思考和实践的动力。

第五章　自主学习下的有价值学习

"教"是为了不教,教是为了促进学生的"学"。依托元认知策略可以有效提升学生的自主学习能力,帮助学生在逐步独立的学习征程中渐渐撤去教师搭建的"脚手架",从而实现英语学习的更高价值追求。结合互联网和课堂生态,打破传统学习的时空壁垒,可以帮助学生拓展学习的时间和空间,以利于他们根据自己的兴趣和目标来选择学习内容,从而打造属于自己的学习路径并形成自己的学习风格。在自主学习的环境下,教师的教学创新应以自主学习策略为指导,通过引导学生主动学习的任务和活动,培养学生的学习兴趣并激发他们的学习动机,进而在学习过程中发挥他们更大的自主性和创造性。

第一节　基于元认知策略的自主学习能力培养

一、元认知策略

(一) 元认知理论

元认知理论最早由弗拉维尔提出,他强调元认知是指个体在认知、思维和学习过程中进行的自我意识、自我体验、自我调节和自我监控的一系列活动。根据弗拉维尔的理论,元认知由三个相互依存的组成部分构成,分别是元认知知识、元认知体验和元认知监控。

首先,元认知知识的重要性在于其对个体在认知任务中进行调节和监控的影响。当个体具备清晰的元认知知识时,他们更有可能启动元认知监控机制,特别是在面临认知任务的挑战时。举例而言,如果个体对自身的学习优势和劣势有深刻的了解,那么在遇到学习困难时,他们更有可能及时调整学习策略,积极弥补不足之处。另外,元认知知识也直接影响个体在学习过程中产生的学习体验。如果个体对自身或他人的认知情况缺乏清晰的认识,学习受挫时可能无法正确归因。举例来说,缺乏元认知知识的个体可能将失败归因于自身天赋不足或受到运气的影响，而不是深入分析学习策略和方法。这种归因偏差可能阻碍学生的成长，而清晰的元认知知识则有助于形成更准确的自我认知，促进积极的学习体验和成长心态。

其次，元认知体验在元认知理论中起着关键的作用，对其他两个成分产生深远影响。当个体经历积极良好的学习体验时，他们倾向于寻求重复这种成功感觉的机会。为了增强或再次体验这种成功感，个体可能会主动调整、删除或增加自己的元认知知识，使其更适应当前的认知发展。这种积极的元认知体验推动了个体元认知体系的不断优化和适应。另一方面，元认知体验也对元认知监控产生深刻的影响。当学生陷入消极的元认知体验中时，可能会触发对学习目标的重新调整或对学习策略的调节，从而激发元认知监控机制。例如，在面对困难或挫折时，个体可能会主动反思自己的学习过程，调整学习目标或改变学习策略以克服困难。这种积极的反思和调整是元认知监控的一部分，有助于个体更有效地管理和调节自己的学习过程。

最后，元认知监控在发挥作用时既受到元认知知识和元认知体验等多种因素的相互作用与影响，又反过来影响这些因素。一方面，个体的元认知监控是在对自身元认知知识和体验等多方面信息的综合考量下进行的。善于进行元认知监控的个体可能更容易积累更多的元认知知识和体验，从而更全面地了解和掌握自身认知和学习过程。另一方面，元认知监控的发挥也可能产生更多的元认知知识和体验。通过对学习过程的反思和调整，个体可能积累新的认知策略、体验新的学习方法，并在实践中形成新的认知知识。这种循环过程使得个体的元认知体系得以不断丰富和完善。

（二）元认知策略

元认知策略是在元认知理论的基础上发展而来的，它强调个体在认知任务中主动地调控和管理自己的认知过程。在元认知理论中，元认知知识、元认知体验和元认知监控构成了认知活动的三个核心成分。而元认知策略则是在这个框架下，个体为了更有效地处理认知任务而采取的具体方法和手段。当前有关元认知策略并没有统一的概念，Ellis 认为："元认知策略是对学习的一种计划、调节和控制的过程。"庞维国认为："个体用于计划、监控和调节自己学习过程的一切策略，统称为元认知策略。"

在本书研究中，主要选择了庞维国的元认知策略概念。本书的研究范围聚焦于高中英语教学领域，主要关注学生在高中英语学科学习中，如何运用已掌握的英语学科知识进行计划、监控和调节的英语学习过程中所采用的策略。按照元认知策略的分类方式，主要分为计划策略、监控策略和调节策略。

1. 计划策略

计划策略指学习者对即将进行的学习进行规划所采取的方法和措施。指在学习活动之前制定计划、设立目标、选择方法、时间分配和预测结果等，带有预设性，影响学习活动的顺利开展。本书研究中对计划策略界定为：在高中英语学习活动中的目标与计划的制定。

2. 监控策略

监控策略是指学习主体对学习过程进行监督和控制的方法和措施。本书中对监控策略的概念界定为学生在高中英语学习的过程中保持自我意识，警觉自己在学习过程中可能会出现的问题。监控策略分为方向监控、注意监控和领会监控三类。

3. 调节策略

调节策略是指根据监视的结果，找出认知偏差，及时调整和修正目标的策略。本书对调节策略的概念界定为学生在高中英语学习过程中出现问题或没有朝预期目标发展时，能够有意识地及时进行调整，包括对先前目标的调整、学习策略的调整，在学习结束时能够对学习结果进行有效评价。

二、基于元认知策略的自主学习能力培养

基于元认知策略的高中英语自主学习能力培养旨在激发学生在学科学习中的自主性和主动性，通过计划、监控和调节等策略，提高他们的学习效果和自我管理能力。具体实施时，可以做到如下三点：

(一) 计划策略在英语自主学习能力培养中的应用

计划策略有助于学生有效地组织和规划学习过程，提高学习的系统性和目标导向性。英语教学中，通过培养学生运用计划策略的能力，学校和教育者可以帮助他们建立起系统、有序的英语学习过程。这种有目标、有计划的学习方式将有助于提高学生的英语自主学习能力，使其更加有效地应对学科学习的各个方面。

1. 设定学习目标

自主英语学习过程中，学生可以设定学习目标，明确自己在英语学习中追求的短期和长期目标。短期目标上，可以设定成一段时间内提高特定技能（如听力、口语、阅读、写作）的目标，或者完成特定的学习任务。这种明确、可操作的目标有助于将整体学习过程划分为具体、可行的阶段，为学生提供清晰的学习路线图。设定长期目标则能够帮助学生明确自己在英语学习上的愿景，例如，通过语言考试取得优异成绩、参与国际交流项目或在未来的职业领域运用英语等。这样的目标不仅激发学生的学习动机，更为其提供了明确的方向感，使其能够更加有条理地投入学习。

设定学习目标不仅仅是为了达成具体的任务，也是为了激发学生的内在动机。明确的目标可以让学生在学习中感受到成就感，进而增强他们的学习动力。当学生清楚知道自己正在朝着什么方向努力时，他们更容易克服学习中的困难和挫折。通过设定目标，学生还能更好地理解学习的意义和价值，将学习过程与个人发展、未来规划相连

接。这种内在的联系能够培养学生的学习兴趣，使他们更有耐心和毅力投入到英语学习中。

2. 规划学习时间

在英语自主学习能力培养中，精心制定学习计划是确保学生高效利用时间、全面提升英语技能的关键一环。学生可以采用"时间块"方式规划学习，将一天分割成不同的时间段，专注于不同的英语技能。例如，清晨可用于听力练习，下午专注于口语表达，晚上则留给阅读理解和写作。这样的时间分配有助于集中精力、提高学习效率。学生也可以制定每周主题学习计划，确保各个方面的英语技能都得到全面培养。例如，周一至周三专注于听力和口语，周四和周五致力于阅读理解，周末则留给写作练习。通过这种有计划的学习，学生能够保持学科学习的连贯性，避免单一技能过度突出而导致其他技能相对滞后。另外，合理分配学习时间还需要考虑到个体的生理和心理状态。人的精力和专注度在一天中并非始终保持不变，因此学生可以根据自己的生物钟和注意力高峰期，将繁重的学习任务安排在最适宜的时间段。比如，对于一些早晨精神状态较好的学生，可以选择在早晨进行语法和听力的学习，而将较为轻松的口语练习安排在下午。

3. 确定学习方法

学生在英语自主学习中，可以根据不同的学习内容选择相应的学习方法。如阅读学习中，学生可以尝试采用主题词汇法，即通过确定文章主题词汇，预估文章内容，提高阅读速度和理解能力。学生也可以利用标记法，在文章中画线、圈出关键信息，帮助记忆和理解重要概念。通过这种阅读策略能够使学生更有目的地进行学习，加深对文章的理解，提高阅读效率。在听力策略方面，可以采用多听多模仿的方法，即通过频繁听取不同语速、语调的英语材料，模仿母语者的发音和语音节奏，提高听力水平。在这一过程中注重关键信息捕捉也是一项重要的策略。学生可以通过识别关键词汇，抓住对话或讲述的主要信息，从而更好地理解听力材料。这种有目的性的听力训练有助于培养学生对不同口音和语速的适应能力。对于口语练习，学生则可以采用模仿和跟读的方式，模仿母语者的发音、语调和表达方式，提高自己的口语表达水平。学生还可以参与语言交流小组或在线平台，与其他学习者交流和讨论，这也是一种有效的口语练习策略。

4. 制定学习计划

英语自主学习的过程，需要学生精心制定详细的学习计划，建立有序而高效的学习体系。制定学习计划时，学生应明确每天的学习任务和时间分配，以确保各项技能都得到足够的训练。例如，安排每天固定的时间段用于听力训练、口语练习、阅读理解和写作等方面，以帮助学生全面培养各项英语技能。这样的日常学习计划使学生能够在有限的时间内达到最大的学习效果，有助于避免学习焦虑和拖延的问题。

制作周学习计划时，应当充分考虑到不同技能之间的协调与衔接。通过设定每周的学习主题和目标，学生可以更好地确保各项技能的有机结合，形成学科知识的连贯性。比如可以将一周的学习主题定为"社交场合中的英语应用"，在听力、口语和写作等方面进行有针对性的训练，以达到全面提升的效果。通过类似的周计划有助于学生更好地理解英语在实际应用中的运用场景，提高语言运用的灵活性。

另外需要注意的是，学生制定学习计划时还应包括定期复习计划和评估环节。通过设定每月或每季度的学习回顾时间，学生能够审查自己的学习进展，发现不足，并进行相应的调整。这种定期的自我评估有助于学生更好地认知自己的学习状态，及时调整学习策略和计划，保持学习的动力和积极性。

5. 设定学习里程碑

英语自主学习中，通过设定学习的里程碑，学生能够更有组织和目标地进行英语自主学习。这一策略的实施不仅有助于监测学习进度，也能够激发学生的成就感和积极性，为学生提供了实现学科目标的有效途径。在不断完成里程碑所布置任务的过程中，学生能够建立自主学习的信心和动力，为更深入的学科学习奠定坚实的基础。

学生在设定里程碑时应明确学习目标。这一过程涉及确定具体的语言技能提升、知识掌握或学习成果，例如提高听力水平、掌握一定词汇量或成功完成一篇英语短文的写作。设定明确的目标有助于学生将整体学科知识分解成可量化、可达成的小目标，为后续的学习提供了清晰的方向。学生需要合理安排里程碑的时间框架，如每个里程碑的开始和结束时间，以及每个阶段的学习计划。例如，如果学生的目标是提高口语表达能力，可以设定一个里程碑是在一个月内通过每周两次的口语练习提高发音和语流。通过合理的时间规划，学生能够更好地分配学习任务，确保在设定的时间内达到预定的学科目标。另外，里程碑的设定还应考虑到学生个体差异和学科要求。不同学生在学习速度、学科倾向和学科难度上存在差异，因此在设定里程碑时需要考虑到个体的实际情况。

(二) 监控策略在英语自主学习能力培养中的应用

在培养英语自主学习能力时，可以让学生基于对自己的认知过程进行实时监测，通过监测让学生能够更主动、有目标地管理自己的英语学习过程，及时调整学科学习策略，提高学科学习的有效性和自主性。因此基于元认知的监控策略，不仅可以培养学生对学科学习的主动性和责任心，也有助于提高英语学科知识的全面性和深度。

1. 定期进行学习自我评估

定期进行学习自我评估是实时监测中的重要手段。自我评估是一种系统性的过程，它要求学生深入审视自己在听、说、读、写等方面的英语能力。学生可以通过针对性的评估项目，如听力理解、口语表达、阅读理解和写作能力，全面了解自身的英语水平。这种综合性的自我评估有助于揭示学生在不同语言技能上的优势和不足，为有针对性的学科学习提供基础。自我评估可以通过多种形式和工具进行，如练习题、模拟考试和语言交流等方式,不同的方式能够达到不同的效果。通过解决练习题,学生能够更深入地了解自己在具体语法、词汇运用和阅读理解方面的掌握情况。模拟考试则提供了一种模拟真实考试环境的机会,让学生能够在时间限制下更好地检验自己的应试能力。此外,参与语言交流活动,如与同学组织小组讨论、参加英语角等,有助于学生在实际语境中应用所学,提高口语表达和听力理解能力。

自我评估不仅限于英语知识和技能的层面,还包括学习策略和方法的评估。学生可以思考自己在学习过程中采用的方法是否高效,是否需要调整学习策略来更好地适应英语学科的需求。这种深层次的自我评估有助于学生形成更科学、更高效的学科学习习惯,提高自主学习的水平。定期进行学习自我评估的过程并非只是简单地检测学科水平,更是一个反思和成长的机会。学生在自我评估中不仅要发现问题,更要寻找解决问题的方法。通过不断总结、调整学科学习策略,学生能够逐渐提升自身在英语学科中的表现,形成自主学习的意识和能力。这种定期的学习自我评估机制不仅有助于学生更全面地认知自己的英语学科状态,还培养了他们对学科学习的主动性和责任心。

2. 实时记录学习反馈

在英语学科的自主学习过程中,实时记录学习反馈是一项非常重要的策略。学生可以通过记录教师的评语获取有关学科学习的专业反馈。教师评语通常涵盖学生在听、说、读、写等方面的表现,对于学生了解自己在各个语言技能上的优劣势提供直观的参考。通过仔细记录这些反馈,学生能够更深入地认知自己在英语学科中的表现,明确需要改进的方向。学生也可以记录自己的感悟和心得体会。这包括对学科知识的理解、学习策略的运用,以及在学习过程中遇到的挑战和解决方法。通过实时记录这些个人感悟,学生能够形成对学科学习过程的自我认知,加深对英语学科的理解。这种主观性的反馈记录有助于学生更全面地了解自己在学科学习中的体验,并从中汲取经验,为今后的学科学习调整学习策略提供有益参考。另外,记录学习反馈还包括对学科知识中遇到的难点进行详细的记录。学生可以通过标注学科知识点的难易程度、自己的理解深度以及解决难题的方法等,形成一个个体化的难点清单。这有助于学生更有针对性地调整学科学习计划,有目标地攻克难点,提高对英语学科知识的掌握程度。

实时记录学习反馈不仅限于书面形式,还可以包括语音记录、视频记录等多种形式,以更灵活地展现学科学习的方方面面。通过这样的实时反馈机制,学生能够在学科学习过程中形成一种持续不断的自我监控和调整的能力。这有助于学生更及时地察觉学科学习中的问题和亮点,实现对学科学习策略的灵活调整,提高学科学习的效果。在实时记录学习反馈的过程中,学生不仅能够更深刻地理解英语学科,也能够培养自主学习的能力和习惯,为长期学科学习奠定坚实基础。

3. 利用技术工具辅助监控

通过充分利用学科学习管理应用和在线学习平台等技术工具,学生能够更加方便、实时地监控自己在英语学科中的学习状态。这种实时监控不仅提供了学科学习的数据和反馈信息,也为学生提供了更科学、更有针对性的学科学习建议。这样的技术辅助监控策略既培养了学生对学科学习的主动性和责任心,也提高了学生在英语学科中的自主学习效果。通过这种科技手段的支持,学生能够更好地适应学科学习的变化,实现更高水平的英语自主学习。

学生可以借助学习管理应用,制订个性化的学科学习计划。这一应用通常具有任务管理、进度追踪和提醒功能,帮助学生清晰地规划每日学科学习任务,并随时了解自己的学科学习进度。通过记录任务完成情况、制定学科目标,学生能够实时地了解自己在英语学科中的投入和进展。此外,在线学习平台为学生提供了学科学习的虚拟学习空间。这些平台通常拥有各类学科资源、课程、练习题等,学生可以在这里进行英语学科的自主学习。通过参与在线课程、完成学科练习,学生的学科学习数据会被记录在平台上。学生可以随时访问这些数据,了解自己在不同语言技能上的表现,以及学科学习的整体进展。这种实时监控有助于学生更全面地把握自己在英语学科中的优劣势,为个性化调整学科学习策略提供依据。此外,利用技术工具进行实时监控还包括学科学习的在线评估和反馈。一些学科学习应用和平台提供了英语学科的测评功能,通过练习题、考试模拟等形式对学生的语言能力进行评估。学生可以通过参与这些评估,获取有关自己在听、说、读、写等方面的水平,并获得相应的学科建议和改进方案。这种定期的在线评估有助于学生更准确地了解自己的学科水平,有针对性地进行学科学习的提升。

4. 建立学习日志和反思习惯

学生通过建立学习日志和养成反思习惯,能够在英语学科的自主学习中获得更加深刻的认知和更高效的学习体验。

学习日志的建立有助于学生追踪学科学习的进展。每天记录英语学科学习的点滴进展,包括完成的任务、学到的新知识,以及遇到的难点等。通过这种方式,学生可以形成清晰的学科学习轨迹,了解自己在英语学科中的学习状态,及时发现学科学习中的亮点和问题。学习日志是学生自我监控的有力工具。通过定期回顾学习日志,学生可以发现自己在英语学科学习过程中的优势和劣势,认识到可能需要调整的学科学习策略。例如,学生可以通过学习日志发现在哪些语言技能上存在短板,比如听力理解、口语表达等,从而有针对性地调整学科学习计划,加强对薄弱环节的专注。学习日志也是学生深度反思的平台。学生可以通过记录每天的学科学习感悟,分析学科知识的理解程度、学习策略的效果,以及个人在学科学习中的体验。这种深度反思有助于学生对自己的学科学习过程进行更加深刻的认知,形成对学科知识更全面的理解,培养扎实的英语学科基础。另外,学生在学习日志中可以记录解决学科学习中遇到的问题的方法和经验。这为学生提供了一个宝贵的学科学习经验库,使其能够更加迅速、有效地解决将来可能遇到的相似问题。通过积累解决问题的方法,学生在学科学习中逐渐形成问题意识和解决问题的能力,提高自主学习的水平。

(三) 调节策略在英语自主学习能力培养中的应用

调节策略在英语自主学习能力培养中是关键的学习策略之一。学生可以通过以下几个方面灵活应用调节策略,提高英语学科的自主学习能力:

1. 灵活调整学习方法

学生在英语学科中的成功自主学习很大程度上依赖于他们对学习方法的灵活调整。学生在学习中可以根据学习内容的不同对学习方法进行适当调节。

听力训练是英语学科中重要的技能,针对这一学习内容,学生可以选择多样化的学习方法以更好地适应不同场景。通过多听录音,学生能够提高对英语语音、语调的敏感度,培养听力理解能力。参与英语角等口语交流活动也是一个有效的方法,不仅可以增加听力输入,还能够训练学生在真实语境中的听力应对能力。通过实时调整这些听力训练方法,学生能更灵活地适应不同听力任务,提高在各种语境中的听力水平。在提高写作水平方面,学生同样需灵活运用多种学习方法。多写作是提高写作水平的基础,通过不断练习,学生可以提高语言表达能力、拓展词汇量,并逐渐熟悉各种写作风格。另外与老师请教和参与写作小组讨论也是重要的学习方法。通过与他人交流,学生可以获得及时反馈,了解自己写作中的优点和需要改进的地方。实时调整写作方法,学生能够更有针对性地提升写作技能,适应不同写作任务的要求。

对于其他英语学科技能,比如阅读和口语表达,同样需要学生灵活调整学习方法以应对不同学科要求。如在阅读方面,学生可以采用多种阅读策略,如扫读、略读、深度阅读等,以应对不同类型的阅读材料。在口语表达方面,通过参与角色扮演、实地口语练习等方式,学生能够更好地提高口语表达的流利度和准确性。通过实时调整这些学习方法,学生能够更全面地发展自己在英语学科中的各项技能,增强应对不同学科任务的能力。

2. 调整学习计划

学生在英语学科的自主学习中,不仅需要制定明确的学习计划,更需要灵活调整计划以适应学科学习的实际需求。

学生可以定期记录学习日志和进行反思,通过这一方式能够深入了解自己在英语学科中的学习状态。学习日志记录了每天的学科进展、遇到的问题以及解决方法,为学生提供了对学科学习过程的全面认知。通过仔细审视学习日志,学生能够发现学科学习中的亮点,如在某一语言技能上取得的进步,以及问题的根源或遇到的困难。这种全面的认知为调整学习计划提供了有力的依据。也可以通过学习日志和反思找出学科学习计划中的不足之处,以便进行有针对性的调整。通过分析学习日志中记录的问题和困难,学生可以找到学科学习计划中可能存在的问题,比如任务安排不合理、时间分配不足等。学生可以借助这些发现,灵活调整学科学习计划中的任务和时间,确保更加符合个体差异和学科学习需求。此外,学生还可以在反思中发现自己的学科学习目标是否需要调整,以更贴近实际学科学习的要求,确保学科学习计划更为可行和有效。另一方面,通过学习日志和反思,学生能够更清晰地了解自己的学科学习优势和劣势。这种认知能力有助于学生更明智地调整学科学习计划。例如,如果学生在某一语言技能上表现出色,可以适当减少该项技能的学习时间,将更多精力投入到相对薄弱的技能上,以达到全面提升的效果。通过灵活调整学科学习计划,学生能够更好地发挥个体差异,提高学科学习的效率和深度。

3. 灵活应用学习资源

在英语学科的自主学习中,灵活应用学习资源是提高学科学习效果的关键因素之一。

学生可以通过参与在线课程来扩充学科学习的广度和深度。在线课程提供了丰富多样的学科学习资源,涵盖了听、说、读、写等多种语言技能。通过灵活参与这些在线课程,学生能够根据学科学习的实际需要,选择适合自己兴趣和水平的课程,丰富学科学习内容。在线课程还提供了灵活的学习时间和地点,方便学生更好地融入其中。另外,利用语言学习应用也是学生灵活应用学习资源的一种方式。语言学习应用通过丰富的学习内容、互动性强的学习方式,为学生提供便捷的学科学习途径。学生可以通过这些应用进行听力训练、语法学习、词汇积累等,自主选择学习内容,根据学科学习的实际需求有针对性地进行学科学习。通过灵活运用这些语言学习应用,学生能够在日常生活中轻松融入学科学习,提高学科学习的趣味性和实用性。

4. 调整学习环境

学生在英语学科的自主学习中应当充分认识到学习环境对学科学习的重要性,并通过灵活调整学习环境来提高学习效果。

选择适宜的学习场所对于英语学科的学习至关重要。学生可以根据自己的学习习惯和需求选择合适的学习场所,如图书馆、自习室、家里的专属学习角等。一个安静、整洁、没有干扰的学习环境可以帮助学生更好地集中注意力,提高学科学习的效率。适宜的学习场所有助于学生在英语学科的学习中获得更好的专注度和深度。学生可以通过使用舒适的学习工具来优化学习环境。在英语学科的学习中,合适的学习工具可以提高学习的效率。这包括选择符合个体习惯的电脑、耳机、字典等学习工具。例如,学生可以使用高质量的耳机来提升英语听力的体验,或者选择符合自己学习风格的电子字典来提高英语词汇的学习效果。通过灵活运用这些学习工具,学生可以更好地适应英语学科学习的多样性,提高学科学习的实际效益。另外,保持良好的学习氛围也是调整学习环境的关键因素。学生选择适当的音乐、调整灯光等方式来创造一个积极、愉悦的学习氛围。一种愉悦的学习氛围有助于提升学生的学科学习兴趣,激发学科学习的动力。

通过灵活调整学习环境中的氛围,学生能够更好地融入英语学科的学习中,提高学科学习的投入感和主动性。

5. 自主调整学科学习策略

学生在英语学科学习中的自主学习能力体现在他们能否根据个体差异、学科知识的深度和难度、实际情况等因素主动调整学科学习策略。通过灵活应用不同的学习技巧,学生能够更好地适应英语学科的复杂性,提高学习的深度和广度。在进行自主调整学科学习策略时,可以做到:

学生应根据个体差异自主调整学科学习策略。每个学生在学科学习中都具有独特的学习风格、兴趣和弱点。因此,他们需要通过观察自己的学科学习过程,了解个体差异,并据此调整学科学习策略。例如,有的学生可能更适应视觉学习,可以通过图表、图像等方式更好地理解英语语法规则;而有的学生可能更注重听觉输入,可以通过听力练习来提高对语音和语调的敏感度。通过根据个体差异调整学科学习策略,学生能够更加精准地满足自身学科学习的需求,提高学科学习的效果。学生也可以根据学科知识的深度和难度自主调整学科学习策略。英语学科中,不同阶段的学科知识深度和难度各异,因此,学生需要灵活应用不同的学习技巧。在面对相对简单的语法知识时,学生可以采用归纳法、整理笔记等学习技巧,更好地掌握知识点。而在应对较为复杂的阅读理解或写作任务时,学生可以采用分析法、总结归纳法等深层次的学习技巧,提高对知识的理解和应用水平。通过主动调整学科学习策略,学生能够更好地应对学科知识的多样性和层次性,确保在学科学习中有针对性地提高自己的水平。另外,学生可以根据学科学习的实际情况自主调整学科学习策略。学科学习中,学生可能会面临不同的任务和评估方式,需要随时调整学科学习策略以适应这些变化。例如,在准备口语考试时,学生可以通过参与英语角、多与同学进行口语练习等方式来提高口语表达能力;而在准备阅读考试时,学生可能需要更加注重阅读速度和理解深度的训练。通过主动调整学科学习策略,学生能够更灵活地适应学科学习任务的多样性,提高应对不同考核形式的能力。

第二节　互联网与课堂生态组合下的自主学习

在信息化时代,信息技术已成为各级各类学校教育教学活动的关键组成部分。生态教育以生态学的观点审视教育,运用生态学的原则和方法考量教育。生态课堂包括智力、模态和表达课堂,通过创新教学方式促使学生养成可持续的生活、学习和工作习惯,培养创造开放个性、思维和创新品质。核心理念是尊重、唤醒和启发生命,关注每个课堂主体的学习欲望,唤醒教育的生态循环,激励生命走向和谐统一。生态课堂致力于有序、有情、有效、有趣,满足学生的心理需求,诱发快乐情绪,培养良好的师生情感状态,并将这种感情融入整个学习的生态环境中。

在信息技术发展支持下,以集声音、图像、视频三位一体的多媒体技术为代表的信息技术为课堂教学注入了新的活力,为生态课堂良性运行提供动力源泉,也为学生自主学习提供机会。那么如何通过互联网与课堂的生态组织推动学生的自主学习呢,提出如下几点建议。

一、精心制作学习资源包,释放自主学习的"引力"

利用互联网精心制作学习资源包是促进自主学习的关键一环,通过巧妙整合和设计高质量的学习资料,可以激发学生的主动性和学习兴趣,从而释放自主学习的"引力"。

学习资源包的制作需要着眼于明确学习目标,确保每一项资源都紧密贴合预定的学习目标,使学生能够更加清晰地了解自己的学习方向。多样性的资源类型是另一个关键因素,通过提供文字、图片、视频、音频等多样性的学习资料,满足不同学生的学习风格,使其更容易理解和吸收知识。此外,为了提高学习资源包的吸引力,应确保其结构清晰有序,设立明确的索引和目录,使学生能够轻松地找到所需的内容,避免信息的混乱和迷失。精心设计学习资源包需要关注个性化元素,考虑学生的差异性需求,提供不同难度级别的资源和拓展阅读材料,以满足不同学生的学习水平和兴趣,从而激发他们更强烈的学习欲望。交互性和参与度也是释放自主学习"引力"的重要手段,通过整合在线测验、问题解答和讨论题等元素,使学生能够积极参与学习过程,提高学习资源包的吸引力。实际应用和案例分析的融入,将理论知识与实际情境相结合,使学生更好地理解和应用所学内容,增加学习的实用性。同时,定期更新和丰富学习资源包,保持其新颖性和时效性,引起学生的持续兴趣。可访问性方面,确保学习资源包能够方便地被学生访问,并支持多种设备的使用,以满足学生在不同时间和地点的学习需求。反馈机制的设立,如在线讨论、评价表单等,鼓励学生提出问题、分享观点,并得到及时的教师反馈,形成有益的互动学习环境。引导学习的元素也应被融入,通过思考问题、任务驱动型学习等方式,培养学生的批判性思维和解决问题的能力。通过这些概念和策略的有机结合,教育者可以创造出有吸引力、实用性强的学习资源包,最终释放自主学习的"引力",激发学生的学习激情和主动性。

二、巧设学习任务包,释放自主学习的"动力"

在互联网与课堂生态的有机结合中,巧妙设计学习任务包成为推动学生自主学习的关键策略,通过明确目标、多元资源整合、个性化定制以及激发学生兴趣的方式,释放自主学习的强大动力。

学习任务包的设计应始于明确的学习目标,确保每个任务都与学科知识和学生能力的发展相契合。任务目标的清晰性有助于学生理解学习的方向,明确自身的学习期望,从而培养自主学习的意愿。巧设任务包需要充分利用互联网资源,包括在线课程、数字化图书馆、教学视频等,确保学生能够在不同媒介和形式的学习资源中寻找最适合自己的信息,提高学习效果。

个性化的任务包设计是激发学生主动性的重要手段。通过考虑学生的学科水平、兴趣爱好和学习风格,为不同群体设计不同难度和类型的任务,满足学生个性化需求。个性化任务包能够激发学生学习的主动性,使其更加投入学科学习,提高学习动机。为了进一步激发学生的兴趣,任务包设计还可以融入实际应用和案例研究,将学科知识与实际情境相结合,使学生更容易理解和应用所学的内容,释放学习的动力。此外,任务包的设计还应具备一定的挑战性,通过设立探索性和创新性的任务,引导学生超越传统学科界限,培养创造性思维和问题解决的能力。

在互联网时代,学习任务包还应注重引导学生进行信息检索和评估,培养其自主获取知识的能力。任务包中可以加入针对性的搜索引擎、使用指导、信息质量评估方法等教育内容,帮助学生从海量信息中筛选出对学习目标有益的内容,提高信息素养。此外,为了增加学习的趣味性和参与度,学习任务包还可以融入多种形式的任务,如小组合作、实地考察、在线辅导等,以激发学生的团队合作精神和社交互动,提升学习的趣味性。

三、搭建互动平台,释放自主学习的"合力"

在互联网与课堂的生态组合中,搭建互动平台是促进自主学习的重要手段,创建具有互动性的在线学习平台,可以释放学生自主学习的合力。互动平台设计时应侧重于创造一个开放而具有社交性的学习环境,为学生提供分享、讨论、合作的机会。平台上的论坛、社交功能和群组等互动工具能够激发学生之间的交流,使他们在学习中形成共同体,共同探讨问题,相互启发。

互动平台的关键在于提供多样化的学习资源和活动,以满足不同学生的需求。我们提供多种形式的学习资源,包括在线课程、教学视频、模拟实验、在线测验等,以及丰富的学科活动和项目。通过多元化的内容,互动平台能够引发学生的兴趣,激发他们主动学习的欲望。同时,教育者可以在平台上推动群组讨论、在线辅导、学科竞赛等活动,为学生提供更多参与的机会,使学习不再是孤立的过程,而是一个社交互动的体验。互动平台还应强调实时性和即时反馈,通过在线辅导、问题解答、实时讨论等功能,帮助学生及时解决学习难题,激发他们的学习兴趣。及时反馈可以增强学生对学习的信心,让他们感受到自己的进步,从而更愿意主动参与学习。此外,互动平台的设计还应考虑个性化的学习路径,根据学生的兴趣、求知欲和学科需求,为每个学生提供定制化的学习体验,释放个体学习的"合力"。为了更好地激发学生自主学习的合力,互动平台还可以引入虚拟现实（VR）和增强现实（AR）等技术，提供更为沉浸式的学习体验。通过虚拟实验室、沉浸式场景等，学生可以更生动地感受学科知识的魅力，增强对学科的兴趣和深度理解。这样的技术创新有助于提升学生的学习体验，释放更多的学习动力。

第三节　自主学习策略导向下的教学创新实践

自主学习策略导向是一种教学理念和实践取向，旨在培养学生主动参与、自主思考、独立学习的能力。在自主学习策略导向下，教育者注重激发学生内在的学科学习动机，引导他们通过明确学科学习目标、灵活运用学习策略、自主评估和反思等方式，更有效地掌握知识和技能。强调学生在学科学习中的主动性和自主性，自主学习策略导向注重培养学生的学科学习兴趣、创造性思维以及解决问题的能力，使其具备在复杂多变的学科环境中适应、成长和自我发展的能力。这一教学取向促进学生从被动接受知识转变为积极构建知识的过程，使其在学科学习中更具自主性和深度。高中英语教学，教师可以通过如下几种方式实现自主学习策略导向下的教学创新实践。但需要注意，在教学创新中，教师的角色不仅仅是知识的传授者，更是学生学科学习的引导者和促进者。教师应通过营造积极的学科学习氛围，激发学生的学科学习兴趣，培养出学生更高层次的学科思维能力和自主学习能力。

一、个性化学习路径设计

个性化学习路径设计是一项教学创新实践，旨在充分考虑每位学生的独特特质，为其量身定制学科学习计划，以提高学科学习的个性化和灵活性。实施个性化学习路径设计时，教师可以全面了解学生的学科水平、学科兴趣和学科需求，为他们设计差异化的学科任务，如设置不同层次和深度的学科学习目标，以满足学生在学科学习上的多样需求。对于英语水平较高的学生，可以提供更具挑战性的学科任务，拓展其学科知识深度；而对于英语水平较低或有特殊兴趣的学生，可以设计更贴近实际生活和独特个性的学科任务，激发其学科学习的积极性。另外，个性化学习路径设计鼓励学生自主地选择适合自己的学科学习路径。通过给予学生在学科任务选择上的权利，教师能够培养学生的学科决策能力。学生可以根据自己的兴趣和发展方向，在教师设定的范围内自由选择学科任务，从而更有动力、更有目标地参与学科学习。这种学科学习的个性化路径设计不仅有助于激发学生的学科学习积极性，还能够使学科学习更加贴合个体需求，提高学科学习的效果。

在个性化学习路径设计方面，上海市市西中学在教学中积累了丰富的经验。2017

年上海高考进行改革,这次改革后,英语考试由原来的"一考"转变为"两考",这一调整的初衷在于充分考虑学生之间的个体差异。这一考试模式为基础较好的学生提供了更早的通过一次考试达到满意成绩的机会,为他们提前确定大学申请的前提条件。同时,对于那些原先英语基础相对薄弱的学生,这一变革也为他们提供了较长时间的准备高考的机会。这种灵活性和差异化的考试安排有助于更好地反映学生的个体水平和学科需求,推动整个高等教育体系更为贴近学生的实际情况。在这种高考改革下,市西中学高三英语教师十分重视个性化学习路径的设计,即便在布置作业过程中也会基于学生不同需求将作业进行分类,实现了个性化作业设计。

市西中学高三英语个性化作业设计的核心思想是将作业分为必做和选做两种类型。必做作业一般为基础题,旨在巩固学科基础知识;选做作业为提高题,提供更具挑战性的任务。对于基础薄弱的学生,教师会针对其学科水平适当设置选做题,以引导其加强基础知识和能力的训练。通过这种层次化的作业设计旨在根据学生的实际情况,差异性地布置学科学习任务,确保每个学生都能在适宜难度下取得进步。

在听说作业中,为了促进不同水平学生的发展,教师也会差异化地布置任务。基础较好的同学被鼓励挑战更高难度的任务,如对文章进行复述、提炼主旨或写概要,以激发其学科兴趣和挑战欲望。而对于薄弱学生,教师采用 spot dictation(听写填空)等方式,为其搭建学科学习的脚手架,逐步提高学科自信心,确保他们能够顺利完成相应任务,最终全面提高听力能力。

在口试作业中,教师为了克服薄弱学生的难点,特地设计书面练习,使其在书面训练的基础上逐步进行口语训练,以达到口试流利的水平。这种渐进式的作业设计有助于学生克服困难,提高学习的自信心。实践证明,由于作业分层,学生不再害怕学科作业,而是在挑战中感受到成功的喜悦。基础较好的同学通过完成更有难度的任务提升自我成就感,基础薄弱的学生则在宽松的学习氛围中逐渐提高学科学习的积极性,共同享受到学科学习带来的成功喜悦。

二、授课风格多元化

多元化的授课风格是一种教学策略,旨在丰富学科学习的体验,激发学生的学科学习兴趣,并提高学科学习的活跃性。教师采用多样化的授课方法,如问题导向教学、案例分析、讨论等,以满足学生不同的学科学习需求。通过灵活运用这些方法,教师能够在教学中创造出更具吸引力和互动性的学科学习氛围,激发学生的学科兴趣和积极性。另外,引入多媒体资源也是多元化授课的重要手段之一。教师可以利用图表、视频、音频等多媒体形式呈现学科知识,以更直观、生动的方式传达信息。这不仅有助于提高学科学习的趣味性,还能够满足所有学生的学科学习需求,使学科内容更贴近学生的实际生活。实地考察和小组合作也是多元化授课的有效手段。通过组织学科实地考察,学生可以亲身体验学科知识在实际环境中的应用,从而增强对学科概念的理解。同时,小组合作可以培养学生的团队合作能力和交流能力,提高学科学习的社交性和互动性。

市西中学在英语高考总复习课教学中,便通过多种教学方法实现授课风格多元化,为学生带来了别样的教学效果。具体实施时,主要采用了如下几种策略:

第一,未雨绸缪,早做计划。在学期伊始,教师与学生进行思想观念上的交流,培养学生自我复习、整理和归纳的意识和能力。随后,教师坚持在每个学习阶段督促学生以表格形式整理相关知识点,将平时学习中积累的词汇、句型、语法、阅读和翻译技巧等形成有机的知识体系。此过程中,教师引导学生在学期各个阶段对整理的知识点进行提炼,并要求学生提交并进行小组内部交流。随着学期接近尾声,学生以小组名义进行全班范围的知识交流,共同提高学科学习水平。这种未雨绸缪的计划性安排有助于学生更系统地掌握学科知识。

第二,自由分组,重视兴趣。学生在整理知识点和平时练习的过程中逐渐发现自己的兴趣和优势。在分组交流时,鼓励学生按照个人优势和兴趣自由选择分组,从而在展示中获取自信和成就感。这种自由分组的方式让学生能够通过交流互相学习,充分发挥每个人的优势,取长补短,提高整体学科学习水平。

第三,教师垂范,言传身教。教师在课堂中不仅仅是简单地将讲台交给学生,而是通过给予全面的指导和帮助,共同参与知识的总结与复习。每次练习后,教师首先对试卷的知识点进行分块整理,包括口语训练、答题技巧、听力技巧、语法、词汇、完形填空技巧、阅读技巧、六选四答题技巧、概要写作等。在阶段性复习中,教师示范整理重难点,指导学生进行自我归纳和整理。教师会在 QQ 群里分享手写笔记或 PPT 形式的整理,鼓励学生相互上传笔记,通过无声的学习促进同学之间的互助和交流。通过班级主题班会,教师与学生共同交流学习心得,促进形成良好的同伴交流氛围。这种互动式的教学方式激发了学生对学习的主动性和积极性。

第四,分工合作,明确任务。在小组分工中,每个班级要明确小组的职责分工。每个小组负责整理所学板块的所有习题,提炼其中的知识点和答题技巧;小组要收集同学中有价值的解题技巧、学习心得和体会;接着,小组进行信息整合,制作 PPT;小组成员在班级内进行演讲,负责演讲过程中及之后的生生互动,回答同学的疑问。这些任务由课代表负责分配,同学们在自由分组的基础上自主选择任务和职责,并选举一位同学担任小组长,负责推进进度。这样的分工合作模式使同学们更加积极主动地参与学习,培养了他们的团队协作和组织管理能力。

第五,互为补充,扬长避短。在大考前三周的周末,课代表组织全班学生根据个人特长进行分组,分组原则是自主选择、自由组合、分工合作、扬长避短。学生选择组别的依据主要有两点:第一是自己在平时练习中较为擅长的项目;第二是尽管在某个板块表现不佳,但通过一段时间的自我探索和老师的指导取得了显著进步。这样的分组方式让学生在感兴趣的话题上能够畅所欲言,执行过程中感到轻松愉快,同时也在交流中期待学到同伴们的做法和技巧,达到互相补充、扬长避短的目的。这种方式激发了学生的学习兴趣,促使他们更积极地投入到学科学习中。

第六,开发资源,搭建平台。学生分组、PPT 制作和主讲人选定后,教师的任务并未结束。需要对每个小组的 PPT 内容进行审核,确保内容质量;同时,要安排小组轮流试讲,以检验学生在讲课时间、语速、肢体语言等方面的表现。最终的复习交流分两步进行,先在本班级内部进行交流,然后整合两个班级的资源,提炼出每个板块的核心内容,集中进行交流。随着这堂复习课的结束,教师仍然充当指导者的角色,时刻进行补充、更高层次的提炼和小结,以确保学生充分掌握所学知识。这一系列的教学安排旨在激发学生学科学习的热情,提高他们的学科综合素养。

通过这种多元化的授课方式,学生互相之间进行的总复习,相较于教师一言堂,不仅涵盖了英语知识和技能,还培养了积极态度、激情、协作能力和亲和力。同伴的表现成为其他同学的学习典范,强烈激发了他们的求知欲望和学习动力。这种学生间的相互启发和榜样效应有助于创造积极的学习氛围。

三、鼓励学生合作学习

在自主学习策略导向下,在教师的鼓励和引导下,学生通过合作学习方式可以更全面、深入地掌握学科知识,提高学习效果。在合作学习中,可以采用小组合作的形式,学生可以共同探讨学科难点、分享理解和经验,从而激发出不同学科思维的火花。这种互动促使学生在集体合作中更全面地理解学科概念,提高学科学习的深度。同时,通过小组合作,学生能够学到团队协作、沟通协商等团队技能,培养出良好的学科学习氛围。此外,项目协作是另一种促进学科学习的合作方式。通过共同参与学科项目,学生能够结合个体特长,分工合作,共同完成学科任务。这不仅能够提高学科学习的广度,让学生接触更多方面的知识,还能培养学生解决学科问题的能力。项目协作中的互动和讨论有助于学生形成对学科知识更为全面的认知,使学科学习更富有实践性和应用性。

有学校在英语课堂教学中实施了分层教学方法,这也是一种合作学习模式。教师采用"同质分组"或"异质分组"的方式,鼓励学生进行相互合作和探讨,形成以学生为中心的学习氛围,强调"自研自习,生生互动"的理念。在分组练习中,教师会有针对性地指导每位学生,针对他们个体的问题进行指导,使每位学生在练习中得到更加精准和有针对性的辅导,从而提高写作水平和英语应用水平。这种个性化的指导不仅有助于学生更好地理解和掌握知识,也为他们提供了更多的实际练习机会,促使他们在实践中不断提升。在这种合作学习中,学生在合作中相互促进,不仅在知识上得到提升,更在沟通与合作能力上得到加强。这种学习方式旨在培养学生的自主学习和解决问题的能力,使他们在学科学习中更具活力和创造性。这同时也提高了学生对写作的自信与热情,使他们更积极地参与学科学习,提高了他们在作文练习中的效果。

四、引导学生自主评估和反思

自主学习策略导向下,教师鼓励学生主动参与学科学习的评估和反思,从而更有效地提升学科学习的质量。教师可以引导学生设立明确的学科学习目标。通过让学生明确自己想要达到的学科学习成果,以及在何时何地实现这些目标,激发学生对学科学习的自我要求和期望,使他们更加明确学科学习的方向。定期进行学科学习的自我评估是培养学生自主性的有效方式。学生可以通过自我评估对自己的学科学习成果、学科能力和学科兴趣进行客观分析,找出学科学习中的强项和薄弱点。这种主动的学科学习自我监控,有助于学生更深入地理解自己的学科学习状况,为调整学科学习策略提供依据。另外,每天写学科日志也是引导学生进行自主评估和反思的重要手段。学生可以通过记录学科学习的每日进展、遇到的问题以及解决方法,形成学科学习的自主档案。这种反思过程不仅有助于学生发现学科学习中的问题,还能够培养他们对学科学习的系统性思考和总结能力。

市西中学在英语试卷评析中引导学生进行反思性学习,通过试卷评析这一教学环节达到增强学习效果的目的。主要采用如下几种方法引导学生进行反思。

第一,改变试卷批改方式。市西中学决定改变试卷批改方式,不仅对二卷(包括概要写作、翻译和指导性写作)进行手工批改,还对一卷(包括听力、语法、词汇、完形和阅读)进行手工批改。在批改过程中,教师仅标识对错,而不提供参考答案,为每位学生提供二次答题的机会。教师的要求是,在下一节试卷讲评之前,每位学生需自主订正错误,将原先的思维过程陈述给老师,再将经过重新思考后的答案和理由详细陈述给老师。这一批改方式的改变激发了学生学习的积极性。面对二次答题的机会,学生势必认真审视文本,重新分析思路。在这个过程中,有惰性的学生开始主动调动思维,回想老师在课堂上传授的策略方法。例如,在阅读过程中需要不断回顾和调动积累的知识点。为了能够顺利订正并给出合理的理由,学生在课堂上开始更加认真对待老师的知识点讲解和技巧点拨。这不仅养成了学生爱动脑的习惯,培养了他们谨慎答题的态度,还促进了学生在课堂上保持高度的注意力。这种良性循环不仅提高了学生的学科水平,也培养了他们对学科学习的主动性和深度思考的能力。

第二,改变个别辅导方式。市西中学在教学中高度重视个别辅导,这一改变也和学校"大班教学无法解决的问题必须通过个别化辅导才能最终化解"的教学理念相契合。为了提高辅导效果,经多年探索,教师一般在午间或放学前的半小时内对学生进行个别化辅导。教师改变个别辅导的方式,不再直接指出学生的不足,而是通过画出问题的方式,不提供修改方案,让学生自行进行订正。即便是通过社交媒体留言进行辅导,教师也采用了留白的方式,每次留言仅指出错误而不提供具体修改方案,鼓励学生充分思考。

在下一条留言中,教师详细回复了修正方案,这一策略在线上教学环境中取得了积极效果,不仅提高了教师的面批效率,而且有效地提高了学生的独立思考能力。

第三,改变师生交流方式。在与学生的交流中,建设性的建议往往比批评更为有效。教师应该注意保护学生的自尊心和上进心,尽量避免对个人进行过多的批评。在评析试卷时,更应集中注意于某种错误的现象,而不是针对个体。即使学生成绩不理想,教师也应该在给予建议的同时,充分挖掘他们身上表现良好的方面,强调学生的强项,并提出一些建设性的建议。表扬要具体,教师可以指出学生在文章中表达清楚的地方,并在肯定的基础上提出进一步改进的建议。为了激发学生的学习热情,教师还可以在适当时候推送一些与学科学习相关的知识,帮助学生提升综合素养。这种交流方式有助于防止学生彻底放弃,保持他们前行的勇气,为成功铺平道路。

第四,指导学生记录学习小档案。为了引导学生自我提高,教师应当指导学生将错题集升级为学习小档案。学生需要将问题进行归类整理,形成一份包含各类错误的档案。在每次练习之前,学生可以翻看自己的"前科",比如常见的动词不加"第三人称单数"、句型的时态选择错误、特殊句型的时态错误、时态前后不一致、主谓不一致、双谓语句、不能识别隐含被动等问题。如果学生能够每天进行日报、每周进行周报、每月进行月报,并在每次考试前整理档案,那么成功克服这些难题就变得更加有希望。这样的自我记录和梳理将帮助学生更系统地提高自己的学科学习水平。

这些引导学生进行反思性学习的举措,经过教师长期坚持的引导,学生逐渐改变对试卷讲评课的态度,学生答题态度更加严谨、从被动学习变成主动学习,并养成良好的学习习惯,相应的英语学习水平也得到提升。

五、提供丰富学科学习资源

自主学习理念中,教师角色是为学生提供丰富多样的学科学习资源,以激发学生主动学习的动力和能力。在当前网络时代里,网络资源是学科学习中不可或缺的丰富信息来源。教师可以引导学生利用网络搜索引擎、学术数据库等工具,主动查找与学科相关的优质资料和研究成果。这样的学科学习方式有助于培养学生对多元信息的筛选和分析能力,拓展学科学习的广度。另外,多媒体资料也是丰富学科学习资源的重要组成部分。通过引入图表、视频、音频等多媒体形式的学科资料,教师可以提供更生动直观的学科知识呈现方式,激发学生的学科学习兴趣。学生在利用多媒体资料时,能够培养自主学习的能力,通过视听等多种感官方式更好地理解和记忆学科知识。

市西中学在 TeachAI 网学平台上提供语法知识、文化知识、教材教学、学科活动、学习方法等多个板块的英语学科学习资源,以满足不同层次、不同学习习惯的学生的需要。系列视频分别重点关注语言能力、文化意识、思维品质的培养,提升学生的自主学习能力。

第六章　追求有价值的教学创新实践

追求有价值的教学创新实践应包含"教—导—学"的过程。在"为深度学习而'教'"的过程中,教师不仅要传授知识,更要启发学生深度思考,引导他们构建和理解大概念以及知识之间的关联性。教师创设积极的环境,以激发学生的学习兴趣。在"为探究学习而'导'"的阶段,教师转变为学生学习的导航者,通过设计一系列探究性的任务和活动引导学生探索和解决问题,从而培养他们的主动性和创造性。在"从'教'走向'学'"的过程中,教师应倡导并尊重学生学习的主体地位,使学生能够根据自己的兴趣和需求来开展和管理自己的学习。有价值的教学创新实践是一个复杂而富有挑战性的过程,需要教师和学生的共同努力,以实现从深度学习、探究学习最终过渡到自主学习的目标。

第一节　为深度学习而"教"

为深度学习而"教"旨在探讨如何通过教学实践来促进学生的深度学习。在为深度学习而"教"的过程中,教师不仅仅是知识的传授者,还应该成为学生学习的引导者和激励者。教学实践中,教师需要积极倡导并践行启发式教学方法,通过设计富有挑战性和启发性的学习任务,激发学生的学习兴趣和动力。教师还应注重学生的个性化需求,根据不同学生的学习特点和能力水平,设计个性化的学习计划和教学策略,以促进每个学生的深度学习。同时,教师也可以不断反思和改进自己的教学方法和手段,适应不断变化的教育环境和学生需求,实现教学质量的持续提升。这样的教学实践,可以有效促进学生的深度学习,培养他们的批判性思维和解决问题的能力,为其未来的学习和发展奠定坚实的基础。

在高中英语教学中,词汇和阅读是两个不可或缺的重要的教学组成部分。二者相互交织、相互促进,共同提升学生的语言能力和综合素养。

词汇是语言学习的基础,是学生进行语言表达和理解的基本单元。词汇教学中,教师应注重词汇的系统性和深入性教学,帮助学生掌握常用词汇及其用法,扩展词汇量,提高语言表达的准确性和丰富度。为了激发学生的学习兴趣和增强记忆效果,还可以运用多种多样的教学方法,如词汇游戏、词汇拓展活动、词汇卡片等,让学生在轻松愉快的氛围中学习词汇,提高学习效率。

阅读是提高学生语言能力和综合素养的重要途径。阅读不同类型的文本,学生可以积累丰富的语言材料,提高语感和语境理解能力。因此,教师应设计多样化的阅读任务,如阅读理解、阅读写作、文学欣赏等,满足学生不同层次的阅读需求。同时,教师还应注重培养学生的阅读策略和阅读技巧,如预测、推测、归纳、概括等,帮助他们提高阅读速度和理解深度。

以下通过词汇教学、阅读教学中的具体案例对"为深度学习而'教'"进行概述。

一、词汇教学——建立词汇网络

词汇是语言的基本组成单位,负责传达具体的含义和信息。没有良好的词汇掌握,即使理解了语法规则,也难以进行有效的表达和沟通。因此,词汇学习在英语学习过程中至关重要,贯穿始终。通过不断地积累和扩展词汇量,学生可以逐步提高自己的语言表达能力,并且更加准确地理解和运用语法规则。词汇网络作为词汇教学中的一种新型方法,有利于学生构建词汇概念地图。

通过词汇网络的方式,将词汇按照其语义关系、词性分类等进行组织和连接,帮助学生更加系统地理解和记忆词汇。学生可以将相关的词汇进行分类和归纳,建立起词汇之间的关联,形成完整的词汇网络。这一概念地图可以帮助学生清晰地了解词汇之间的内在关系,有助于他们更加深入地理解和应用所学的词汇知识。同时,这种地图形式直观清晰,易于学生理解和使用,帮助他们更加有序地进行词汇学习和复习。通过不断地更新和完善词汇概念地图,学生可以逐步建立起自己的词汇知识体系,为英语学习打下坚实的基础。

在深度学习大概念建构英语学习方面,教师不仅要向学生传授知识,更要引导学生深入思考和探究语言背后的深层次意义。通过引导学生分析语言的语境、用法和含义,激发他们的学习兴趣和思考能力,帮助他们建构起对英语学习的深度理解。通过这种形式有助于学生掌握知识,还能够培养他们的批判性思维和创造性思维能力,提高他们的综合素养和学习水平。故在词汇教学中,教师可以运用词汇网络的方法,通过构建词汇之间的关联,实现深度学习大概念的建构,帮助学生更好地理解和记忆词汇,引导学生深入思考和探索英语学习的本质,提高他们的学习效果和学习动力。如下以词汇网络教学法的具体应用案例进行分析。

案例一:

长期以来,在英语教学中如何让学生识记大量的单词一直是英语教师关注的焦点之一,单词量往往是被用来衡量一个人的英语水平的很重要的标志,课程标准中对于每一阶段的学生单词量的规定也是其中的重要内容之一。《普通高中英语课程标准(2017

年版 2020 年修订)》中要求高中毕业生最低要掌握 2 000～2 100 个单词(必修),同时鼓励学有余力的学生达到甚至超过 4 000～4 200 个单词的词汇量(选修-提高类),这无疑对高中的英语教学提出了很高的要求。而我们在现实的教学中总是看到这样的尴尬现象:学生背单词的时候总是前背后忘,而在运用时又感到一筹莫展。这个现象产生的根本原因还是在于传统的词汇教学缺乏比较完善的体系。传统的词汇教学一般有两种模式:一是基础阶段在阅读中的教学词汇;二是根据词汇手册进行集中的词汇教学。在基础积累阶段,由于受到课文篇章的限制,每一单元里出现的词汇往往更具有偶然性而留下很多词汇知识的盲区;而在复习巩固阶段,我们发现大部分词汇手册都是按照字母顺序进行编排的,这些词汇在书籍的编排上前后没有任何逻辑联系。无论是基础阶段还是提高阶段,目前的词汇教学都存在着这样的问题:输入词汇的过程缺乏一定的系统性以致学生掌握起来困难重重,因为没有形成系统性的零散知识点在缺乏相互联系的情况下很难储存为长时记忆,而在运用时由于学生对这些相互独立的词汇知识缺乏整理归纳而不能够做到融会贯通。

针对以上现象,教师可以探索一条行之有效的词汇教学道路,引导学生构建大概念,改变词汇学习中的死记硬背现象,认识到知识应该怎样有效地组织,围绕含义较广且可迁移的大概念,在学习的过程中把英语单词进行归纳和整理,使之成为有系统而相互联系的知识体系。

(一) 在课堂教学中的实践

以上教版英语必修一 Unit 2 Places 为例,在词汇复习课上教师可以通过以下方法引导学生建立词汇网络。

1. 把单个的单词发展成短语进行学习(Single Word—Expression)

比如文中出现了 set 这个词,教师可以引导学生在课文中搜索词块,那就是 set out on his famous travels,然后要把这个词组用到写作中去的话还要再往前走一步变成与话题写作相关的短语,即 set out on the last stage of their journey,然后再发展成句子就水到渠成了,The spirited students set out on the last stage of their journey。接下来让学生进行练习,给了课文中另一个词 must-see,学生造出 must-see cities, must-see museums 等,并在此基础上组词成句。

2. 把搭配发展成搭配链进行记忆(Collocation—Collocation Chain)

文中出现了 historic sites 这样的搭配,教师可以引导学生发挥充分的想象"造出"很多其他的搭配,如:archaeological sites, camping sites, building sites, manufacturing sites 等。在接下来的操练过程中教师可以给学生一个词 golden,学生由课文中的 a golden age 迅速联想到了以下的搭配链:a golden chance, a golden opportunity, golden days 等。

3. 从原词联想到其同义词进行替换练习（Original Word—Synonym）

课文中作者用 important 来形容文艺复兴时期佛罗伦萨涌现的科学发现,教师可以让大家集体动脑筋搜索所有可以用来替换这个词的同义词,结果出人意料的是学生积累了很多这样的同义词：essential, crucial, significant, critical, vital, major, great, fundamental 等。课堂进行到这里学生都很有兴趣,特别是那些英语基础比较薄弱的学生都觉得很有趣而且也不难,更加期待着后面老师新的内容。然后,教师可以让学生自己想,既然可以联想同义词来记忆整理那么接下来还可以怎么归纳呢? 于是很自然过渡到第四种归纳途径。

4. 从原词联想到反义词进行归纳（Original Word—Antonym）

如文中出现了 valuable,学生马上给出了他们的反义词 valueless, worthless 等。但是对于有些词来说一下子去找到反义词可能会有些困难,可以先联想起它的同义词再去联想反义词,如：[S] valuable/[S] worthy/[S] precious——[A] valueless/[A] worthless 等。这时教师可以给出 Tips: You may consider the synonym first in case you fail to figure out the antonym directly.（可以先考虑同义词以防万一想不起反义词）

5. 通过联想相似结构来记忆词块（Original Lexical Chunks—Similar Structure）

如文中出现了 14 kilometres in length 这样的词块,在教师的点拨之下大家联想起来很多类似结构：2 kilograms in weight, 4 feet in height, 10 inches in width 等。上课进行到这里有些善于动脑筋的学生已经按捺不住了,大声提醒教师道：我们不是常常通过前缀后缀来识记单词的吗? 于是第六种与前缀后缀有关系的方法应运而生。

6. 通过词形转换来记忆单词（Word Family—Word Transformation）

如课文中的 originally,通过还原词根而改变后缀的办法可以派生出：origin, original, originate, originality 等。除了改后缀还可以加前缀来派生新的单词,阅读中也可以根据这种规律来推测生词的含义。

7. 通过词性和词义转化来归纳整理（Conversion—Part of Speech and Meaning）

学生对于 remain 作为动词的用法较为熟悉,而课文中出现了"the remains of the Daming Palace",其中 remains 作名词,表示"遗址"的意思。所以,关于这个词,可以整理归纳以下词块进行记忆：

v. remain silent/alert/standing/seated

remain the manager of the club

Much remains to be done.

n. the remains of the Daming Palace

prehistoric remains

8. 通过相似拼写或读音（similar spelling or pronunciation）进行记忆

教师常常遇到学生误将 assess 当成 access,其实学习时如果就放在一起进行归纳,专门去整理具有相似读音或拼写的词那么运用时就不会出错。文中的 statue 这个词,如果发挥联想可以想到具有相似拼写的 status 这个词,这样在记忆时特意放在一起,自然运用时就不会再搞混。

至此,教师可以用图 6-1 所示的结构图表示在建立词汇网络时可遵循的一些规律:

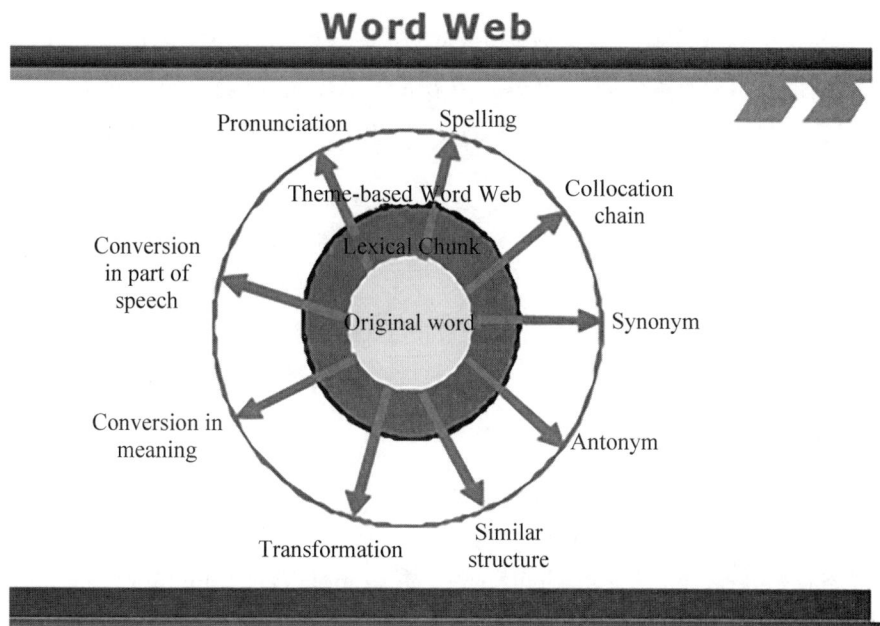

图 6-1

(二) 利用拓展阅读的平台引导学生建立词汇网络

除了在课堂上对学生进行词汇网络意识的培养,教师还可以利用其他平台以类似的方法引导学生。如在处理《上海中学生英文报》(*Shanghai Students Post*)上题为"A shout out to rural teachers"这篇文章时,文中有关于 social problems 的这样的语段:

Many farmers have migrated to big cities to look for work.

These children who have been left behind have no choice but to drop out of school.

教师引导学生进行发散,在讨论阶段生成了这样的语段:

Migrant workers go to seek fortune in a metropolis like Shanghai.

These left-behind children may suffer emotionally and there is a high dropout rate among them.

These dropouts are in great need of encouragement and emotional support.

总之,进行发散的手段(参见图 6-1),有搭配链、同义词、反义词、类似结构、词形转换、词义和词性转换和类似读音拼写等。

（三）培养学生的网络意识，教师必须做好示范

要帮助学生构建词汇网络绝非易事，但是智慧的教学会使学生聪明。教师若能在日常教学过程中注意先把词汇按照主题进行分类，再进行发散然后形成网络，上课时就能因势利导，对学生进行潜移默化的影响从而达成培养学生的网络意识的预期效果。

例如在教授上教版英语必修二 Unit 2 Roads to education 时，教师可以把这一课的主题确定为 Education（传道授业），然后把学生所有学过的和高考词汇手册里出现的相关词汇进行整理并进行发散，最后把相关主题词分成以下八类。每个词在进行相关的拓展后变成搭配及搭配链然后按同义词、反义词、相似结构等方法再让相关的词汇形成网络。这八类词分别为：

1. 引导激励——动词

educate—educate teenagers

foster—foster children/foster children's language skills

motivate—motivate the students

stimulate—stimulate the students to succeed

arouse—arouse students' interest/awareness

instruct—instruct the student in English

encourage—encourage the students to explore more solutions

guide—guide the students through the difficulties

引导激励——名词

education —have a right to public education

　　　　　—have access to educational resources

instruction—students receive instructions in first aid

guidance—give the students guidance on composing an essay

2. 出席缺席

attend—attend college/the class/a meeting/a wedding ceremony

present—be present at the meeting

absent—be absent from school

absence—the monitor will be in charge during the teacher's absence

3. 入学转学

enroll —enroll at the university/on an evening course

　　　　—enroll new students

admit—admit the prospective students to the key school

transfer—Mike's father transferred him to a better school

4. 课程与学校

curriculum/course/lesson/compulsory/courses/elective/optional courses/

extracurricular/extra/credit/activities/semester/major/

subject/minor/major/specialize in/tutor/tutoria/centre/

campus/college/university/primary/elementary/secondary/senior/junior/institute

5. 后勤保障

accommodation—boarding schools provide accommodation for students

dormitory—you must sign in when you come back to the dormitory

equip—equip the classroom with overhead projectors

canteen/cafeteria

6. 理解讲解

argue/debate/explain/illustrate/illustration/comment/criticize/command

7. 预习复习

recite/memorize/consult/review/revise/preview

8. 学业与成就

possess—possess an unusual ability

enlarge—enlarge one's vocabulary

extensive—do extensive research into the effect of stress

drop—drop out of school

academic—academic performance/achievement

undergraduate/graduate/bachelor/genius/talent/intellectual

学生在英语学习的过程中,由于教师一直进行词汇网络的指导性学习,他们所学到的单词不是孤立的,而是每一次出现都是连同这个词的周围环境即上下文一起学习,并在复习的过程中得到激活,而基于大概念建构的网络化学习又使得词语在学习的过程中由于常常因为联动关系而得到反复激活,从而使得词语更加容易被储存为长时记忆。

日常教学中,教师的引导作用举足轻重。首先,教师本身要有建立词汇网络的意识,并唤起学生的词汇网络意识,有意识地帮助学生识别和习得大量词块并形成网络,从而达到有效输入的目的。如果教师长期坚持这样引导学生进行归纳整理,他们就会按规律记忆,而在运用中也会由于有章法可循而不至于无从下手,无论是限时写作还是即时对话都能够得心应手。其次,学生的阅读和听力理解能力会得到大幅度的提高,在书面及口语表达中也不需要为了运用某个词而临时组织某个单词前后的搭配,有效避免中式英语的表达。

根据恩尼斯的观点,把琐碎的信息组合成有体系的整体,把随机的、没有联系的知识片段通过归纳整理成系统的,有联系的知识体系就是高阶思维能力,而这正是我们在教育教学过程中追求的最高境界。

(四) 案例教学经验总结

结合上述教学案例,在应用词汇网络进行词汇教学中,有助于学生更有效地学习和掌握大量单词,提高他们的语言表达能力和沟通能力。因此,以下案例总结了几点教学经验,这些经验也是深度学习大概念建构英语学习的重要路径。

1. 构建关联性

构建词汇体系能够有效地帮助学生提高词汇量和语言表达能力。通过引导学生将单词扩展成短语或句子,建立词汇网络,激活学生的联想能力,帮助他们更好地理解和运用词汇,提高语言表达的流畅度和准确性,达到提高整体语言水平的目的。

在上述案例中,教师采用多种方式来激活学生的联想能力,以构建词汇的关联性。教师将单词扩展成短语或句子的方式,帮助学生理解词汇在不同语境中的使用。例如,教师选择一些关键词汇,要求学生在阅读文本或听力材料中找出这些词汇的常见搭配和固定搭配,让学生将单词与具体的语境联系起来,加深记忆。教师还通过词汇网络的方式,让学生在词汇学习中建立更为系统和有机的联系。例如教师引导学生将相似的词汇进行分类,再构建词汇网络,使学生能清晰地看到各个词汇之间的关联性。通过这种方式,学生能深入地理解词汇之间的联系,更好地记忆和运用这些词汇。

2. 激活联想

激活联想是提高学生词汇学习效果的有效方法之一。教师通过构建词汇网络的方式,引导学生联想同义词、反义词、相似结构和词形转换等,扩展他们的词汇量,加深对词汇的理解。在上述案例中,教师通过多种方式激活学生的联想能力,取得了积极的效果。

教师通过引导学生联想同义词来扩展词汇量。以课文中的关键词为例,教师可以要求学生找出同义词,并进行相关的词汇拓展。例如,在讨论"important"这个词时,学生可以联想到"essential""crucial"等同义词,扩展了他们的词汇量。通过这种方式,学生不仅能够记住原词,还能够掌握更多与之相关的同义词,提高了词汇的运用能力。

教师引导学生联想反义词,通过反义词对比让他们更好地理解词汇的含义。例如在课堂上,教师可以提供一个词语,要求学生找出其反义词,并进行相关的拓展。在讨论"valuable"这个词时,学生可以联想到"valueless""worthless"等反义词,并通过相关的练习加深对这些词汇的理解。通过这种方式,学生能够更全面地掌握词汇的含义,提高他们的词汇理解能力。

3. 分类归纳

词汇教学中,分类归纳帮助学生将大量的词汇按照主题进行整理,形成有系统的知识体系。教师在此过程中引导学生将词汇按主题分类,形成词汇网络,以加深他们对词汇之间关系的理解,更好地记忆和运用这些词汇。

在上述案例中,教师通过引导学生将词汇按主题进行分类,帮助他们建立了词汇网络。例如在课堂教学中,教师选择了一个具体的主题,如"Education(教育)",将与这个主题相关的词汇整理归纳,形成词汇网络。通过这种方式,学生可以清晰地看到各个词汇之间的联系,理解它们的含义和用法。教师也可以引导学生将相关的词汇进行搭配,形成固定的词组或短语。例如,教师可以让学生根据主题词汇进行搭配练习,帮助他们更好地记忆和运用这些词汇。通过这种方式,学生不仅可以提高词汇量,还可以提高语言表达的准确性和流畅度。

4. 拓展阅读

拓展阅读是词汇教学中不可或缺的一部分,可以帮助学生提高词汇量、拓展词汇网络,并且提升他们的语言表达能力和跨文化交际能力。扩展阅读时,除了课堂教学,教师应该利用拓展阅读的平台,引导学生构建词汇网络。

通过拓展阅读,学生可以接触到更多不同主题和领域的文章,扩展他们的词汇量和语言表达能力。例如在利用《上海中学生英文报》时,教师选择与课程内容相关的文章,让学生进行阅读和讨论。通过这样的活动,学生不仅可以学到新的词汇,还可以了解到不同的文化和社会背景,提高他们的跨文化交际能力。除了传统的阅读材料,教师还可以引导学生阅读网络文章、博客、社交媒体等多种形式的文本,丰富学生的语言输入。借助多样化的阅读材料,学生可以更好地理解和运用词汇,提高他们的语言水平。在拓展阅读的过程中,教师还可以引导学生进行词汇网络的建立和拓展。例如,在阅读文章时,教师可以提供一些相关的词汇,让学生根据上下文进行归纳和整理,形成词汇网络。通过这样的活动,学生可以更深入地理解词汇之间的关系,从而提高他们的语言运用能力。

5. 示范引导

词汇教学中,教师的示范引导对学生构建词汇网络至关重要。通过在课堂上的示范和实践,教师可以帮助学生建立正确的学习思维和方法,提高他们的词汇记忆和运用能力。因此,教师应该积极利用各种教学资源和方法,为学生提供有效的示范引导,帮助他们构建更加丰富和有机的词汇网络。

在上述案例中,教师通过示范的方式向学生展示如何构建词汇网络。例如,教师明确了一个主题,然后列出相关的词汇,并引导学生将这些词汇按照主题分类,形成一个有机的词汇网络。在这种示范作用下,学生能清晰地看到词汇之间的联系和关联,从而理解和记忆这些词汇。

教师也可以通过示范的方式向学生展示如何扩展词汇网络。例如教师可以选择一个词语,引导学生联想出与之相关的同义词、反义词、相似结构等,扩展词汇网络的广度和深度。通过这样的示范,学生可以学会如何利用联想和归纳的方法扩展自己的词汇网络,从而更好地应对各种语言运用的场景。另外,教师还可以通过示范的方式向学生展示如何在实际运用中应用词汇网络。例如,教师设计出语言任务,要求学生运用词汇网络中学到的词汇进行写作、口语或听力练习。在这种示范带动下,学生可以理解词汇网络的实际运用意义,增强他们的语言表达能力。

二、立足单元主题语境,充分挖掘生活价值

在教学实践中,以单元主题为中心并深入探索与之相关的生活价值,能使学习内容更具意义和实用性。这种教学方法注重将课程内容与学生的实际生活联系起来,让学生能够在学习中体会到知识的实用性和价值。通过这种方式,教师能够激发学生的学习兴趣,提高他们的学习动机,并帮助他们更好地理解和应用所学知识。

阅读教学的目的不仅在于传授语言技能,更在于培养学生的综合素养,让他们能够在日常生活中运用所学知识解决问题,形成正确的价值观念。因此,教师需要注重让学生在阅读教学中感受到生活的意义,将所学知识与实际生活情境相结合,从而实现"为具有生活价值的学习而教"的目标。在阅读教学中,学生不仅仅是被动的接受者,更是参与者和建构者。通过教学设计中的实践性活动和跨学科知识的融合,学生得以将所学知识应用到实际生活中,增强他们的学习体验和学习兴趣。同时,通过多样化的评估方法,教师能够全面了解学生的学习情况,及时发现问题并给予帮助,促进学生的全面发展。通过阅读教学,学生不仅仅是在提升语言能力,更是在培养批判性思维、创造性思维和解决问题的能力,为他们未来的生活奠定良好的基础。

案例二:Food for thought: The good, the bad and the really ugly(阅读第二课时)

(一)案例背景

在单元"Choices"中,语篇 Food for thought: The good, the bad and the really ugly 聚焦于人与自然语境中的人与环境、人与动植物等子主题,对于提升学生对人与自然关系的理解和应用水平具有重要意义。作为阅读第二课时,本节课应在学生知道语篇主题、领会语篇主要内容、分析语篇结构的基础上,引导学生进行深度学习,关注应用、评价、创造等认知层次。

本节课着重挖掘单元和语篇中的生活价值。在本节课的教学设计中,教学内容与学生的实际生活紧密相连,设置了与环保主题紧密相连的课堂活动,如模拟超市购物中面对两种商品时如何选择的情景(如图 6-2),以激发学生的探索兴趣,启发学生提取所学知识将其应用到真实情景中的新问题里,评价不同选择对环境保护的不同影响,以创新的视角思考和评判环保食物选择的标准,提高解决问题的能力,实现知识的综合应用和实践转化。

图 6-2 课堂教学中设置的真实情景

本节课的授课对象是高一科技创新班的学生,班级整体的英语基础较好,学生上课积极活跃,思维敏捷,乐于在课上积极表达自己的观点。对于食物的碳足迹,学生有一定的相关知识储备和生活经验,但对语篇的主题意义仍有较大的探索空间。学生通过化学学习熟悉二氧化碳的概念,但对新学习的碳足迹这一概念较为陌生;在日常生活中,学生常会把食物分为健康食物和不健康食物,但不熟悉根据食物对环境的影响来区分食物;学生大多参加过保护环境的活动,但在如何通过日常食物选择来保护环境方面缺乏指导。基于以上对学生已知晓和想了解内容的分析,教师认为在本课中应引导学生深入思考食物选择对环境的影响,进一步提高对健康生活方式的认识,并在日常生活中从食物选择做起,开始关注人类食物选择对环境的影响。此外,该班学生已有在英语课堂上利用平板电脑参与课堂活动的学习经历,并在"思维广场"小组项目设计中尝试过海报设计,因此具备简单设计一页 PPT(即电子海报)辅助语言输出的基本条件和技能。

(二)教学设计

课文标题	Food for thought:The good, the bad and the really ugly(阅读第二课时)
单元名称	Choices
教材版本	上教版英语必修一
授课年级	高一
教学设计理念	

《普通高中英语课程标准(2017 年版 2020 年修订)》指出,英语教学不仅要发展学生的语言能力,而且要使他们通过语言学习来获得跨学科知识和生活经验。英语教材是学生接触和学习英语语言的重要材料,也是学生了解世界,认识社会,形成正确的价值观念,培养积极的情感态度的重要途径。本节课以教材主题"人与环境、人与动植物"为依托,围绕环保的食物选择展开阅读第二课时的教学。在教学各环节中,教师着重设置贴近日常生活的真实情景,引领学生更深刻地理解主题意义,认识其具备的高生活价值,并获得启迪,愿意在生活中践行正确的环保价值观念。

教学内容分析

Food for thought: The good, the bad and the really ugly 以食物碳足迹为主题,通过举例子、列数字、比较与对比等方式,揭示食物里程、包装和生产对环境产生的影响,点明改变个人食物选择所能带来的改变。本节课的教学旨在引导学生深度解析文本,以真实情景的设置引发学生关注"环保"这一重大议题在生活中真实的体现,鼓励学生选择更环保的食品消费方式。

过程分析

　　本节课主要以两条线索贯穿教学设计:一是基于教材的深度阅读,二是对主题意义的深挖。

　　首先,基于教材 deep reading 部分所给的四句句子,以及教材中关注举例子、列数字的写作技巧这一提示,课堂进行了深度阅读,以师生问答、小组学习等方式引导学生总结文中所用的写作技巧。

　　随后,课堂关注对主题意义的深挖。本节课旨在引发学生真切地感知食物选择对环境的影响,认识到日常生活中一个小小的思考和选择对"环保"这一重大议题有所贡献。因此,课堂活动中设计了和主题意义密切相关的语境,设置了在超市中看到两种商品应该如何选择的情景,引导学生创新性地思考环保食物选择的标准。

　　最后的小组活动将两条线索进行合并,让学生学以致用,依据列出的选择标准,做一个核对清单,并且应用所学的写作技巧来说服他人,结合制作的电子海报做出展示,进一步将课文的主题与生活建立密切关联。

教学目标

1. Identify the writer's purpose of writing by studying the writing techniques used in the passage and their function.
2. Conclude different standards for eco-friendly food choices in daily life.
3. Make changes in daily food choices by taking the environmental impact into consideration.

教学重难点

1. Identify what the writing techniques used in the passage are and why the writer uses them.
2. Realize the link between the food choices in daily life and the environmental impact of food by reflecting on real-life situations.

教学过程				
Stage	Time	Teacher's Activities	Students' Activities	Purposes
Reviewing	3 minutes	Encourage students to retell the passage.	Quickly go through the passage, and then retell it.	To help students get more familiar with the content and prepare them for the following tasks.
Deep reading	17 minutes	1. Guide students to study the writing techniques used in the first sentence with the help of the recording of two native speakers interpreting the sentence.	1. Listen to the native speakers' interpretation of the sentence, and take notes while listening. Then identify the writing techniques and explain their function.	1. To help students discover that the argument is built by means of illustration, statistics, comparison and contrast, and good use of punctuation marks.

		教学过程		
Stage	Time	Teacher's Activities	Students' Activities	Purposes
		2. Lead students to study what the writer tells us, why the writer mentions the information and how the writer tells us in the second and third sentences. 3. Encourage students to conduct Q and A in pairs to study the fourth sentence.	2. Read the sentences and think about the "what" "why" and "how" questions. 3. Study the sentences by asking and answering "what" "why" and "how" questions in pairs. Take notes when the selected pairs are demonstrating.	2. To enhance students' ability to understand the writer's purpose of writing based on a deep understanding of the passage.
Taking action	20 minutes	1. Encourage students to share their standards for eco-friendly food choices based on real-life situations. 2. Invite students to use tablets as aids to make checklists for eco-friendly food choices. 3. Invite several groups to demonstrate their presentation. 4. Encourage students to reflect on what they have learned from the passage.	1. Review the standards for eco-friendly food choices listed in the passage. Then share their standards and state the reasons. 2. Based on the previously listed standards, make checklists for their daily food choices, and use at least one of the techniques they have learned to convince others with the help of the slides made on their tablets. 3. Take down notes while listening. 4. Conclude what changes they have made in food choices after reading the passage.	1. To help students make real-life connections with the content, and to provide scaffolding for the following task. 2. To encourage students to make changes in daily food choices by taking the environmental impact into consideration. 3. To let students practice their oral English, group cooperative learning and the capability of making good use of technology while learning.
Homework		1. Think about one bad or really ugly food you have eaten in the past month. Then write 3 – 5 sentences to persuade your family and classmates not to buy it anymore. Use at least one of the writing techniques you have learned today. After you finish writing, read it to one family member and one classmate, and then invite them to leave brief comments on your argument. (Hand in the writing and comments in three days.) 2. Share your notes on the worksheet in your group. Then choose the notes that you think are the best in your group and try to summarise 1 – 2 suggestions on how to take notes in class efficiently. (Share your findings in the next class.)		1. To apply what has been learnt in the class to real-life experience, and to spread the idea of eco-friendly food choices. 2. To conclude the note-taking techniques and to learn from peers on note-taking.

（三）评估方法

本节课的评估方法聚焦核心素养，通过课堂活动和课后作业，主要评估学生在语言能力、思维品质、学习能力等维度的表现。在语言能力维度，课堂中深度阅读句段并分析的小组活动和分享交流，旨在评估学生推断作者意图、态度和价值取向的能力；在课堂的最后一项学习活动中，教师邀请学生总结课堂学习后产生的食物选择的改变，旨在评估学生能否提炼并拓展主题意义，准确得体地传递信息，表达个人观点和情感。在思维品质维度，课堂活动引导学生在理解文中所提食物选择标准的基础上，创新性地提出更多选择标准，旨在评估学生能否根据所获得的综合信息，归纳、概括食物内在形成的规律，建构新的概念；第一项作业则引导学生使用所学的写作技巧和环保知识，劝说家人和同学不再购买某种不环保食物，旨在评估学生能否在实践中将获得的综合信息和建构的新概念用于处理、解决新的问题，从多视角认识世界。在学习能力维度，课堂中的多项学习活动以两人或四人小组的形式展开，旨在激发学生的学习热情和团队合作精神，评估学生在合作学习中分享心得、交流看法的能力；第二项作业则引导学生通过小组交流和评价，有意识地监控、评价自己记笔记的表现，并反思调整，旨在评估学生有效运用元认知策略的能力。

（四）教学反思

本节课在探索挖掘生活价值方面做出了一定探索，但在教学设计上仍有一些不足。首先，从课型上来看，本节课作为阅读课的第二课时，在教学设计中应聚焦更深层次、更具有批判性思维的问题。在深度阅读中，除了推断作者意图、态度和价值取向，教师也应当引导学生批判性地审视语篇的内容、观点、情感态度和文体特征，以发展更高阶的语言能力。此外，从学生视角上来看，教师应当在教学中更加突出学生的主体地位，更多地鼓励学生自己提出问题、解决问题，以此帮助学生提高在高中英语学习中切实独立解决学习问题的能力。

附：学生学案

Task sheet

I. Deep reading

1. Listen to the native speakers' interpretation of the sentence, and take notes while listening. Then answer the following two questions according to their interpretation.

➢ **What** does the writer tell us?

➢ **Why** does the writer mention the information?

> (1) In the UK, we don't recycle all our packaging; we throw away more than 30% of it.

Notes

2. Read the sentences and think about the following three questions.

➤ **What** does the writer tell us?

➤ **Why** does the writer mention the information?

➤ **How** does the writer tell us?＝＞Writing techniques

(2) Luckily, we don't need to package food like bananas, but food like grapes needs protection.	
What	
Why	
How	

(3) So my grapes are from Spain, but at least they grew in natural sunlight. In the UK, people grow grapes in heated greenhouses, which means our grapes are less energy-efficient.	
What	
Why	
How	

3. **Pair work:** Discuss the sentence with your deskmate by asking and answering the following three questions.

➤ **What** does the writer tell us?

➤ **Why** does the writer mention the information?

➤ **How** does the writer tell us?＝＞Writing techniques

(4)In the USA, cows create the same amount of greenhouse gases as 20 million cars!	
What	
Why	
How	

II. Taking action

1. Standards for eco-friendly food choices

> Notes
>
>

2. Checklists for eco-friendly food choices

Group work:

① Put forward 1 – 2 suggestions for eco-friendly food choices based on the listed standards.

② Scan the QR code for the slide template. Make a slide on your tablet.

③ Use at least one of the writing techniques you have learned to convince others.

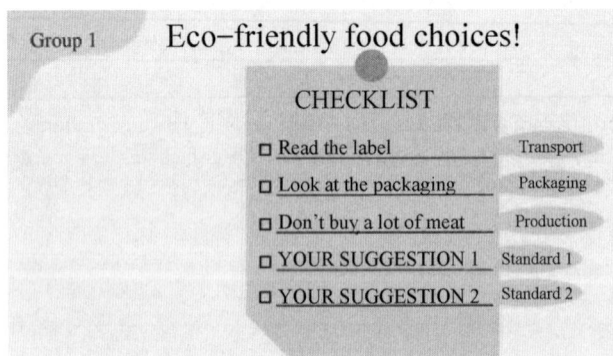

Group 1   **Eco-friendly food choices!**

CHECKLIST

☐ Read the label   Transport

☐ Look at the packaging   Packaging

☐ Don't buy a lot of meat   Production

☐ YOUR SUGGESTION 1   Standard 1

☐ YOUR SUGGESTION 2   Standard 2

> Notes
>
>

Assignments

1. Think about one bad or really ugly food you have eaten in the past month. Then write 3 – 5 sentences to persuade your family and classmates not to buy it anymore. Use at least one of the writing techniques you have learned today.

After you finish writing, read it to one family member and one classmate, and then invite them to leave brief comments on your argument.

（Hand in the writing and comments in three days.）

2．Share your notes on the worksheet in your group. Then choose the notes that you think are the best in your group and try to summarise 1 - 2 suggestions on how to take notes in class efficiently.

（Share your findings in the next class.）

（五）教学经验总结

上述案例,在阅读教学中强调了挖掘生活价值,通过与学生日常生活密切相关的情景设置和任务设计,引导学生深入思考课文中所涉及的主题,并将所学知识应用到实际生活中。为具有生活价值的学习而教,需要教师在教学设计和实施中注重培养学生的批判性思维、自主学习能力和实践能力,同时结合跨学科知识和生活经验,通过多样化的评估方法全面了解学生的学习情况。该案例教学中,有如下几点值得深思与学习。

1. 深度阅读和批判性思维

深度阅读和批判性思维是英语教学中至关重要的能力,它们不仅帮助学生更好地理解文本,还培养了他们独立思考和分析的能力。在上述案例中,教师精心设计的教学活动和任务,有效地促进了学生的深度阅读和批判性思维能力的发展。

教师引导学生对课文进行深度阅读,结合听力材料和小组讨论的形式,帮助学生逐步解析文本中的写作技巧和表达方式。这种针对性的阅读训练使学生能够更全面地理解作者的意图和观点,同时培养他们对文本结构和语言特点的敏感性。教师在课堂中注重引导学生对文本内容进行批判性思考。通过提出问题、展开讨论和分享观点的方式,学生被激发出对文本的深层次思考,从而发展对文本内容、观点和情感态度的独立判断能力。这种批判性思维的培养不仅提升学生的语言能力,还为他们的学习和生活提供更加丰富的思维工具。

2. 学生主体地位

上述案例中,教师在教学设计中一直凸显学生的主体地位。教师通过创设学生主导的学习环境和任务,鼓励他们积极参与并主动思考,促进了学生的自主学习和问题解决能力的发展。

教师在课堂设计中注重学生的参与性和主动性。通过设置小组讨论、学生分享和实践性任务等形式,鼓励学生发表自己的观点、提出问题,并与同伴进行交流和合作。这种学生主导的学习方式激发了学生的学习兴趣和积极性,使他们成为学习过程的主体。另外,教师在教学过程中充分尊重学生的思维和表达方式,通过鼓励学生分享个人见解、提出独立观点,让学生充分地自由表达,学生的思维和创造力得到充分发挥。这种教学方式不仅培养学生独立思考和解决问题的能力,还增强他们的自信心。

3. 实践性活动

实践性活动也被巧妙地融入教学设计中,为学生提供将所学知识与实际生活联系起来的机会,增强他们的学习体验和学习兴趣。

通过实践性活动,学生可以将课堂所学的环保食品选择标准应用到真实的生活情境中。例如,在超市购物中面对两种商品时如何选择的情景模拟中,学生可以根据所学的环保标准来做出决策。这样的实践性任务不仅让学生感受到知识的实用性,还培养他们在实际生活中做出明智选择的能力。实践性活动能够激发学生的主动性和创造力。如通过平板电脑制作电子海报来展示他们的观点和想法,学生可以发挥自己的创意和技能,将所学知识以更具创新性的方式呈现出来。这样的实践性任务不仅能增强学生的学习兴趣,还能促进他们合作和沟通能力的发展。

4. 跨学科知识和生活经验

在上述案例中,跨学科知识和生活经验被有机地融入英语教学中,为学生提供更全面的学习体验和更深入的学习内容。

引入环保主题和食物选择的话题,教师将生物学、化学和环境科学等跨学科知识与英语学习相结合。学生在学习英语的同时,通过了解食物的碳足迹和环保标准,增强了对生物多样性和环境保护的认识。这种跨学科知识的融合不仅丰富了课程内容,还使学生能够更全面地了解世界,形成正确的价值观念。而与实际生活紧密结合的教学设计,学生可以将所学知识与自己的生活经验相联系。这种教学方法让学生在实际生活中应用所学知识,加深了对环保意识和食品选择的理解。同时,学生也通过此类活动更加深入地了解环境问题的现状和解决方法。

5. 评估方法的多样性

在上述案例中,教师采用多样化的评估方法,从语言能力、思维品质和学习能力等多个方面全面评估学生的表现,了解学生的学习情况,发现问题并给予及时帮助。

对语言能力的评估,教师了解了学生在语言表达和理解方面的水平。在课堂活动中,学生通过阅读、听力和口语交流等形式展现了他们的语言能力,教师可以通过观察学生的表现和听取学生的发言来评估他们的语言水平。对思维品质的评估,教师能了解学生在批判性思维、创造性思维和问题解决能力等方面的表现。在课堂活动中,学生可以分析文本、提出问题、参与讨论等,这些任务促进了学生的思维活动,教师可以通过观察学生的思考过程和参与程度来评估他们的思维品质。而对学习能力的评估,教师可以了解学生在学习过程中的表现和反思能力。在课堂结束时,教师鼓励学生总结课堂学习后产生的食物选择改变,以及对学习过程的反思,这有助于教师了解学生对课程内容的掌握情况和学习方法的有效性。

三、阅读教学——跨文化

阅读教学不仅仅是教授语言技能,还能培养学生的跨文化意识和文化素养,促进跨文化交流和理解。通过深度学习的教学改进,教师可以更好地引导学生理解不同文化背景下的语言使用和文化含义,从而提高他们的文化素养和跨文化交流能力。

在跨文化阅读教学中,教师应注重培养学生对不同文化之间的理解和尊重。选择涉及多元文化的阅读材料,引导学生了解不同文化背景下的语言使用、价值观念和行为习惯,拓展他们的视野和理解能力。同时,教师可以通过讨论和分享的形式,引导学生思考和探讨跨文化交流中可能出现的误解和挑战,培养他们的跨文化沟通能力。另一方面,教师还可以通过深度学习的教学方法,引导学生对文化差异的深入理解和思考。通过引导学生分析文本中的文化元素和隐含信息,帮助他们更加深入地理解不同文化背景下的语言和行为,培养他们的文化敏感性和批判性思维。同时,教师可以通过角色扮演、文化比较和实地考察等活动,让学生亲身体验不同文化之间的差异和联系,从而增强他们的跨文化交流能力。

案例三:

课文标题	People's Artist
单元名称	Art and Artists
教材版本	上外版必修三
授课年级	高一

教学设计理念
《普通高中英语课程标准(2017 年版 2020 年修订)》将高中英语课程目标凝练为有语言能力、文化意识、思维品质和学习能力构成的学科核心素养。本节课定位于高一学年第二学期,学生通过对教材第二单元 Reading A 人物生平介绍类记叙文 People's Artist 文本的理解、应用和迁移,实现高价值的学习。

教学内容分析
本节课的文本主要内容是介绍"人民艺术家"齐白石实至名归的艺术生涯。结构上,文本为总分结构,从"人民艺术家"着手,分别展开描述了齐白石的艺术成就和社会影响。语言上,文中多处运用形象生动的语言描写齐白石的绘画作品和绘画技巧。本文表面上是对齐白石的介绍,但深层次是反映中国艺术作品之美和中国艺术家人生追求之高尚。文章中传递出的中华文化之美和艺术服务于人民的价值观值得弘扬和传承。

过程分析
本节课采用读前—读中—读后三段式阅读教学模式。 读前:通过图片引出单元主题,同时在对话分享和游戏中激活学生的相关词汇,做好语言、话题和情感准备。 读中:首先,通过跳读识别文章类型、主要内容和结构。其次,通过表格和问题引导学生阅读文章的各个部分找到齐白石的基本信息、赏析齐白石的作品和作画风格、体悟齐白石作为人民艺术家的优秀品

过程分析

质。最后,教师再次引导学生细读,分析每个段落中的总—分结构,巩固总—分结构的相关知识。

读后:首先,学生通过应用实践活动——"分享齐白石最打动你的一个方面"练习使用总分结构和新习得的词汇,将接受性知识转换为产出性知识的同时,在思考和表达中逐渐认同和弘扬中华传统文化之美。其次,教师创设真实情境,学生在小组合作学习中尝试将本节课所学内容进行迁移创新以解决实际问题,并在欣赏和介绍艺术家的过程中感受文化差异和多样的美。

教学目标

1. Get the general information about Qi Baishi's artworks and social influences by skimming and scanning and build vocabulary on artworks and artists.
2. Appreciate the beauty of Chinese painting and understand Qi's artistic pursue by expressing their impression about him.
3. Apply what's been learned to introduce another Artist by writing short articles in groups using general specific pattern and expressions from this period.

教学重难点

1. Appreciate the beauty of Chinese painting and understand Qi's artistic pursue by expressing their impression about him.
2. Apply what's been learned to introduce another Artist by writing short articles in groups using general specific pattern and expressions from this period.

教学过程

Stage	Time	Teacher's Activities	Students' Activities	Purposes
Pre-reading	8 minutes	1. Show pictures of different art forms. 2. Ask students about their favourite art forms and artists and have them explain the reason briefly. 3. lead in some pictures of Chinese painting and ask students to guess the painter.	1. Match each artwork with its name, artist and art form. 2. Talk about their favorite art form and artists freely. 3. Guess the painter based on the painting style and teacher's hint.	1. To activate students' background knowledge about art and artist. 2. To recall the familiar words and learn new, topic-related words and phrases.
While-reading	15 minutes	1. Ask students to skim the passage, decide the textual pattern and complete the structure of the text. 2. Guide students to read paragraph 1 and find out some basic information about Qi Baishi. 3. Ask students to read paragraph 2 – 4 and identify the subjects in Qi's work and their corresponding meaning. Fill in the form.	1. Skim the passage and complete the task. 2. Read paragraph 1 and find out some basic information about Qi Baishi. (occupation, talent, hard work and title) 3. Read paragraph 2 – 4 and the subjects and their meaning. Fill in the form. 4. Read paragraph 5 and	1. To grasp the structure and main idea of the passage. 2. To get the basic information of Qi Baishi. 3. To understand and appreciate Qi's painting. 4. To understand and learn to describe the artistic style of Chinese painting.

		教学过程		
Stage	Time	Teacher's Activities	Students' Activities	Purposes
		4. Ask students to read paragraph 5 and answer questions about Qi's artistic style. 5. Lead students to read the rest paragraphs and find out what made Qi the People's Artist. 6. Guide students to read the passage again. Ask questions about the structure of the paragraphs.	answer questions. 5. Read the rest paragraph and share. (Focus on Qi's quality) 6. Read the passage again and answer questions.	5. To value Qi as the People's Artist. 6. To consolidate the knowledge of general-specific structure and ready to use it.
Post-reading	15 minutes	1. Create an authentic situation and ask students to introduce one impressive aspect of Qi Baishi using the general-specific pattern. 2. Create an authentic situation where the school is holding an exhibition called Artists Around the World. Ask students to write a short passage with the structure and expressions to introduce their favourite artist. 3. Guide students to comment on others' works. 4. Sum up the lesson	1. Individually prepare the introduction. Share it orally. 2. Work in group of four. Choose an artist and divide the passage into four parts. Each student write one part and then combine and revise their work in group. 3. Report the works	1. To practice using the newly learned phrases and general-specific structure and learn to introduce Qi Baishi. 2. To apply the newly learned phrases and general-specific structure to real life situation and appreciate the differences between cultures and art forms.
Homework	1 minute		1. Finish the exercise on the workbook. 2. Polish the short passage based on the structure, the contents and expressions.	To consolidate what has been learnt today.

在该教学案例中,阅读教学不仅仅是简单地理解和应用课文内容,而是通过对文化素养的培养和跨文化交流的引导,让学生能够更深入地理解和欣赏不同文化背景下的艺术作品,更好地与他人进行跨文化交流和沟通。结合这一案例,可以总结出如下几点经验:

第一,阅读教学中,教师以展示不同艺术形式的图片和提出与学生相关的问题为手段,点燃了学生对艺术和艺术家的兴趣。这种教学活动不仅仅是为了引入课文内容,更着重于培养学生的文化意识和跨文化交流的能力。通过学生分享对自己喜爱的艺术形式和艺术家的介绍,促进学生之间的交流和分享,同时也让学生领略到不同文化背景下的艺术表现形式和风格。这一教学手法通过直观的图片和有针对性的问题,将学生带入艺术的世界,激发他们的好奇心和兴趣。学生通过分享和交流,不仅展示了个人的文化品位和审美观,也增进了彼此对于不同文化艺术的理解和欣赏。这种跨文化的交流与分享,丰富了学生的视野,拓展了他们的文化视角,为他们的跨文化交流能力的培养奠定坚实的基础。

第二,教师以引导学生了解中国著名艺术家齐白石的艺术成就和人生追求为主线,通过赏析他的作品和了解他的艺术风格,深入探索中国绘画艺术的独特魅力和深厚底蕴。这一系列的活动不仅仅是为了让学生了解一个艺术家的生平和作品,更重要的是为了培养学生对中国传统文化的理解和欣赏能力。学生通过对齐白石作品的欣赏和分析,能够感受到其中蕴含的中国文化精神和艺术情感,从而进一步拓展对中国传统文化的认知和理解。而这一教学活动不仅仅是在课堂上传授知识,更是为了促进学生对艺术的审美情感和表达能力的培养。通过赏析艺术作品,学生不仅能够感受到美的存在和价值,还可以通过表达自己的感受和想法,培养自己的审美能力和表达能力。同时,通过深入了解一个艺术家的生平和艺术追求,学生也能够从中汲取艺术家的创作精神和追求目标,激发自己对艺术创作的兴趣和热情。

第三,在阅读教学的结束阶段,教师设置了真实情境,让学生在小组中选择并介绍自己喜欢的艺术家。通过这样的活动,学生得以分享彼此的艺术偏好,了解不同文化背景下的艺术作品,并学会与他人进行有效的跨文化交流。在小组合作学习的过程中,学生们互相分享彼此对艺术的理解和感受,理解和欣赏不同文化背景下的艺术作品。这样的交流不仅促进了学生之间的合作和交流,也为他们培养团队合作精神和跨文化交流能力奠定基础。

第二节　为探究学习而“导”

“为探究学习而‘导’”的教学方式旨在激发学生的学习动机和兴趣,培养他们的自主学习能力和批判性思维能力,实现更深层次的学习和理解。在这种探究学习模式下,教师的角色更像是一位引导者,而不是简单的知识传授者。在这种教学模式下,教师不是简单地向学生提供答案,而应引导他们去发现问题、探索解决方案,学会自主地构建知识。该方法强调学生的主动性和参与度,让他们在学习过程中更深入地思考和理解。在这样的教学中,教师的任务是提供适当的资源、指导学生思考问题的方法、引导他们寻找解决问题的途径,并在需要时给予必要的支持和反馈。教师通过设计引导性的问题或任务,激发学生的好奇心和求知欲,引导他们积极参与到学习活动中来。同时,教师也要注重培养学生的批判性思维能力和自主学习能力,使他们成为具有独立思考能力和解决问题能力的学习者。

一、概要写作:探究中培养高阶思维

概要写作是指在阅读、听取或观察完一篇文章、一段文字、一段视频或一幅图画等之后,将其主要内容、要点或关键信息以简明扼要的方式进行总结和表达的写作技能。概要写作的目的是提取出文本的核心思想和关键信息,以便于他人快速了解其内容,而不必阅读或观察整篇文章或完整的资料。这种写作形式通常是对信息进行提取、归纳、概括和重新表达的过程,从而使得信息更易于理解和传达。概要写作常常用于学术论文摘要、新闻报道摘要、会议总结、书籍摘要以及学习笔记等场合。

在英语教育中,概要写作不仅是一种提取和总结信息的技能,更是培养学生高阶思维能力的重要途径之一。通过概要写作,学生不仅能够提取文本中的重要信息,还可以通过分析、综合和判断来加深对文本内容的理解,从而培养批判性思维、创造性思维和问题解决能力。

第一,概要写作可以培养学生的批判性思维能力。概要写作时,学生需要对文本进行深入理解和分析,以确定哪些信息是最重要和最具有价值的。这要求他们具备辨别信息重要性的能力,并能够评估和判断文本中不同观点的可信度和逻辑性。通过这个过程,学生不仅能够提高自己的阅读理解能力,还可以培养批判性思维,学会对信息进行客观、深入的评价和分析。第二,概要写作也有助于培养学生的创造性思维能力。在概要写作中,学生需要将文本中的信息进行重新组织和表达,以确保概要的简洁和准确。这要求他们具备创造性地整合和转化信息的能力,能够灵活运用语言和逻辑,以产生新的表达方式和观点。通过这个过程,学生不仅能够提高自己的表达能力,还可以培养创造性思维,学会从不同角度思考问题,提出新的见解和解决方案。第三,概要写作还可以培养学生解决问题的能力。在进行概要写作时,学生需要解决如何从大量信息中提取核心内容的问题,以及如何将这些内容以简洁和有条理的方式呈现出来。这要求他们具备分析问题、制定解决方案和实施计划的能力,能够有效地应对复杂的信息和情境。通过这个过程,学生不仅能够提高自己的信息处理能力,还可以培养问题解决能力,学会面对挑战时保持冷静和理性,找到最佳的解决方案。

如下主要以概要写作的案例教学为例对为探究学习而"导",促进学生高阶思维能力培养进行分析。

案例四:

教育部在《普通高中英语课程标准(2017 年版)》中已明确提出了终身学习的理念。对于教师的"教"和学生的"学"提出了更直观明确的要求,要求教师不仅要让学生在课堂

上有学习效率,还要在课堂上掌握一定的学习方法;而学生相应地要对自己的学习有一定的了解,并且在积累知识的同时,培养自己的自主学习能力,这样他们才能真正地在终身学习的道路上明确方向。

在所有的英语教学策略中元认知策略,满足了我们《课程标准》里提及的对学生的要求,具体而言,学生能够在积极主动地在学习中,对自己学习的具体内容有所计划、有所调整、有所评价。学生自主学习能力的提高,是在学生元认知意识提高的基础上产生的,因此可以认为学生对学习过程和学习结果的计划与调整,都能提高他们的学习成绩。

新的高考政策实施以来,上海市的英语高考试题新增了一项内容即概要写作,要求学生迅速读懂一篇400字左右的文章并提炼出其中的要点,然后以60个以内的英文单词撰写出一篇概要。这就要求学生首先具备快速阅读能力,能够迅速地把握文章的主旨大意,并具备区分文章主要论点与次要细节的能力,最终以高度的概括能力形成文字,以达到让读者用更短的时间更高的效率了解篇章内容的目的。这一新题型无疑对教师的阅读和写作教学提出了比以往更高的要求。下面笔者将结合自己的课堂实录,分析如何采用元认知策略来有效提升学生的英语概要写作能力。

(一) 学情分析

在新的高考改革背景之下,每位学生都可以选择参加"二考",面对已经参加过高考真考的学生,在"一考"之前教师都已经尽心尽力教授过基本的技巧和方法,那么在下学期,教师所面对的班级里的每位同学对于教师的教学都怀有不同程度的期望,那么教师如何在这一阶段提高学生的概要写作能力,又如何克服大班授课的局限性与学生个性化指导需求之间的矛盾呢? 笔者在"一考"之后,"二考"之前在教学中做了一些尝试。下面笔者将简述这节具有特殊意义的概要写作指导课。

(二) 课前准备

首先,这节课是在第二学期开学后将近一个月的时间开展的。笔者整理了这一阶段的学生习作,这些习作都经过写作指导,然后经过面批,在学生订正之后又进行了第二次批改。笔者所上的这一节课安排在学生周末进行第五次概要写作之后,这一次教师没有像以往一样面批,而是通过这一节课向学生全面展示"怎样的概要写作才是一篇上乘之作",然后回顾以往学生所犯的一些错误,通过讨论引导学生自己思考并得出结论:概要写作成功的关键要素。

(三) 教学目标

笔者把本课的主题定位为"Tips on summary writing",副标题为"What makes a good summary"。笔者把教学目标定位为以下四点:一是学生能够学会如何打磨自己的概要写作;二是学生能够理解从总体上整篇阅读材料并能找到精确的主旨和要点;三是学生能够掌握如何用自己的话改写主题句和要点并使得他们的写作逻辑连贯;四是学生能够反思自己的写作问题和写作过程,从而意识到修订阶段的重要性。此外,学生能够帮助别的同学打磨他们的概要写作。

附英文教学目标:

Teaching Objectives:

The main task (outcome)

The students will be able to learn how to polish a summary.

Language knowledge

The students will be able to understand the reading material as a whole and figure out the precise main idea and key supporting ideas.

Language skills

The students will be able to understand how to rewrite the topic sentence as well as major points in their own words and make their writing logically coherent.

Affection and Attitude

The students will be able to reflect on their writing problems and process and realize the importance of revision phase. Besides, they will be able to help each other to polish their summary writing.

(四) 教学方法和策略

本节课笔者主要采用交际教学法,即在真实情境和生活需要中激发学生用目标语进行交流的欲望和需要,从而达到引导学生流利和恰当地使用目标语的目的。笔者采用的另一个方法是任务教学法,即围绕特定的交际和语言项目标,设计出具体的、可以操作的任务,以便学生通过表达、沟通、交涉、解释、询问等各种语言活动形式来完成任务,从而达到学习和掌握目标语言的目的。两种方法是完全可以兼容,不会互相排斥的。笔者采用的策略是元认知策略,元认知是对"认知"的认知,即学生对自己的学习过程进行积极主动的计划、监控和适时调整。

附英文版教学方法 & 策略:

Teaching Method:

Communicative Teaching and Learning; Task-based Approach; Meta-cognitive strategy

(五) 教学过程

1. 导入

笔者通过与学生自由交谈导入课堂,并提问学生:"你认为一篇好的概要写作包括哪些要素呢?"笔者通过与学生进行自由交谈引导学生对良好总结所得出要素的认识,从而顺利导入接下来的主题。

2. 互动任务二

复习找到文章主旨的策略。笔者让学生复习关于如何找出主题句的知识,并选择最好的反映文章主旨的版本,并通过展示之前的案例来指出他们曾经犯过的错误。学生在指导下找出主题句并找出每一段的要点,然后反思他们所犯的常见错误,这样做的目的是帮助学生巩固关于如何获得阅读材料的主要思想的知识。

3. 互动任务三

帮助学生学会区别要点和次要点。笔者组织学生分组讨论要点和次要点,学生通过小组讨论确定文章的要点,这样做的目的是让学生自己学会区分要点和次要点并且思考别人错误的原因以及反思自己的错误。

4. 互动任务四

让学生的概要写作变得简明扼要。笔者与学生共同探讨如何以各种不同的表达来替换阅读材料的原始表达。学生找出需要重点考虑重写和改写的表达式和句子,目的是提高概要写作的简洁程度。

5. 互动任务五

使概要写作逻辑连贯。笔者带领学生复习表达各种逻辑关系所需的过渡词,唤醒学生对于段落之间逻辑关系表达重要性的意识。学生列举他们所学的逻辑过渡词并练习找出阅读材料之间的逻辑关系,目的是帮助学生分析要点之间的逻辑关系,从而让他们在写概要时能使得要点与要点之间的逻辑联系更紧密。

6. 作业布置

要求学生运用课堂所学习的技巧打磨自己的概要习作,并且帮助班级里至少两位同学进行修订。在这个环节,笔者给学生提供了一个进行修订的依据,也就是一张检查对照表,以便学生在修订过程中有据可依,这个步骤把培养学生使用元认知策略落到了实处。

附英文版教学过程:

Teaching Procedures:

I. Interactive Task 1: Leading-in

> * Teacher: Free talk with students about their understanding of a good summary.
>
> * Students: Figure out the features of a good summary.
>
> Purpose: *To arouse students' awareness of the criteria of a good summary.*

II. Interactive Task 2: How to get the main idea

* Teacher: Ask students to review the knowledge about how to figure out topic sentences and choose the best version of the main idea and point out their mistakes by showing the previous summary writing.

* Students: Find out the topic sentence and figure out the main idea of each passage, and then reflect on their common mistakes they have ever made.

Purpose: *To help students consolidate the knowledge about how to get the main idea of a reading material.*

III. Interactive Task 3: How to tell main points from unimportant points

* Teacher: Ask students to work in groups to discuss how to tell main points from unimportant points.

* Students: Identify the key points of the passage through group discussion.

Purpose: *To help students learn to tell main points from unimportant points.*

IV. Interactive Task 4: How to make the summary clear and concise

* Teacher: Work with students to come up with various substitutes for the original version.

* Students: Figure out the expression and sentences that need rewriting and paraphrase them.

Purpose: *To help students learn to make the summary clear and concise.*

V. Interactive Task 5: How to make the summary logically coherent

* Teacher: Ask students to review the transitional words they have ever learnt and arouse their awareness of the logic between paragraphs.

* Students: List the transitional words they have learnt and figure out the logic between the two paragraphs in the reading material.

Purpose: *To help students to analyze the logic between the main points and try to make the summary logically connected.*

VI. Assignments

1. Assignment: Polish your summary using the skills we have just learnt and help at least two of your classmates to improve their work.

2. Requirement: Before polishing your summary, please collect at least two of your classmates' suggestions on all the items listed in the table.

What makes a good summary?			
Items	self-revision	classmate A	classmate B
precise main idea			
clear key points			
concise expressions			
logical connections			
appropriate grammar			

(六) 总结与反思

在这一节课堂中,笔者采用了不同的组织形式,包括复习阶段安排英语免修生带领大家进行复习,在需要注意的几个概要写作要素教学过程中分别采用结对活动和小组活动等讨论形式,整个课堂没有因为教授难学枯燥的内容而陷入困境,总体课堂气氛比较活跃。学生在笔者的引导之下逐渐掌握了撰写一篇要点全面、简洁精炼,并且逻辑连贯的概要写作必备的总体技巧,从而在今后的概要写作中可以独立自主进行审查和修订,这样既避免了下学期学生对于所学的知识在已经有了初步掌握的情况下还要原地踏步从而不断"炒冷饭"的现象,又从某种程度上减轻了教师在批改写作的同时还要批改概要写作的巨大工作量,也实现了学生通过小组合作探索和学习知识以免教师以自己的"做中学"来替代学生的"做中学",剥夺学生探究学习的权利。

概要写作是一种对文章主旨、关键信息和结论进行提炼和归纳的技能。以下是笔者结合这节课堂总结出来的一些基于元认知策略,提升高三学生概要写作能力的建议:

(1) 学习元认知策略。高三学生应该学习和掌握一些元认知策略,如自我监控、自我评价和自我调节等。这些策略可以帮助学生了解自己的学习风格和不足,并制定适合自己的学习计划和学习策略。

(2) 理解文章结构。高三学生应该学会分析文章结构,理解文章的主题、段落和句子之间的逻辑关系,这有助于学生找到文章的关键信息和主旨。

(3) 提升阅读速度。高三学生应该提升自己的阅读速度,以便更快地理解文章的内容和结构,这可以通过阅读大量的文章、练习速读和阅读理解等方法来实现。

(4) 认真阅读文章。高三学生应该认真阅读文章,理解作者的意图和信息,并提炼出文章的关键信息和主旨。这需要学生集中精力和防止分心,以便更好地掌握文章内容。

（5）使用笔记和概括。高三学生可以使用笔记和概括的方式帮助自己理解文章和提炼出关键信息。笔记和概括可以帮助学生更好地组织和概括文章的内容，提高自己的概要写作能力。

（6）练习概要写作。高三学生应该经常练习概要写作，尝试提炼文章的主旨、关键信息和结论。这可以通过模拟考试、练习题和日常阅读练习等方式来实现。

（7）获得反馈和改进。高三学生应该向老师、同学和家长寻求反馈和建议，以便了解自己的概要写作能力和改进的方向。这可以帮助学生不断提高自己的写作水平。

总之，高三学生应该学会使用元认知策略来提高自己的概要写作能力。通过学习和练习元认知策略，理解文章结构、提升阅读速度、认真阅读文章、使用笔记和概括、练习概要写作以及获得反馈和改进等方法，高三学生可以更好地掌握文章的主旨和关键信息，提升自己的概要写作能力。

此外，以下是一些具体的教学方法，可以帮助高三学生在概要写作方面取得更好的成绩：

（1）教会学生准确确定文章类型。不同类型的文章结构和要点不同，学生需要根据文章类型进行相应的概要写作。例如，新闻报道、科技论文和文学作品的概要写作方式会有所不同。

（2）帮助学生迅速确定文章主旨。文章主旨是文章的核心内容，概要写作的关键点。学生需要通过阅读整篇文章并归纳出文章的主旨，然后再对文章的关键信息进行概括。

（3）指导学生集中阅读每个段落。学生应该逐段分析文章，对每个段落的主题和信息进行归纳和概括。这样可以更好地理解文章的结构和信息。

（4）提醒学生关注关键词和短语。文章中的关键词和短语往往是文章的重点和主旨所在，学生应该重点关注这些关键词和短语，提炼出文章的关键信息。

（5）鼓励学生使用逻辑联结词。文章中的逻辑联结词可以帮助学生理解文章结构和信息之间的关系，从而更好地进行概要写作。学生可以将逻辑联结词作为概要写作的关键词和短语。

（6）强调反复练习的重要性。概要写作需要长期练习和反复实践，学生应该经常进行概要写作练习，逐渐提高自己的概要写作能力。

在综合运用以上方法的基础上，高三学生可以提高自己的概要写作能力，更好地理解和掌握文章的结构和信息，并在学写概要的过程中培养他们的高阶思维能力。

（七）教学经验总结

上述概要写作教学案例中，笔者通过概要写作任务成功地培养了学生在探究性学习中的高阶思维能力。这些经验不仅在概要写作中有所体现，在其他探究性学习任务中同样适用,有助于教师更好地引导学生进行高水平的思维活动,提升他们的学习效果和学习体验。如下对上述案例中的成功经验进行总结概述。

1. 引导学生深入思考和分析

在教学案例中,笔者通过概要写作任务成功引导学生进行深入思考和分析。通过这项任务,学生不仅要简单地摘录文章的要点,还要去理解文章的内涵和逻辑,培养他们的分析能力和归纳能力。这种深入思考的过程不仅限于对表面信息的理解,还能促进学生去挖掘文章更深层次的含义,培养他们的高阶思维能力。通过对文章内容的分析和归纳,学生逐渐学会从多个角度去理解和解读文章,从而提升他们思维的深度和广度。

这种教学方法不仅仅帮助学生掌握概要写作的技巧,还培养他们的批判性思维和创造性思维。学生在这个过程中不再被动地接受知识,而是积极地参与对文章内容的思考和分析。笔者的引导使得学生逐渐意识到,解读一个文本不仅需要理解文字表面的意思,还要深入思考其中的内涵和意义。这一深层次的思考能够训练学生的批判性思维能力,使他们在面对复杂问题时,更加敏锐地分析和评估信息。同时,通过对文章要点的归纳和总结,学生也能锻炼自己的归纳和整合能力,培养他们的创造性思维,使他们能够更好地将零散的信息整合成系统的知识结构。

2. 鼓励自主探究

在上述案例中,笔者设置概要写作任务,积极鼓励学生展开自主探究。学生在学习过程中,不再依赖于笔者的指导和解释,而是被激发去独立思考、自主解决问题。在概要写作的过程中,学生需要通过阅读和分析文章内容,自主地提取关键信息并进行总结归纳,而不是简单地接受笔者的传授。这种自主探究的学习方式培养了学生的自主学习能力,激发了他们学习的兴趣和热情。

通过自主探究,学生逐渐摆脱传统的被动接受教育的模式,变得主动和积极。他们不再局限于教师的思路和解释,而是能够独立思考、自主解决问题。这种自主探究的学习方式培养了学生的批判性思维,使他们能够更加敏锐地分析和评估信息,培养他们的创造性思维,使他们能够更好地发挥自己的想象力和创造力。

3. 提供有效的反馈和指导

教学中笔者为学生提供有效的反馈和指导,积极地引导学生进行学习和成长。笔者除了及时给予学生反馈外,还提供具体的指导和建议,帮助他们发现问题并加以修正。这种有效的反馈和指导不仅使学生更好地理解自己的不足之处,也激励他们对于进步和提高的追求,从而有效地促进他们思维能力的提升。

在反馈和指导的促进下,学生能认识到自己的学习状况,发现自己的不足之处,并及时进行调整和改进。笔者的具体指导和建议帮助学生更清晰地认识到自己的问题所在,并提供解决问题的具体方向和方法。这种针对性的指导使得学生能够更有针对性地进行学习和提高,有效地提升他们的思维能力和学习效果。同时,通过反复地反馈和指导,学生也逐渐建立起自信心,增强他们面对困难和挑战的勇气和信心,为他们未来的学习和发展奠定了坚实的基础。

4. 促进合作与交流

上述教学案例中,笔者鼓励学生在概要写作的过程中积极进行合作与交流。学生们可以与同伴合作,分享彼此的经验和想法,相互启发和促进。这样的合作学习过程不仅培养了学生的团队合作能力,还提升了他们的沟通能力,使他们能够更好地理解和掌握知识。

通过合作与交流,学生不仅从他人的经验中获益,还通过交流的过程进一步深化对知识的理解。在与同学们的合作中,学生可以共同探讨问题,相互借鉴和学习,从而拓展自己的思维和视野。同时,合作与交流也培养学生的社交能力和团队合作精神,使他们在学习中更具活力和积极性。这种合作学习的模式不仅促进了学生之间的交流与互动,也为他们的学习提供更广阔的平台和更深层次的体验。

5. 设定明确的学习目标

概要写作教学中,笔者设定了明确的学习目标,为学生指明学习的方向和目标。制定的学习目标既包括概要写作的技能和策略,也包括对文章结构和内容的深入理解。通过明确的学习目标,笔者激发了学生的学习动力,帮助他们更好地投入到概要写作的任务中。学生清楚地知道自己要达到的目标是什么,从而更加有针对性地进行学习和实践,提高他们的学习效率和成果。

笔者设定的明确学习目标不仅仅是为了完成概要写作任务,更重要的是培养学生的自主学习能力和目标意识。学生在追求这些目标的过程中逐渐意识到学习的重要性和价值,主动地参与到学习过程中。

二、英语戏剧表演塑造团队协作精神

在探究性学习中,教师通过激发学生之间的团队协作精神,塑造了积极的学习氛围。学生在团队合作中相互支持、共同探讨问题、分享见解,从而促进彼此的交流与互动。通过共同努力完成任务,学生培养了合作意识和团队精神,提升了解决问题的能力,取得了良好的学习效果。下面以市西中学英语戏剧节为例,对英语戏剧表演中的团队协作精神塑造案例进行分析。

案例五:探英语戏剧表演,塑团队协作精神——以市西中学英语戏剧节为例

(一) 项目背景

市西中学一年一度的英语戏剧节为所有高一学生搭建了探究学习的舞台,通过创设真实情境,以具有挑战性的任务和具有启发性的学习氛围,激励学生在实践中发挥学生主体作用,加强团队协作和同伴互评互学。英语戏剧节《剧院魅影》展演这一项目起源于对上海牛津版课本高一第二学期课文"The Phantom of the Opera"的拓展演绎,逐步发展为一大校园传统项目。市西中学英语教研组将戏剧表演活动作为学科建设的重要载体推进落实,教师指导学生在数月的时间中展开探究学习,最终的成果作为市西中学艺术节活动的一部分进行展演,给每届高一学生留下了深刻的印象和丰富的收获。学生参与戏剧节不仅是投入一场艺术的盛宴,更在无形中为自己的团队合作能力和终身发展打下坚实的基础。

(二) 项目目标

(1) 引导学生认识戏剧的表现形式,品味语言特色和文化魅力;

(2) 激发学生对英语的学习和探究兴趣,发展语言的整合性运用能力;

(3) 引领学生理解戏剧中的人物特征和情节发展,并在此基础上进行改编创作;

(4) 培养学生在团队中展示个性才华的协作精神和在互评互学中提升自我的能力。

(三) 实施过程

1. 多渠道获取知识,初探创作表演

在第一阶段,学生在学校里听戏剧表演相关微型讲座,并利用高一寒假时间学习剧本内容,观看同名电影,对剧情、人物关系和人物形象产生较为完整的认识,对音乐剧表演产生兴趣,对表演方式和技巧产生初步的了解。在寒假中,各班级学生自由组成小组,从小组分工做起,着手编排表演片段,在第二学期开学初期完成改编剧本、选定演员等一系列工作。

2. 创作中激活思维,互评互学互助

在第二阶段,各小组学生在班级中进行表演,随后针对语言语调、流畅性、表演感染力、剧本创作、小组合作分工等方面进行互评,教师做出点评和总结,最终师生共同评选出表现优异的小组和个人,并组成一支团队参与第三阶段的年级会演。团队中的成员在教师的指导下,分别负责导演、编剧、乐器伴奏、灯光设计、音效设计、服道化设计、背景PPT制作等不同工作,班级其余学生也都参与到创作、排练等活动中,提供创作灵感和多方面协助。

3. 协作中直面挑战,实践探究成果

在第三阶段,各个班级团队利用一个多月的时间,经历无数次设计修改和表演打磨,为年级展演做准备,始终以团队协作和不气馁的精神面对不熟悉的舞台设置、灯光操作和收音设备等等问题,最终在全年级学生面前呈现精彩的表演片段。年级展演后,教师和学生代表共同评选出团体和个人优秀奖项,学生在活动后撰写书面反思以巩固在探究学习中的收获。

在戏剧节的整体演出筹备过程中,学生在教师的指导下进行深入的思考和实践,应

对角色理解、情感表达、舞台表现等种种挑战。教师负责指导、协助制定规划以及总体协调沟通和各类问题解决，旨在引导学生认识到自己的闪光点，发挥学生主体作用。

(四) 评估方法

英语戏剧节项目中的评估关注多样性和形成性，也体现出学生在评价中的主体性。教师对学生的评估包括但不限于语言语调、流畅性、表演感染力、剧本创作、小组合作分工，兼顾评估的严格性和鼓励性，既在评价中提出存在的不足之处，也保护学生创作和探究的积极性。同时，教师也关注学生在项目进行过程中所得到的发展和提升，将学生在英语戏剧节中的各方面表现纳入英语学科的平时成绩。学生在项目实施过程里，参与到班级会演和年级展演的评价中，使用评价量表进行自评、互评，通过多元的交流和评价活动达成探究学习的目的。

(五) 项目总结

在英语戏剧节的实践过程中，学生得以沉浸式地欣赏英语语言和英美文学的魅力，在剧本的改编和演绎中诠释对音乐和表演的理解，更重要的是，合作型的探究学习模式贯穿始终，使学生在合作中不断加深探究。

从排练到正式演出，每一个环节都需要学生紧密合作，共同为呈现最佳的舞台效果而努力。在这个过程中，学生将学会如何更高效地与他人沟通、如何更合理地协调不同的意见、如何更好地在团队中发挥自己的优势等宝贵的团队协作技能。深度参与合作的学生除了舞台上每组表演的演员，还有幕后的导演、编剧，以及负责乐器伴奏、灯光设计、音效设计、服道化设计、背景 PPT 制作的学生。年级展演的主要工作也交由学生承担：宣传部负责前期的海报、宣传手册等材料的制作；学生主持人撰写主持稿，将各班级的表演片段有机串联起来，引导观众沉浸式地享受音乐剧表演；学生评委与教师评委共同评选出多个奖项的获得者；志愿者负责指挥候场、维持展演秩序、时长控制、录像拍摄等。正是合作学习营造了良好的学习和创作氛围，促使学生在不同分工角色中碰撞思维的火花，从同伴身上不断学习，进而加深对语言、文学、音乐和表演的理解，锻炼完成真实任务过程中所需的综合能力。

(六) 教学经验总结

结合上述市西中学戏剧节的教学实践，对其中的教学经验进行总结。

1. 合理设计项目背景

戏剧节作为一个全校性的活动，不仅仅是一场表演，更是一个充满挑战性和启发性学习氛围的平台。通过精心设计的项目背景，学生们被引导进入一个真实的戏剧情境中，在这个情境中，他们除了扮演角色，还是探究者。这个背景不仅仅是为了展示他们的才华，更是为了激发他们的学习动力和合作精神。在这个情境中，学生不仅仅是演员，更是创作者和探究者，他们通过戏剧的表演和创作，不断地挑战自己，培养团队协作能力，提升了综合素养。

通过合理设计项目背景,学生感受到学习的乐趣和挑战,他们不仅仅是为了演出而努力,更是为了探索和成长。通过这种方式,他们在戏剧节中展现了才华,同时也培养了团队意识和合作精神。这样的项目背景设计,不仅仅为学生提供一个展示自己的舞台,更激发他们的学习动力和创造力,促使他们在团队中展现合作精神,共同追求卓越。

2. 设定学习目标

英语戏剧节项目中,明确的学习目标为学生提供前进的方向和动力。在了解戏剧表现形式的基础上,学生可以深入探索戏剧的独特魅力,了解戏剧在文化传承中的重要性,激发对英语学习的兴趣和热情。学生被引导理解戏剧中的人物特征和情节发展,这不仅帮助他们在表演中更好地诠释角色,还培养他们对文学作品的深层理解能力。这些学习目标的设定,不仅有助于学生在戏剧节中取得良好的表现,更重要的是,为他们未来的学习和发展奠定了坚实的基础。

通过明确的学习目标,学生在团队协作中得以有序地展开学习和探索。他们不仅仅是为了达成目标而努力,更是在实现目标的过程中不断提升自己的能力和素质。在探索和学习的过程中,学生相互启发、互相支持,共同迈向学习目标。这种团队协作的精神不仅培养学生的合作能力,更锻炼他们的沟通能力和解决问题的能力。因此,明确的学习目标为学生提供了一个共同的方向,激发了他们的学习热情,促使他们在团队协作中实现个人和团队的成长。

3. 学生自主参与

在英语戏剧节的筹备过程中,学生被赋予了较大的自主权,可以根据自己的兴趣和能力自由组成小组,并在导师的指导下自主探索剧本、编排表演片段等。这种自主参与的学习方式为学生提供更多的发挥空间和创造机会,激发他们的创造力。学生可以根据自己的喜好和特长选择合适的剧本和角色,自主分工合作,共同探索和实践,从而提高他们的学习积极性和参与度。这种自主参与的学习方式不仅培养了学生的团队意识,还加强了他们之间的合作和沟通。学生在自由组成小组的过程中学会倾听他人的意见和尊重他人的想法,学会有效地与团队成员合作,共同解决问题和克服困难。通过这种合作探究的过程,学生逐渐形成团队精神和集体荣誉感,增强他们的凝聚力和归属感,为英语戏剧节的顺利进行提供坚实的基础。

4. 多渠道获取知识

在英语戏剧节的准备过程中,学生通过多种途径获取知识,这为他们的学习提供了丰富的素材和思想碰撞的机会。学生通过参加与戏剧相关的微型讲座,从专业人士那里获取关于戏剧表演的专业知识和技巧,为他们后续的学习和表演打下坚实的基础。另外,学生利用寒假时间学习剧本内容,通过观看同名电影等方式深入了解剧情、人物关系和人物形象,这使他们对戏剧的理解更加全面深刻。通过这些多样化的学习途径,学生不仅扩大了对戏剧的认识,还拓展了对英语语言和文化的理解,为他们在团队合作中的发挥提供了丰富的素材和思想碰撞的机会。这种多渠道获取知识的方式不仅有助于学生全面理解戏剧的内涵和意义,还激发他们对英语学习和戏剧表演的兴趣。学生通过听讲座、学习剧本、观看电影等形式,不断拓宽视野,丰富知识储备,从而更好地参与团队合作。这种多样化的学习方式不仅培养了学生的自主学习能力,还促进了他们在团队中的交流和合作,为戏剧节的顺利进行提供有力的支持。

5. 互评互学

在英语戏剧节的实施过程中,学生进行了班级内部的表演,并进行了互相评价。这种互评互学的方式为学生提供了一个开放的交流平台,促进了他们之间的交流和互动。通过观摩他人的表演并提出建设性的意见和建议,他们不仅可以从中获得启发和借鉴,还能够更好地理解彼此的观点和创作理念,进一步完善自己的表演和创作。

在互评互学的过程中,学生不仅能够发现他人的优点和不足,也能够反思和审视自己的表现,并从中获得成长和提高。通过与同学们的交流和互动,学生逐渐明确自己在团队中的角色和定位,增强了团队协作意识和责任心。同时,这种互评互学的方式也促进了他们之间的友谊和团队精神的形成,增强了他们的凝聚力和归属感。通过相互学习和借鉴,学生们共同成长,为英语戏剧节的成功举办奠定了坚实的基础。

6. 实践探究成果

在英语戏剧节的最后阶段,学生将他们的成果展示给全校师生,这是整个项目的巅峰时刻。经过反复排练和精心准备,学生们充分展现了他们在戏剧表演中的才华和技能。在这个过程中,他们不仅要面对舞台表演的压力和挑战,还要应对可能出现的意外情况,如舞台布景的不合适或灯光音效的失误等。然而,正是通过这些挑战和困难,学生们才得以更好地锻炼了团队协作和解决问题的能力,培养了他们的应变能力和自信心。

在实践探究成果的过程中,学生不仅要做好自己的角色表演,还要密切合作,协调配合,确保整场表演的顺利进行。他们需要相互支持、互相鼓励,在困难面前保持积极的态度,共同面对挑战,共同克服困难。通过实践,学生们不仅提升了表演能力,还培养了团队协作和沟通能力,学会了在集体中发挥个人优势,共同追求成功的目标。在学生成功地完成英语戏剧节表演的同时,不仅收获了赞誉和荣誉,更重要的是,获得了宝贵的团队合作和实践探究的经验,为他们未来的成长和发展打下了坚实的基础。

三、开放式主题讨论,启发跨学科融合意识

探究性学习中的跨学科融合意识启发是指在学习过程中,学生被鼓励去探索和理解不同学科之间的联系和互动。这一意识启发让学生意识到知识不是孤立存在的,而是相互交织、相互关联的。通过跨学科融合,学生能够更全面地理解问题、探索解决方

案,并在解决复杂问题的过程中培养出批判性思维和创新能力。

开放式主题讨论是一种促进跨学科融合意识的方法,通过引导学生探讨涉及多个学科领域的主题或问题,激发他们思考和探索不同学科之间的联系与互动。在这样的讨论中,可以鼓励学生从多元的视角和方法来审视问题,启发他们认识到知识之间的交叉点和相互影响。通过探索多个学科的知识和理念,学生能够拓展思维边界,培养综合性的思考能力和解决问题的能力,进而为他们未来的学习和生活奠定坚实的基础。如下以市西中学跨学科融合式"思维广场"教学为例对如何通过开放式主题讨论启发跨学科的融合意识。

案例六:构建开放式主题讨论,启发跨学科融合意识——以市西中学跨学科融合式"思维广场"教学为例

(一)项目背景

市西中学在课程教学改革实践中推出的教育新概念"思维广场"经过多年的发展,持续引领着教师教学方式与学生学习方式的变革,以学习内容的开放性和丰富性深刻激发着学生探究性学习的热情,培养学生的综合能力。英语学科的"思维广场"课程不仅有以教材单元为主题的单学科主题讨论,还有大量与语文、政治、历史等学科融合的跨学科主题讨论,实现探究性学习与跨学科融合,为学生提供了在当今越来越复杂的世界中解决真实情境问题时必不可少的综合视角。

(二)项目目标

(1) 以超越知识点的讨论主题设计,引导学生多维度思考、分析、解决问题;

(2) 以开放式的任务设计,引领学生借助各学科知识深入思考,碰撞思维的火花;

(3) 以多元的教学形式,鼓励学生运用发散性思维,整合多学科的知识能力;

(4) 以真实的情境设置,培养学生的创造性思维、批判性思维等高阶思维能力。

(三)实施过程

英语"思维广场"任务有三种形式:圆桌讨论(round table discussion)、小组项目设计(group project)和演讲(speech)。在圆桌讨论中,学生针对一个话题,模拟不同角色发表意见或展开辩论;在小组项目设计中,学生自由组成小组,分工完成项目展示,并以手绘或电子海报辅助展示;在演讲任务中,一名主讲者和一名评论者在课前共同写稿、预演,在课上分别进行演讲和评论。

跨学科融合"思维广场"讨论以一个统领性的跨学科主题开展教学设计,前期各学科教师共同研讨,确定大主题下的子主题、跨学科融合的整体思路以及各学科任务的侧重,保证任务可以激发学生的探究兴趣,引发学生跨学科视角的思维,最终形成一份跨学科"思维广场"任务单。学生收到任务单后选择感兴趣的任务,在网页上预约场次,并在课前进行充分的准备,包括查找资料、自主学习探究和团队协作探究。课上,学生进入

"思维广场"空间,按照预约场次信息进入对应的讨论室。

以"和谐"主题的高一跨学科"思维广场"为例,"和谐"这一大主题下设置了"和谐的概念""和谐的不同样态""和谐与对立"三个子主题,每个子主题包含数个不同学科主导的任务,每个任务以创设真实情境、鼓励跨学科思维、激发思维碰撞为特点,引导学生对相关话题产生深度思考和自由探究。在"和谐的概念"子主题下,英语学科设计了如下的圆桌讨论任务:"Watch the video of people expressing their views on the traditional Chinese values he, or harmony. Choose the one that you agree with most, and state your reasons."该讨论任务不仅给予学生积累主题词汇、锻炼表达能力的机会,还激发学生的跨学科思维,包括结合语文学科知识,对"和"进行拆字解读;结合历史学科知识,看中国历史上对"和"这一概念的定义;结合政治学科知识,分析党的二十大报告中对"和"的解读;等等。在"和谐的不同样态"子主题下,英语学科设计了如下的小组项目设计任务:"If you were to make a proposal for improving the harmonious relationship between humans and nature on campus, what would you do? In your presentation, you should: (1)point out the problems that can be improved; (2)state your reasons; (3)offer your ideas for improvement."该讨论任务邀请学生对校园中人与自然的和谐关系做出改进提议。在这一情境中,学生自然联想到其他人文学科中所学的知识,并将跨学科知识作为理论支撑或佐证事例应用于项目的展示中,包括结合语文学科中所学的诗词文章,谈文人依托山水自然思考的生命意义,指出校园空间中自然景观的重要性;结合政治学科讨论任务中的话题,介绍中国承诺实现碳达峰碳中和的目标,提出校园活动中节能减排的措施;等等。在"和谐与对立"子主题下,英语学科设计了如下的演讲任务:"The Greek philosopher Heraclitus once said, 'Opposition brings concord (和谐). Out of discord comes the fairest harmony.' What do you think is the relationship between opposition and harmony? Make a speech on the topic of 'Opposition and harmony'. Use examples to support your idea."作为整场跨学科"思维广场"的最后一个场次,该任务以较为宽泛的演讲主题,鼓励学生运用在各学科讨论任务中所获得的灵感。在演讲中,学生有的结合语文学科讨论任务,论述文学中动和静、艺术中光与影的对立和谐;有的结合历史学科讨论任务,论述生产力进步对原有社会和谐稳定的冲击,辩证地看待激烈战争冲突下不和谐方式产生的文明交流;有的结合政治学科讨论任务,结合时政热点,探讨传统与创新该如何达到一种平衡关系,等等。

(四) 评估方法

跨学科融合式"思维广场"项目关注对学生的形成性评价。各学科教师在教学中关注学生的各方面表现,包括课前准备、团队协作、探究创新、学科知识能力整合等方面,并对每次讨论后的作业任务进行批改评价。教师将学生表现汇总至各学科备课组,纳入学科平时成绩,并定期在跨学科融合式教学项目会议上进行交流,在学期末评选出各班级的"思广之星""学习之星"等荣誉称号。

(五) 项目总结

跨学科融合式"思维广场"项目精心设计了超越知识点的讨论主题和真实的情境设置,引领学生整合运用多学科的知识能力,培养学生的思辨能力、合作精神和交流技巧。同时,项目设计注重学生的个体差异和全面发展。学生自主选择感兴趣的讨论话题和板块,在开放的探究任务中以多元的学习形式,深入地理解话题,提升对问题的全面认识。跨学科融合式"思维广场"中的英语学科课程全面培养学生的英语学科核心素养。在课程中,教师不仅关注学生的语言输出,更引领学生发展自主学习探究能力,引导学生运用英语进行独立思考、创新思维,培养学生的跨文化意识和用所学英语讲述中国故事的能力。

开放和多元教学形式的实现得益于学校对课程教学改革实践的创新举措,衡虑、致知、敦行、知本等讨论室和楼层内的公共区域均为半开放式的空间设计,空间中的座椅、电子设备等也充分考虑舒适性和便捷性。学生从进入"思维广场"的空间起,就获得了一种不同于传统课堂的感受,这为学生迈出探究性学习的一步提供了现实可能。

在跨学科融合式"思维广场"中,学生获得了一种新型的探究性学习模式,以更加综合的跨学科视角,拓展对讨论主题的认知,提高应对实际问题的解决能力,为适应未来的复杂挑战打下坚实的基础。

附1:学生的感悟分享

我认为市西中学的特色课程,其实给了我们一个赢在起跑线上的优势。漫思实验室、思维广场、个别化辅导等学习活动给予我们很多自主学习的时间和空间。在高一上学期的跨学科融合思维广场中,我受益匪浅,感想良多。跨学科融合思维广场有别于单一学科思维广场,不同学科围绕着同一主题进行讨论,从不同视角、用不同思维分析问题、解决问题,在不同的讨论室感受着学科间的差异与相似。尤其是在跨学科融合思维广场英语学科的讨论中,我综合运用各个学科的知识,用英语和同学们进行探讨、分享。在一个学期的学习中,我从最开始不敢抬头,到现在敢于主动发言,也愿意和同伴们一起讨论。这不仅提升了我的语言能力,更加深了我对问题的理解,让思维在广阔天空中遨游。上学期的跨学科融合思维广场经历也让我对接下来的学习充满了期待,相信我能够在跨学科融合思维广场中不断进步、不断成长。

(高一4班"学习之星"杨昕乐)

附2:"和谐"主题跨学科思维广场任务单

和谐

跨学科思维广场任务单

市西中学高一语文、英语、政治、历史备课组

2023.12

导言:

美在和谐。

——毕达哥拉斯

1. 预学任务

(1) 查找资料,了解中西方对"和谐"理念的不同认识,并选择其中的一个观点谈谈你的认识。(100 字左右)

_____

_____

_____

_____

_____

(2) 选择你感兴趣的话题,查找相关资料,准备发言要点,为进入思维广场开展讨论做好准备。

2. 讨论题目

和谐的概念

(1) 查阅资料,简述中国传统儒道等文化中人与自然相和谐的关系。(衡虑)

(2) "和",在古代写作"龢"或"咊"。《说文解字》:"龢,调也。咊,相应也。"它的造字本义是"以声音相应,谐调地跟着唱或伴奏。"由这个本义引申开去,"和"成为一种令人向往的状态,放至今日,"和"是否能够赋予其新的内涵? 请结合现实,与同学分享你对"和"内涵的界定。(衡虑)

(3) 每一个人都有两个"我",一个"我"是积极向上的,想做一个好孩子;还有一个"我"是消极堕落的,想贪图舒服,想偷懒。一个是英雄,另一个是狗熊。

请思考并分享:这两个"我"到底是什么? 他们是什么关系? 你想选择哪一个? 请结合你的经历或真实事例或名人观点,分享你的看法。(知本)

(4) 习近平总书记在党的二十大报告中指出:"中华优秀传统文化源远流长、博大精深,是中华文明的智慧结晶,其中蕴含的天下为公、民为邦本、为政以德、革故鼎新、任人唯贤、天人合一、自强不息、厚德载物、讲信修睦、亲仁善邻等,是中国人民在长期生产生活中积累的宇宙观、天下观、社会观、道德观的重要体现,同科学社会主义价值观主张具有高度

契合性。"从中可以看出，"和合"是中华民族的文化基因，"和谐"是中华民族的核心理念。

请从中华文化蕴含的思想观念中的某个方面，结合典型事例，谈谈你对"和谐"理念的理解。（知本）

（5）和谐是否意味着压制分歧和异议？和谐是否意味着无原则的妥协？（知本）

（6）Round table discussion（致知）

Watch the video of people expressing their views on the traditional Chinese values *he*, or harmony. Choose the one that you agree with most, and state your reasons.

和谐的不同样态

（7）虽供奉翰林却被以御用文人看待且遭遇谗谤，李白选择了青崖名山作为自己的归宿；被贬谪黄州的苏轼，在明月与清风中完成了生命的放逐与诗意的突围；21岁时不幸截瘫，史铁生在地坛思考生命的意义，走出了人生困境……以上材料让你对"人与自然"的关系产生了哪些思考？（衡虑）

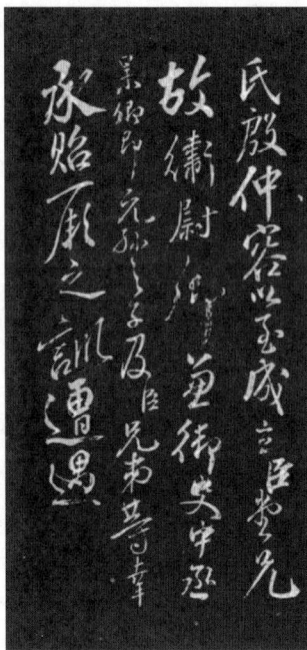

图 6-3

（8）书法教师让学生们一起欣赏颜真卿的《三表贴》（如图 6-3），同学甲说：这幅作品妙在字体结构外紧内松；同学乙说：书法作品的整体效果，有赖于个体字的大小揖让，以达到整体的和谐统一；同学丙说：真正好的作品，还要注意适当留白，以求虚实相生的效果。

对此，你有怎样的思考？（衡虑）

（9）"事父母几谏，见志不从，又敬不违，劳而不怨。"（《论语·里仁篇》）（侍奉父母的时候，对于父母存在的过错，我们要和颜悦色地去劝谏，如果他们不愿意听从，要恭恭敬敬地不去违背，为父母操劳的时候，也不要有所抱怨。）

"今之孝者，是谓能养。至于犬马，皆能有养；不敬，何以别乎？"（《论语·为政篇》）（孝，不仅仅是简单地做到赡养父母，更是发自内心地敬爱父母。）

讨论：请分析孔子提出这些主张的社会背景，这样的观点在古代能否构建出想象的和谐社会？为什么？（敦行）

（10）"倘子殴其父，则应断其指。"（《汉谟拉比法典》）

"父母使子女从无而变为有，使他们看到这么多美好的事物……"（《回忆苏格拉底》）

"绝不可忘记你母亲的大恩……哺养怀抱，不辞劳瘁。"（《东方的遗产》）

"弟子入则孝，出则弟，谨而信，泛爱众，而亲仁。"（《论语》）

讨论：综合以上材料，请思考在人类早期的多元文明之中，是如何体现和谐共存的？（敦行）

(11) 利玛窦(Matteo Ricci, 1552—1610),字西泰,意大利人。天主教耶稣会传教士、学者。1582 年(明万历十年)被派往中国传教,直至 1610 年在北京逝世,在华传教 28 年,是天主教在中国传教的最早传教士之一。利玛窦成功地觐见皇帝,在士大夫中建立良好声誉和关系,开启了日后其他传教士进入中国之门,也开创了日后 200 多年传教士在中国的活动方式:一方面用汉语传播基督教;另一方面用自然科学知识来博取中国人的好感。

讨论:作为传教士,利玛窦为何可以与明朝的中国人和谐相处? 请查找相关资料分析原因。(敦行)

(12) 2020 年 9 月,习近平总书记在第七十五届联合国大会一般性辩论上正式宣布:"中国将提高国家自主贡献力度,采取更加有力的政策和措施,二氧化碳排放力争于 2030 年前达到峰值,努力争取 2060 年前实现碳中和。"

什么是碳达峰碳中和? 我们为什么要承诺实现碳达峰碳中和? 我国为了实现上述目标,采取了哪些措施? 请查找资料,分享交流。(知本)

(13) Round table discussion (致知)

In the passage Animal Rights, it is said that "No being who is conscious of being alive should be devalued to thinghood, dominated, and used as a resource or goods". In a harmonious relationship with nature, how should human beings guarantee animal rights?

(14) Group project (致知)

The construction of a harmonious society needs joint efforts from all fields of society. But for ordinary people, it is difficult to figure out what they can do to contribute to a harmonious society. Please design a lecture to introduce how an individual can make contributions to a harmonious society with the help of a poster.

(15) Group project (致知)

If you were to make a proposal for improving the harmonious relationship between humans and nature on campus, what would you do?

In your presentation, you should

① point out the problems that can be improved;

② state your reasons;

③ offer your ideas for improvement.

(16) Speech

We can always enjoy the joy brought by some harmonious moments or some harmonious groups in our daily life.

Make a speech on the topic of "My harmonious _____".

和谐与对立

（17）"纯粹之美，虽表示和谐，而其他则尽有不和谐者，故丑与美为对立，丑与艺术不立于反对点也。艺术表现生命，生命中尽有属于丑者，盖丑乃黑暗方面之事，又如何能摈诸艺术之外乎？"请结合这段话，援引具体作品或事例，谈谈你对"对立与和谐"的看法。（衡虑）

（18）"美，不是一种绝对的信念；美是在相对的矛盾对立中寻找微妙的平衡与和谐。"艺术中的光与影、文学中的动与静都体现了这种复杂的关系。请结合具体例子，谈谈你对"对立与和谐"的看法。（衡虑）

（19）钱理群曾指出当下的时代危机在于我们处在一个无真相、无共识、没有确定性的时代，因此人与人、国与国之间争端冲突不断。

赫拉克里特强调："对立产生和谐。"

罗翔认为：一个人成熟的重要标志就是脑海中能够同时存在看似对立的观点。进而成为一个自洽的人。

以上三句话都一定程度上反映了作者对"对立"的看法。你如何理解"对立与和谐"之间的关系？说说你的看法。（衡虑）

（20）"资产阶级，由于一切生产工具的迅速改进，由于交通的极其便利，把一切民族甚至最野蛮的民族都卷到文明中来了。它的商品的低廉价格，是它用来摧毁一切万里长城、征服野蛮人最顽强的仇外心理的重炮。它迫使一切民族——如果它们不想灭亡的话——采用资产阶级的生产方式……它按照自己的面貌为自己创造出一个世界。"（《共产党宣言》《马克思恩格斯文集》）

"不列颠入侵者打碎了印度的手织机，毁掉了它的手纺车。英国起先是把印度的棉织品挤出了欧洲市场，然后是向印度斯坦输入棉纱，最后就使英国棉织品泛滥于这个棉织品的故乡……不列颠的蒸汽机和科学在印度斯坦全境彻底摧毁了农业和制造业的结合。"（《不列颠在印度统治的未来结果》《马克思恩格斯文集》）

讨论：你如何看待当生产力进步后，对原有社会和谐稳定的冲击甚至破坏？（敦行）

（21）冲突下的文化交流：

材料一：公元1258年，旭烈兀攻占了当时的经济文化中心巴格达，其杀戮之惨，焚掠之烈，是历史学家常常用以说明蒙古人入侵西亚造成严重破坏的典型事例。在哈里发投降后十天，把哈里发连同他的官员、亲属，与成千累万的被杀害的人们一样，全都处死，繁荣的巴格达几乎变成了一座荒城。

材料二：蒙古帝国空前辽阔的疆域使得亚欧大陆紧密地联系在一起，扩大了东西方文化交流。蒙古西征军横扫亚欧大陆，扫除了以前各国之间的限制。使得亚欧之间的来往畅通无阻，加速了东西方文化交流的进程。这个时期很多西域人自愿或者被迫来到中土,这些东迁的西域人和当时的女真人、西夏人、南宋人、蒙古人等相互交流、影响,促进文化的交流和发展。在西征时随着蒙古军队的有蒙古人、汉人、钦察人和其他民族的人西至欧洲,也有因西征而东迁的不同民族的人。这种迁徙对当时的人们来说是残酷的,但正是他们的迁徙扩大了东亚和欧洲之间的联系,促进了东西方文化技术的交流,为世界文化交流和世界文明的发展做出了贡献。

讨论:你如何看待在剧烈战争冲突下,以不和谐方式产生的文明交流?(敦行)

(22)18世纪的梅森瓷器是欧洲第一代自主生产的瓷器。1708年,贝特格仿制中国瓷器,成功烧制出白瓷。1710年,"梅森"瓷器制造厂成立,成为全欧洲最早成立的瓷器厂,也是全世界最佳的瓷器制造商之一。16世纪以前,海上丝绸之路连接了以中国为中心的东南亚和北亚贸易。此后,在以欧洲国家为主导的海上贸易基础上,出现了全球贸易网瓷器正是在全球贸易的背景下,诉说着中西文化交流互鉴的佳话。

讨论:你如何看待以和谐商贸的路径产生的文明交流?你如何评价战争、人口迁徙、商贸这三种不同路径的文明交流对人类文化演进的影响?(敦行)

(23)基于以上两题,你会发现有的文明交流是在极端不和谐的方式下产生的,有的文明交流是在和谐的方式下产生的。那么文明交流的结果一定是和谐的吗?你如何看待文明交流中的重构与选择?(敦行)

(24)材料一:1996年,美国著名政治学家萨缪尔·亨廷顿认为未来世界的国际冲突的根源将主要不是意识形态的和经济的,而是文化的,全球政治的主要冲突将在不同文明的国家和集团之间进行,"文明的冲突"将主宰全球政治,文明间的(在地缘上的)断裂带将成为未来的战线。这就是著名的"文明冲突论"。

材料二:2014年3月27日,习近平主席访问联合国教科文组织总部并发表演讲,他说:"文明因交流而多彩,文明因互鉴而丰富。文明交流互鉴,是推动人类文明进步和世界和平发展的重要动力。"这一论述,深刻揭示了文明交流互鉴的意义和文明发展的规律,以及文明在世界和平发展中的重要作用。这是中国主张的"文明互鉴"的新文明观。

问题:你认同哪种文明观?两种文明观有何本质区别?分别会带来怎样的结果?请查阅资料并结合典型事例,就其中的一个问题进行阐述分享。(知本)

(25)奶茶界的联名大户喜茶在最近的"梦幻联动"中碰上了钉子。一周前,喜茶与景德镇中国陶瓷博物馆联名推出"佛喜茶拿铁"和3款联名杯、冰箱贴。联名款以景德镇博物馆藏品《釉下加彩十八罗汉塑像》为灵感,推出以其中3尊佛像为主题的周边,在各大门店、线上平台销售。此前相关藏品图片曾被网友配文改成一系列表情包,风靡网络。深圳宗教事务管理局于12月1日约谈喜茶公司,公司于12月3日将相关产品下架,同时就相关情况做出检查。

你如何看待此次喜茶联名但被紧急下架?传统与创新该如何达到一种平衡关系?(知本)

（26）举世闻名的敦煌莫高窟，每年都要吸引着成千上万的游客。游人的增多给当地带来了可观的效益，而因此导致的国宝级壁画被加速毁坏，又让敦煌的研究者们头痛不已。

以敦煌为例，我们该如何正确看待并处理好经济效益、文化传播、保护开发之间的关系？（知本）

（27）Round table discussion（致知）

A company came up with an idea for a product called UnderSkin. The device would look like a pair of tattoos on your arms and the side of your thumb, but it would actually be a very thin computer implanted just below your skin. It would draw power from your body's energy, and you could use it to unlock doors, monitor your health, exchange and store information. Some people argue that medical procedures are meant to heal sick people, and not to give healthy people special powers. Others worry about hacking and privacy. On a more philosophical level, if you have a computer inside your body, are you still human? Or are you a cyborg, a being that is part human and part machine, or a machine that looks like a human being?

Do you think that such technology, if realised, could lead to a more convenient and harmonious society, or would it bring about new conflicts and contradictions?

（28）Speech（致知）

The Greek philosopher Heraclitus once said, "Opposition brings concord（和谐）. Out of discord comes the fairest harmony." What do you think is the relationship between opposition and harmony?

Make a speech on the topic of "Opposition and harmony". Use examples to support your idea.

3. 延伸学习

Traditional Chinese Values: Harmony

讨论记录（1）：

我选择的是第_____讨论题

【观点总结】

讨论记录（2）：

我选择的是第＿＿＿＿＿＿＿讨论题
【观点总结】

讨论记录（3）：

我选择的是第＿＿＿＿＿＿＿讨论题
【观点总结】

讨论记录（4）：

我选择的是第＿＿＿＿＿＿＿讨论题
【观点总结】

场次	时间	衡虑	敦行	致知	知本
自主学习	8:58—9:20				
1	9:20—9:40	讨论题 1	讨论题 9	讨论题 6	讨论题 3
2	9:40—10:00	讨论题 8	讨论题 10	讨论题 13	讨论题 4
3	10:00—10:20	讨论题 7	讨论题 11	讨论题 14	讨论题 5
4	10:20—10:40	讨论题 17	讨论题 20	讨论题 15	讨论题 12
5	10:40—11:00	讨论题 18	讨论题 21	讨论题 16	讨论题 24
6	11:05—11:25	讨论题 2	讨论题 22	讨论题 27	讨论题 25
7	11:25—11:45	讨论题 19	讨论题 23	讨论题 28	讨论题 26

4. 作业

Write an essay in 80 to 100 words on "Towards a More Harmonious World: Our Responsibility".

(六) 教学经验总结

探究性学习中跨学科融合意识启发培养中,上述案例是一个典型的成功案例。那么该案例中有哪些成功经验,值得我们学习呢? 如下进行了简单总结:

1. 超越知识点的讨论主题设计

超越传统知识点的讨论主题设计是市西中学"思维广场"项目的一大亮点。在这个项目中,主题不再局限于课本所涵盖的知识点,而是围绕更为宽泛而深刻的概念展开,比如"和谐"。这种设计激发了学生多维度思考和探究的热情。通过将抽象的概念引入课堂,学生被鼓励去探索这些概念在现实生活中的应用和影响,从而培养他们的批判性思维和创造性解决问题的能力。

在这个设计中,主题的广度和深度给予了学生更大的自由度和挑战性。他们不仅需要理解概念的基本含义,还需要思考其在不同情境下的体现和影响。例如,以"和谐"为主题,教师引导学生思考人与自然、人与社会、人与人之间的和谐关系,探究其中的因果关系和解决方案。这样的讨论不仅仅是知识的传递和消化,更是一种思维的碰撞和创新。通过超越传统知识点的讨论主题设计,学生不再局限于死记硬背和机械运用,而是真正地融入现实生活中。他们学会如何从多个角度思考问题,如何运用跨学科的知识来解决复杂的情境,如何在团队合作中发挥自己的优势。这种设计不仅促进了学生学科知识的综合运用,也培养了他们的创新意识和解决问题的能力,为未来的学习和生活奠定坚实的基础。

2. 开放式任务设计

市西中学"思维广场"项目采用了开放式的任务设计,为学生提供了广阔的思维空间和创造性解决问题的机会。这种设计不仅仅是为了完成任务,更是为了引导学生借助各学科知识深入思考,从不同的角度去探索和解决问题,从而促进思维的碰撞和创新。

在开放式的项目中,学生不再被限制在特定的答案或解决方案上,而是主动去挑战常规,提出自己的见解和想法。例如,在圆桌讨论中,学生们可以就某一话题进行模拟辩论,通过对不同观点的交流碰撞,促进思维的深入和思考的广度。在小组项目设计中,学生可以根据自己的兴趣和专长,选择合适的项目进行设计和展示,充分发挥团队的协作性和创造性。在演讲任务中,学生可以自由选择演讲的主题,并通过自己的观点和例子来支持论点,展示出个人的独立思考和表达能力。通过开放式任务设计,学生得以在实践中学会灵活运用各学科知识,培养跨学科思维和综合能力。他们不仅仅是在完成任务,更是在解决实际问题的过程中,提升自己的思维水平和创造性思维能力。这种开放式的设计为学生提供了一个自由、积极、探索的学习环境,激发了他们的学习兴趣和动力,为未来的发展打下坚实的基础。

3. 多元教学形式

市西中学"思维广场"项目以多元的教学形式为学生提供了丰富多彩的学习体验。这种多元教学形式不仅仅是为了传授知识,更是为了激发学生的发散性思维和整合多学科知识能力,培养其全面发展和综合素养。

在圆桌讨论中,学生可以自由地表达观点和想法,模拟真实生活中的讨论场景。通过与同学们的互动交流,不仅可以提高口头表达能力,还可以从不同的角度去思考和分析问题,培养批判性思维和合作精神。而在小组项目设计中,学生们有机会与同学合作,共同完成一项具有挑战性和创造性的项目。在这个过程中,不仅需要发挥自己的创造力和想象力,还需要整合各学科的知识,找到最合适的解决方案。通过小组合作,学生不仅学会了如何有效地与他人合作,还培养了解决问题的能力和团队精神。又如在演讲任务中,学生们有机会展示自己的独立思考和表达能力。通过准备演讲稿、进行预演和实际演讲,可以锻炼口头表达能力和自信心,同时也可以通过演讲的内容展示自己对所学知识的理解和应用能力。

通过这些多元教学形式的设计,学生们不仅可以在实践中学到知识,更重要的是培养了他们的创造性思维、批判性思维和合作精神。这种综合素养的培养不仅有助于学生们在学术上的发展,也为他们未来的个人职业生涯打下坚实的基础。

4. 真实情境设置

市西中学"思维广场"项目通过创设真实情境,为学生提供了一个贴近实际生活的学习环境,培养了他们的创造性思维和批判性思维,提高了他们的解决实际问题的能力。这种真实情境的设计,不仅让学生在学习中感受到真实的挑战和压力,更让他们学会如何面对和解决现实生活中的各种问题。

通过真实情境的设计,学生们可以将所学知识与实际情况相结合,更好地理解和应用所学内容。例如,在"和谐"主题下,教师设计了真实情境中的任务,引导学生从现实生活中存在的问题入手,通过思考和讨论,提出切实可行的解决方案,从而对抽象的概念产生更具体、更深入的认识,培养创造性思维和解决问题的能力。另外,真实情境的设置能够激发学生的学习兴趣和动力,提高其学习的积极性和主动性。当学生感受到所学知识与实际情况的联系时,他们会更加投入到学习中去,积极思考和探索问题的解决方案。

5. 形成性评价

市西中学"思维广场"项目注重形成性评价,通过关注学生各方面表现,鼓励他们在探究过程中持续成长,并通过荣誉称号激励学生积极参与。这种评价方式不仅能够帮助学生认识自己的优势和不足,更能够激发他们的学习动力和积极性,从而实现全面的个人发展。

形成性评价着重关注学生在学习过程中的各方面表现,如课前准备、团队协作、探究创新、学科知识能力整合等。通过对学生表现的全面评价,教师们可以及时发现学生的学习困难和问题,有针对性地进行指导和帮助,从而帮助学生在学习过程中不断成长和进步。另外,通过荣誉称号的设立,市西中学"思维广场"项目激励学生的积极参与和努力探究。例如,"思广之星""学习之星"等荣誉称号的设立,既是对学生学习成绩和综合素养的肯定,也是对他们在项目中积极表现的一种鼓励和激励。这种形式的评价不仅能够提高学生的自信心和自尊心,更能够激发他们的学习动力,从而促进其个人的全面发展。

6. 学生个体差异和全面发展

市西中学"思维广场"项目注重学生个体差异和全面发展,为学生提供自主选择感兴趣的讨论话题的机会,并通过开放的任务设计,全面提升学生的认知水平。这种关注个体差异和全面发展的设计,不仅让每个学生都能够在自己感兴趣的领域有所表现,也让他们在学习中得到全方位的成长和提升。

学生可以根据自己的兴趣和特长自主选择参与感兴趣的讨论话题。通过这种方式,不仅能够激发学生的学习兴趣和动力,还能够让他们在自己擅长的领域得到更好的发展。例如,在"思维广场"项目中,学生可以根据自己的兴趣选择参与圆桌讨论、小组项目设计或者演讲任务,从而在自己擅长的领域有所斩获,提高自己的学习动力和积极性。另外,通过开放的任务设计,学生可以在自主选择的讨论话题中全面提升自己的认知水平。这种任务设计不仅能够培养学生的创造性思维和解决问题的能力,还能够让他们在学术发展上有所突破和提高。

7. 空间设计的创新

市西中学"思维广场"项目在空间设计上展现了创新之举，为多元教学形式的实现提供了便利和舒适的环境。学校采用半开放式的公共区域设计，如衡虑、致知、敦行、知本等讨论室和楼层内的公共区域，这些区域不仅为学生提供了灵活的学习空间，也为跨学科讨论和团队合作提供了便利的条件。这种半开放式的设计不仅能够促进学生之间的交流和互动，还能够为不同形式的教学活动提供合适的场所，从而实现了教学资源的最大化利用。这种创新的空间设计为市西中学"思维广场"项目的多元教学形式提供了重要支持。例如，在圆桌讨论任务中，学生可以在这些半开放式的讨论室中自由地进行讨论和辩论，互相启发和交流；在小组项目设计中，学生可以利用这些公共区域进行团队合作和展示，充分发挥团队的协作和创造力；在演讲任务中，学生可以在这些场所中进行演讲和表达，展示自己的独立思考和表达能力。这种灵活的空间设计为学生们提供了一个舒适、开放、充满活力的学习环境，激发了他们的学习热情和创造力，促进了教学效果的提高。

8. 探究性学习模式

市西中学"思维广场"项目通过跨学科融合的探究性学习模式，为学生提供了一个全新的学习范式，拓展了他们对讨论主题的认知，并提高了解决实际问题的能力，为应对未来挑战打下坚实的基础。这种探究性学习模式不仅让学生在学术上有所突破，更培养了他们的综合素养和创新能力。

跨学科融合的学习模式，学生可以从不同学科的角度去探究和解决问题，拓展对讨论主题的认知。例如，在"和谐"的主题下，学生可以结合语文学科的知识对"和"进行深入解读，同时又可以结合历史学科的知识了解中国历史上对"和"这一概念的定义，以及结合政治学科的知识分析党的二十大报告中对"和"的解读，从而形成一个全面的认知视角。这种跨学科的探究性学习模式不仅能够拓展学生的知识面，更能够培养他们的跨学科思维和综合能力。而通过探究性学习模式，学生提高了解决实际问题的能力。在项目中，学生通过真实情境的设置和开放式任务设计，积极探索和解决现实生活中存在的各种问题，如人与自然的关系、校园和谐等。通过这种实践探究的过程，学生不仅能够提升解决问题的能力，还能够培养创新思维和团队合作精神，为未来面对各种复杂挑战打下坚实的基础。这种探究性学习模式使学生不再局限于课本知识的传递，更能够培养他们的实际运用能力和创新思维，使其具备更强的适应能力和竞争力。

第三节　从"教"走向"学"

从"教"走向"学"是教育领域的一个重要转变，它标志着教育理念和实践方式的深刻变革。传统的教学模式着重于教师的灌输和传授知识，学生被视为被动的接受者。而从

"教"走向"学"意味着将学生置于学习的中心地位,倡导以学生为主体,以构建深层次的学习体验为目标的教学方式。

从"教"走向"学"的转变强调学生的主动参与和自主学习。传统教学中,教师扮演着知识的传授者和权威人士的角色,而学生则被动接受教育,往往缺乏主动性和独立思考能力。而从"教"走向"学"则鼓励教师在课堂中扮演引导者和促进者的角色,激发学生的好奇心和求知欲,引导他们主动探索和发现知识,从而培养学生的自主学习能力和问题解决能力。从"教"走向"学"还强调个性化和差异化的教学。在传统教学中,教师往往采用"一刀切"的教学方式,忽视了学生个体差异和学习风格的多样性。而从"教"走向"学"则注重根据学生的特点和需求,量身定制教学计划和内容,提供个性化和差异化的学习支持。通过灵活运用教学方法和手段,教师可以更好地满足不同学生的学习需求,激发他们的学习兴趣和潜能。另外,从"教"走向"学"的转变强调学生的自主学习和自主发展。传统教学往往将学生视为被教育的对象,忽视了他们的主体性和自主性。而从"教"走向"学"则强调学生在学习过程中的积极参与和主动探索,倡导学生在教师的引导下自主构建知识体系,培养他们的批判性思维和创新意识。通过提供开放式的学习环境和探究性的学习任务,教师可以激发学生的学习潜能,培养他们的自主学习能力和终身学习意识。

一、阅读教学——元认知策略

元认知策略是指学习者在学习过程中对自己的认知活动进行监控、调控和控制的策略。它是指导学习者主动地组织、管理和调节自己的学习过程,以有效获取、理解和应用知识的方法和技巧。阅读教学中的元认知策略包括了解自己的阅读能力、设立明确的阅读目标、采用有效的阅读策略、监控阅读过程以及对阅读结果进行反思和调整等。

了解自己的阅读能力是元认知策略的第一步。学生应该意识到自己的阅读能力水平,如词汇量、阅读速度、理解能力等,并根据自己的实际情况设立合理的阅读目标。设立明确的阅读目标是元认知策略的关键之一。学生应该明确自己阅读的目的和期望达到的效果,例如获取特定信息、理解文章主旨、扩大知识面等。采用有效的阅读策略是提高阅读效率和质量的关键。学生可以根据不同的阅读目标采用不同的阅读策略,如快速浏览、精读、扫读、借助标记、做笔记等。在阅读过程中,学生还应该不断监控自己的阅读行为,发现和解决阅读中遇到的问题,确保阅读的顺利进行。另外,对阅读结果进行反思和调整是元认知策略的重要环节。学生应该对自己的阅读过程和阅读成果进行评估,分析自己的阅读行为和阅读理解水平,及时调整阅读策略和方法,以提高阅读效率和质量。

基于元认知策略的自主学习能力培养旨在引导学生认识和了解自己的阅读能力水平,设立明确的阅读目标,采用有效的阅读策略,持续监控和调整阅读过程,并对阅读结果进行反思和评价,从而培养学生的自主学习能力,提升他们的阅读水平和学习效果。如下以具体的案例对这一教学实践进行分析。

案例七：

（一）案例概述

本案例选取《普通高中选修课程用书·英语［选修第一册］(湖南版)》中的《Fun with science》单元。教师教学内容设计具体如下：

课文标题	The human microbiome: an invisible microuniverse
单元名称	Fun with science
教材版本	普通高中选修课程用书·英语［选修第一册］(湖南版)
授课年级	高二

教学设计理念

《普通高中英语课程标准(2017年版2020年修订)》指出，英语学科核心素养由四大要素构成，即语言能力、文化意识、思维品质和学习能力。本节课结合文章体裁和阅读目的唤醒学生已经掌握的元认知策略，并搭好脚手架鼓励学生运用相应的阅读策略，克服重重障碍来顺利实现阅读目的，从而实现从"语言知识"的教授上升到"语言能力"的提升，并加强学法指导，引导学生从"会"学习到"能"学习。

教学内容分析

科普类文本 The human microbiome: an invisible microuniverse 以生动的语言介绍了人体中的微生物群系，具有较高的知识性价值，更具备较高的德育价值，有助于传递和引领价值观，激发学生探索未知领域的兴趣和热情。通过深度挖掘文本内涵，课堂教学活动可以使学生认识到只有当人们充分了解科学知识，才能正确地认识宇宙；只有正确把握事物发展的规律，人类才能与自然和谐共处。

过程分析

本节课在阅读前、中、后三个阶段中持续引导学生运用元认知策略，培养学生能自主规划、监督学习过程并进行自我调整的自主学习意识。

在阅读前阶段，教师引导学生基于先前的科普文本阅读经验进行自我评估，唤醒学生的元认知意识，并激活背景知识。

在阅读中阶段，学生首先通过预测文本内容对文本产生阅读兴趣，随后在每个段落中运用恰当的阅读策略实现阅读目的：通过细节佐证，确定段落主题句；借助时间轴，理清逻辑线索；通过识别连接词和其他信号词，总结关键信息；基于词根词缀和上下文，推测生词意思。最后，根据文本内容推断作者的意图、观点或态度。

在阅读后阶段，学生首先回顾阅读过程中使用的阅读策略，并反思使用原因和所得经验，随后将所学知识与日常生活联系起来，尝试将所学应用于实践，并与他人分享自己的学习成果。

教学目标

1. Activate their metacognitive awareness by making self-assessment.
2. Figure out the main idea and key information by applying appropriate reading strategies suitable for popular science articles.
3. Relate what they have learnt from the blog post to their daily life.
4. Share the enlightenment from the correlation between humans and microorganisms with others.

教学重难点

By guiding students to use metacognitive strategies in reading, cultivate students to be autonomous learners who can plan, supervise their own learning process and adjust themselves after reading.

教学过程				
Stage	Time	Teacher's Activities	Students' Activities	Purposes
Pre-reading: strategy input	10 minutes	Awaken students' metacognitive awareness by guiding them to make self-assessment.	1. Activate the prior metacognitive strategies by recalling the frequently used reading strategies. 2. Make full preparations before reading by thinking of the reading purposes and activating background knowledge.	To awaken students' metacognitive skills and prepare them for further learning.
While-reading	15 minutes	**Step one: predict what the text might be about before reading.**		
		Guide students to predict what the text might be about before reading the full text.	Predict the possible content to arouse the interest in reading the full text.	To arouse students' curiosity about the reading material.
		Step two: identify the topic sentence.		
		Guide students to locate the topic sentence quickly and accurately.	Read the 1st paragraph quickly and figure out the topic sentence and find out the supporting details to justify the choice.	To enable students to locate the topic sentence quickly and accurately.
		Step three: figure out the thread of logic.		
		Guide students to figure out the thread of logic.	Read the 2nd paragraph quickly and figure out the thread of logic by completing the timeline.	To enable students to figure out the thread of logic with the help of the timeline.
		Step four: figure out the key information.		
		Guide students to tell the key information from the details.	Read the 3rd and 4th paragraph quickly and figure out the key information by identifying the connective devices and other signal words.	To enable students to figure out the key information by identifying the signal words.
		Step five: guess the meaning of unfamiliar words, phrases, or sentences to improve reading fluency.		
		Guide students to guess the meaning of unfamiliar words, phrases, or sentences.	Read the 5th paragraph quickly and guess the meaning of unfamiliar words, phrases, or sentences according to the prefixes and the context and then finish the reading comprehension exercise.	To enable students to guess the meanings of unfamiliar words, phrases, or sentences to improve reading fluency.

		教学过程		
Stage	Time	Teacher's Activities	Students' Activities	Purposes
		Step six: reason and infer the author's intention, viewpoint, or attitude.		
		Guide students to infer the author's attitude towards the future of the research on microorganisms.	Read the 6th paragraph quickly and think of the writer's attitude.	To enable students to reason and infer the author's intention, viewpoint, or attitude according to what they have learnt in the text.
Post-reading	15 minutes	**Step one: reflect on the reading strategies.**		
		Guide students to reflect on the reading strategies.	Reflect on the reading strategies and figure out the reason why we choose different strategies.	To enable students to understand that the strategies we choose are decided by the genre of the article as well as our aims of the reading.
		Step two: relate book knowledge to daily life.		
		Guide students to relate what they have learnt to their daily life.	Draw some lessons from the text and try to relate the lessons to their daily life.	To enable students to apply what they have learnt to practice.
		Step three: share what they have learnt with others.		
		Encourage students to share what they have learnt with others.	Share their knowledge and thoughts with other students.	To encourage students to share their knowledge and thoughts.
Homework		(Optional) 1. Read the passage again and summarize the main idea and the main points of the passage in no more than 80 words. Use your own words as far as possible. 2. Or search the Internet for further information about microorganisms and prepare to share your updated knowledge with your classmates during the next class.		To consolidate what has been learnt in the class and to encourage students to explore more on this topic after class.

附:学生学案

Task sheet

I. Strategy learning:

1. Metacognition (元认知) and learning

Metacognition is often referred to as "thinking about thinking". "Going meta" means becoming the audience of your own performance. Learning cannot be autonomous if there is no metacognition to plan, organize and supervise the process.

2. Awaken your metacognitive awareness by making self-assessment:

Reading procedures (阅读步骤)	Metacognitive awareness (元认知意识)	Reading strategies	Self-assessment (自我评估)
Pre-reading (阅读前)	I have clear aims (我很明确阅读目标)	Gathering information (获取信息)	
		Understanding the main idea (理解主旨)	
		Analyzing and evaluating (分析评估)	
		Exploring and discovering (探索发现)	
		Enjoying & entertaining (享受娱乐)	
		Learning the language (学习语言)	
		Other purposes (其他)	
	I make full preparations (我会做好阅读准备)	Previewing titles and subtitles (预览标题和副标题)	
		Checking paragraph structure (查看段落结构)	
		Observing charts and images (观察图表和图像)	
		Reading the beginning and ending (阅读开头和结尾)	
		Noticing bold, italic, and quotation marks (注意粗体、斜体和引号)	
		Searching for and activating background knowledge (查找 & 激活背景知识)	
		Predicting the content (预测内容)	
		Other preparations (其他)	

续　表

Reading procedures（阅读步骤）	Metacognitive awareness（元认知意识）	Reading strategies	Self-assessment（自我评估）
While-reading（阅读中）	I apply appropriate skills（我会运用适当技巧）	Identifying topic sentences/central ideas（主题句/中心思想）	
		Inferring from context-guessing the meaning of unfamiliar words, phrases, or sentences to improve reading fluency（上下文推测—猜测生词、短语或句子的含义，提高阅读流畅度）	
		Highlighting key points and difficulties（划重点和难点）	
		Self-questioning（自我提问）	
		Reasoning and inferring the author's intention, viewpoint, or attitude（推理推断作者的意图、观点或态度）	
		Summarizing and synthesizing-extracting main points, key information, and major arguments（概括总结—提炼出主要观点、关键信息和主要论据）	
		Reflecting and reviewing（反思和复盘）	
		Other skills（其他）	
Post-reading（阅读后）	I adopt strategies accordingly（我会采取相应的策略继续学习）	Rereading key and difficult points（重读重点难点）	
		Checking the dictionary to verify my guesses（查字典检测自己的猜测）	
		Recalling the core content of the text（回顾文章核心内容）	

Reading procedures (阅读步骤)	Metacognitive awareness (元认知意识)	Reading strategies	Self-assessment (自我评估)
Post-reading (阅读后)	I adopt strategies accordingly (我会采取相应的策略继续学习)	Summarizing the main points of the text in my own words (用自己的话概括文本主要内容)	
		Making my personal response to the reading (生成我的读后感)	
		Sharing my thoughts on the text with someone (我跟其他人分享我的读后感)	
		Finding ways to apply the content I've read to learning and daily life (我如何把读到的内容用于学习和生活)	
		Exploring related knowledge (探索相关知识)	
		Other strategies (其他)	

II. Pre-reading activities:

1. I have clear aims

2. I make full preparations

III. While-reading activities:

1. Reading strategy one: prediction

Take a quick glance at the title, the first paragraph and the last paragraph and predict what the text might be about before reading the full text.

2. Reading strategy two: locating the topic sentence

(1) Feature of the topic sentence: The topic sentence should be specific enough for readers to identify the main idea of the paragraph and it should be general enough to leave enough room for further examples and explanations.

(2) Write down the topic sentence of paragraph 1:

3. Reading strategy three: highlighting the key information with the help of the timeline

Complete the following timeline:

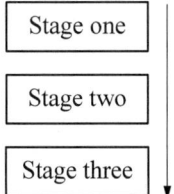

4. Reading strategy four: figuring out the key information by identifying some signal word:

The main idea of the third paragraph		
Supporting ideas	Supporting idea 1	
	Connective device: _____ ＋Supporting idea 2	
	Connective device: _____ ＋Supporting idea 3	

The main idea of the fourth paragraph	
Detailed information	Signal word(s):
	Signal word(s):
	Signal word(s):

5. Reading strategy five: guessing the meaning of unfamiliar words, phrases, or sentences to improve reading fluency

Guess the meaning of the following words:

Group 1:

　　prefix

　　microbiome

　　microorganism

　　microuniverse

　　transplant

　　malnutrition

Group 2:

　　context

　　psychological

　　relieve

6. Reading strategy six: Reasoning and inferring the author's intention, viewpoint, or attitude

What is the blog post writer's attitude towards the future research on microorganisms?

A. indifferent　B. optimistic　C. pessimistic

IV. Post-reading activities:

1. Pair work: relate what you have learned from the text to your daily life

2. Group work: share what you have learnt with us by delivering your own TED speeches

Group 1	Brief introduction to the human microbiome
Group 2	The reason why we should take good care of our microorganisms
Group 3	The achievements we have made about how to apply the research result to medicine and what remains to be explored
Group 4	The enlightenment from the correlation between humans and microorganisms

V. Assignments (optional)

1. Read the passage again and summarize the main idea and the main points of the passage in no more than 80 words. Use your own words as far as possible.

2. Or search the Internet for further information about microorganisms and prepare to share your updated knowledge with your classmates during the next class.

(二) 教学经验总结

上述案例中充分体现了基于元认知策略的阅读教学方法的有效性,通过明确学习目标、阶段性指导、灵活运用策略、学生参与和合作、联系实际生活以及鼓励反思和总结等措施,有效地提高了学生的阅读能力和自主学习能力。

1. 明确学习目标

上述案例的教学设计设定了明确的学习目标,确保学生在课堂学习过程中能够清晰地了解他们需要达到的目标,同时也为教师提供了指导和支持学生的依据,从而有效助力学生达成学习目标。这一明确的学习目标能够激发学生的学习兴趣,提高他们的学习动机,并有效地引导他们的学习方向。在上述案例中,教学设计明确了四个学习目标:激活元认知意识、运用适当的阅读策略、将所学知识与日常生活联系起来、与他人分享所学知识。通过这些目标的明确设定,学生清楚地知道自己需要在课堂中得到什么样的学习成果,并且在学习过程中得到相应的支持和指导。例如,在课前进行元认知策略的自我评估,课中运用不同的阅读策略解读科普文章,以及课后与同学分享学习成果等。

明确的学习目标有助于提高教学效果,使学生在学习过程中能够更加专注和有条理。它们为学生提供一个明确的学习方向,并鼓励他们在实现目标的过程中积极参与。同时,明确的学习目标也有助于教师更好地组织教学活动,设计相关的评估方式,并及时调整教学策略以满足学生的学习需求。总的来说,通过明确学习目标,教学设计能够更加有效地引导学生的学习,促进他们的全面发展。

2. 阶段性指导

上述教学案例中将学习过程分为阅读前、中、后三个阶段,并在每个阶段引导学生使用不同的阅读策略,这是一种有效的阶段性指导方法。这一方法能够帮助学生逐步提高阅读能力,理解和应用所学知识。在上述案例中,教师在阅读前阶段通过引导学生进行自我评估,激活他们的元认知意识,并在阅读中阶段通过不同的阅读策略,如预测内容、识别主题句、理清逻辑线索、找出关键信息、推断作者意图等,引导学生深入理解文章内容。在阅读后阶段,学生通过反思阅读策略的使用、将所学知识与日常生活联系起来以及与他人分享学习成果,进一步巩固所学内容。这种阶段性指导的方法使学生在学习过程中逐步建立起阅读的技能和策略,并且能够将所学知识应用到实际生活中。通过在不同阶段引导学生使用不同的阅读策略,教师能够更好地满足学生的学习需求,提高他们的学习效果。同时,这种方法也培养了学生的自主学习意识和能力,使他们能够在学习过程中自主规划、监督和调整,从而更好地实现学习目标。总的来说,阶段性指导是一种有效的教学方法,能够促进学生的全面发展,提高他们的自主学习能力。

3. 灵活运用策略

在上述案例中,教师通过设计多样化的阅读策略,如预测、定位主题句、识别信号词等,帮助学生学会根据文本类型和阅读目的灵活运用不同的阅读策略。这种灵活运用策略的学习经验在提高学生的阅读能力和理解能力方面起到了重要作用。

在阅读前阶段,学生通过预测内容来激发对文本的兴趣,并提前了解文章的大致内容,从而为后续的阅读打下基础。在阅读中阶段,教师引导学生运用定位主题句,识别信号词等策略,帮助他们快速捕捉文章的主旨和关键信息,有效提高阅读效率。在阅读后阶段,学生通过反思所使用的阅读策略,并将所学知识应用到实际生活中,巩固所学内容,提高学习的深度和广度。这种灵活运用策略的学习经验不仅有助于提高学生的阅读技能,还培养他们的学习策略意识和解决问题的能力。通过在不同阶段使用不同的阅读策略,学生学会根据不同情况选择合适的策略,提高自主学习的能力。同时,这种灵活运用策略的学习经验也丰富了学生的阅读经验,增强了他们对阅读的兴趣和信心,促进了他们的全面发展。总的来说,通过灵活运用多样化的阅读策略,教师能够有效提高学生的阅读水平,培养他们的自主学习能力,从而更好地实现教学目标。

4. 学生参与和合作

在上述案例中,通过小组讨论、分享以及作业设计等形式,教师成功地激发了学生的学习兴趣,培养了他们的合作精神和自主学习能力。

通过小组讨论和分享的形式,学生有机会与同学交流和分享自己的理解和观点,从而拓展思维,加深对知识的理解。例如,在阅读后阶段,鼓励学生与他人分享学习成果,这不仅加强了学生之间的交流与合作,也让他们从他人的观点和经验中学到更多。另外,通过作业设计的形式,引导学生将所学知识应用于实践,巩固所学内容,并培养他们的自主学习能力。例如,作业设计中提到阅读再次概括文章主旨和要点的任务,以及搜索互联网获取更多关于微生物的信息并准备与同学分享的任务,这些任务都能够激发学生的学习兴趣,促进他们在课外主动探索和学习。这些学习经验不仅能够增强学生的学习动机和兴趣,还有助于培养他们的合作精神和自主学习能力。通过与同学的交流和合作,学生能够相互启发,共同探讨问题,从而更好地理解和消化所学知识。同时,通过作业设计的形式,引导学生独立思考、独立解决问题,培养他们的自主学习意识和能力。这种学生参与和合作的学习经验不仅能够提高学生的学习效率,还能够促进他们的全面发展,培养他们的团队合作能力和创新能力。

5. 联系实际生活

上述教学案例中,教学活动设计了与学生日常生活相关的任务,鼓励学生将所学知识与实际生活联系起来,提高学习的实用性和趣味性。在阅读后阶段,要求学生将所学知识与日常生活联系起来,例如,将所学的关于微生物的知识应用到实践中,并与他人分享自己的学习成果。这样的任务设计不仅能够激发学生对所学知识的兴趣,还能够培养学生将所学知识运用于实践的能力,增强学习的实用性。在作业设计中,要求学生搜索互联网获取更多关于微生物的信息,并准备与同学分享,这样的任务设计能够引导学生主动探索和学习,拓展学生的知识面,增强他们对所学知识的理解和掌握。

这种联系实际生活的学习经验不仅能够提高学生的学习兴趣,还能够增强他们对所学知识的理解和掌握。通过将所学知识与实际生活联系起来,学生能够更好地理解知识的实际应用价值,并将所学知识运用到解决实际问题中。同时,这种联系实际生活的学习经验也有助于培养学生的实践能力和创新思维,促进他们的全面发展。

6. 鼓励反思和总结

教师鼓励学生在阅读后活动中进行反思和总结,这对于提高学生的学习效果和深化学生对知识的理解至关重要。在阅读后活动中,要求学生反思所使用的阅读策略,例如识别主题句、寻找关键信息等,并思考为什么选择这些策略以及使用这些策略的效果如何。这样的反思能够帮助学生认识到不同策略的作用和适用情况,从而提高他们的阅读技能和策略运用能力。另外,还要求学生总结所学到的知识,并与他人分享自己的理解和感悟。通过与他人分享,学生可以从不同的角度和观点了解同一篇文章,加深对知识的理解和印象,同时也能够提高他们的表达能力和交流能力。这种鼓励反思和总结的学习经验不仅能够加深学生对所学知识的理解,还能够提高他们的学习效果和自主学习能力。通过反思所使用的阅读策略,学生可以发现自己的不足之处,从而有针对性地改进和提高自己的阅读技能。同时,通过总结所学知识,并与他人分享,学生能够加深对知识的理解和印象,提高学习效果,培养他们的合作精神和交流能力。

二、自主学习探究,畅游学术海洋

通过研究性论文实现自主学习策略导向下的教学创新探索是一项重要而富有挑战性的任务。这一研究不仅需要对自主学习策略的理论进行深入挖掘和理解,还需要结合实际教学场景,探索有效的教学方法和策略。在论文中,研究者需要进行广泛的文献综述,系统地梳理自主学习策略在教育领域的理论基础和实践经验。研究者还要设计并实施针对特定教学对象和学科领域的教学创新方案,通过实地教学观察和数据收集,监测教学效果并进行数据分析。最后,研究者应撰写系统而全面的论文,总结教学创新的成果和经验,对自主学习策略在教育实践中的应用进行深入探讨,为教育教学领域的发展提供有益的启示和借鉴。

案例八:自主学习探究,畅游学术海洋——以市西中学拓展性论文项目为例

(一) 项目背景

英语学科相关的拓展性研究学习不仅考验语言能力的综合运用,更能锻炼高阶思维的多方面能力。英语学科拓展性论文就是一种具有高价值的学习形式,学生自选主题,自主提出问题,建立猜想,并通过一系列的研究探索展开验证,最终形成结论并撰写论文。市西中学十分重视学生拓展性论文的研究和撰写,拓展性论文项目要求在高中阶段,每位学生独立完成至少一篇合乎学术规范的学科拓展性论文。

(二) 项目目标

(1) 引导学生了解学术规范,认识学术研究的过程和方法;

(2) 激发学生的创造力,培养从生活和学习中发现问题的能力;

(3) 培养学生在信息检索、评估、整合过程中的批判性思维能力;

(4) 引领学生勇于面对学习困难并加以解决,主动调控心态和情绪。

(三) 实施过程

市西中学拓展性论文项目的实施过程大致分为选题、开题论证、中期论证、结题答辩四大阶段。学生以个人兴趣为引领,初步规划研究方向,挑选一个自己感兴趣的学科或跨学科问题。随后,通过学生和教师的双向选择,确定拓展性论文的指导教师。在导师的指导下,学生在文献检索和资料分析的基础上,明确论文选题,提交《立项申请书》,进行开题论证。随着学生研究进程的推进,学生在导师审核成果后,提交《中期论证申请表》,最后完成论文终稿,提交《结题申请书》,参加学科教研组组织的论文答辩。

英语拓展性论文的选题方向可以包括：语言学习、城市与国家、文学与艺术、社会交际以及历史、社会与文化等。以高二学生杨昕乐撰写的《高中生视角下〈起死〉杨、戴英译隐喻性四字格分析》为例。从选题到结题的过程中，杨同学在一次次的思考中打破思维的束缚，寻找更优的解决路径，挖掘新的思路和见解，基于证据提出自己的观点，提高了高阶思维的多方面能力，包括但不限于创新能力、问题求解能力和批判性思维能力。

在最开始，杨同学就选择英语作为论文的大方向，并结合个人兴趣，将翻译策略研究作为主要的选题目标。但很快她陷入第一次迷茫：翻译研究的范围较大，几次选题尝试都在文献检索中被证明范围过大，仅以高中生的视角较难开展研究。经过导师的指导，她试着聚焦现实的教材视域和实际的应用价值，将关键词范围缩小到隐喻性四字格、中译英，并根据语文学习的情况，最终选定鲁迅的《起死》杨宪益、戴乃迭英译本作为翻译策略分析的基础，分析其中对于隐喻性四字格的翻译策略，创新性地将《起死》的英译研究与隐喻性四字格相结合，并着眼于高中生学习的实际，归纳高中生汉译英实践中对于四字格处理的方法，最终形成如下结论：通过分析《起死》杨宪益、戴乃迭英译本中对于隐喻性四字格的翻译策略，发现译者针对隐喻性较强的复杂文本，以忠实翻译为主，较多地采取了归化策略，将文本旨意清晰地呈现；同时，采用异化策略，从形式和内容上确保文意的完整转化。在此基础上，论文归纳了高中生汉译英实践中对于四字格处理的方法，即以归化策略体现语义为首要；其次采用直译方法，以求能够完成清晰、完整、正确的译文。

（四）评估方法

对学生拓展性论文的评估贯穿整个实施过程。在选题阶段，导师主要考量学生所选研究方向的创新性、可行性和应用价值；在开题论证阶段，导师和答辩组教师主要关注文献综述的广泛性和深度，以及学生论证的逻辑性和说服力，考查学生是否广泛查阅相关文献，是否能够批判性地分析和综合信息，在此基础上是否提出逻辑严密的论点；在中期论证阶段，导师和答辩组教师主要关注研究过程的系统性，考查学生在论文撰写过程中是否有条理地组织材料、合理规划时间，并按照科学研究的步骤进行；在结题答辩阶段，导师和答辩组教师主要关注论文的写作质量、结论的有效性，以及学生的自我评价和反思，考察论文的语言表达和文章结构是否遵守学术规范，学生是否能够基于研究结果得出合理的结论，对研究过程和成果是否有深度的反思和评价等。

（五）项目总结

市西中学以多元的路径推进拓展性论文项目的相关工作，鼓励学生进行学术探究，并提供多方位的助力。每周五的学术探究日课程不仅引领学生养成学术探究、自主学习的兴趣，也为学生开阔视野，为学生的选题方向提供思路和灵感，如英语教研组教师开发的《英语戏剧欣赏与表演》《英语经典文学赏析》《从听说到口译》《高中英语学术性写作》等选修课为学生打开多方面的英语学科拓展性论文选题思路。学生也可以在学术探究日选修拓展性论文的通识课程,或是在 TeachAI 网学平台观看课程同步微视频,在学术规范、文献检索、数据处理等方面获取学术研究的必要知识。此外,学校也充分利用学术节、专题讲座等契机,为学生提供指导、答疑解惑。在一年一度的学术节上,不同学科的优秀拓展性论文进行汇报展示;在期中或期末考试后的讲座中,学校邀请领域专家、学科教师或往届学生,指导学生的论文选题;在年级范围内的学生活动和家长会中,项目负责教师明确拓展性论文的实施规范和具体要求;在各个班级的主题班会中,班主任组织学生就选择研究方向、寻找合适途径、与导师高效沟通等方面交流经验。另外,学生也在此过程中发挥自主管理的作用,各班级的学习委员与自管会的拓展性论文自主管理小组一起,定期向班级同学了解论文选题和撰写过程中的困难和问题,并及时反馈。从项目实践结果上来看,拓展性论文对于发展学生自主学习探究的综合能力具有重要影响,有助于培育学生的学术素养,为学生未来的学术生涯和专业、职业选择奠定基础。

(六) 自主学习探究经验总结

上述案例中,市西中学拓展性论文项目的成功实践为学生的学术探究提供了丰富的机会和支持,有助于他们培养综合能力,为未来的学术生涯和职业发展奠定坚实的基础,同时也为自主学习探究提供宝贵的经验。

1. 注重学生自主选择和研究

在教育实践中,给予学生自主权和选择权,能够更好地激发他们的学习兴趣和动力,培养其自主学习的能力。上述案例中,让学生自主选择研究方向和选题,能调动他们的学习积极性。每个学生都有自己的兴趣和擅长领域,在自主选择研究方向的过程中,他们可以根据个人的兴趣和志向进行决策,从而更加主动地投入到学习中去。市西中学的拓展性论文项目中,学生可以根据自己的兴趣选择研究的主题,如语言学习、城市与国家、文学与艺术等,这种自主选择的过程能够让学生更加投入到研究中去,提高学习的效率和质量。

注重学生自主选择和研究还能够培养学生的自主学习能力和创新能力。在自主选择研究方向和选题的过程中,学生需要独立思考、分析问题,并找到解决问题的方法和途径。这种自主学习的过程能够促使学生主动探索知识,培养其独立思考和解决问题的能力。例如上述案例中,学生需要自主进行文献检索和资料分析,明确论文选题,并通过一系列的研究探索展开验证,这种自主学习的过程能够锻炼学生的批判性思维能力和创新能力,培养其解决问题的能力和创新意识。因此,注重学生自主选择和研究不仅有助于提高学生的学习积极性和投入度,还能够培养其自主学习的能力和创新能力,为其未来的学习和发展奠定良好的基础。

2. 提供多元的学术资源和指导支持

市西中学通过学术探究日、选修课程、在线平台、专题讲座等多种途径为学生提供了丰富的学术资源和指导支持,使他们在拓展性论文项目中能够得到全面的帮助和指导。

学术探究日为学生提供了一个专门的学术学习平台,通过各类课程和活动,引导学生进行学术探究和自主学习。例如,英语教研组开发的选修课程如《英语戏剧欣赏与表演》《英语经典文学赏析》等,为学生提供了不同领域的学术研究方向,帮助他们开阔视野、深化理解,为论文选题提供丰富的思路和灵感。另外,学校的网学平台如 TeachAI 为学生提供了便捷的学术资源获取途径。学生可以通过在线课程和微视频,了解学术规范、文献检索、数据处理等方面的知识,提升其学术研究的技能和水平。这种多元的学术资源不仅方便学生的学习,还能够帮助他们更好地应对论文项目的挑战,提高论文质量和成果效益。同时,学校还定期举办专题讲座,邀请领域专家、学科教师或往届学生,为学生提供学术指导和答疑解惑。这种面对面的交流和指导能够帮助学生解决研究中的困惑和问题,提高其学术研究的效率。因此,通过提供多元的学术资源和指导支持,学校为学生拓展性论文项目的顺利实施提供了有力的保障,丰富了学生的学术学习体验,帮助他们更好地完成学术研究任务。

3. 重视学术规范和批判性思维

重视学术规范和批判性思维是市西中学拓展性论文项目的重要特点之一。该项目要求学生在研究和论文撰写过程中严格遵循学术规范,这有助于培养学生的学术素养和批判性思维能力。

学校着重强调学术规范的重要性,引导学生在研究过程中注重数据的真实性和准确性,尊重知识产权,杜绝抄袭和剽窃行为。例如,在文献综述和资料分析阶段,学生需要广泛查阅相关文献,批判性地分析和综合信息,确保论文的内容真实可信,论证逻辑严密。这种严谨的学术态度和规范的研究方法有助于提高学生的学术素养,培养其批判性思维能力,使其具备辨别信息真伪和评估信息可靠性的能力。项目要求学生在论文撰写过程中遵循学术写作规范,注重论文的结构合理性和语言表达准确性。学校通过指导学生规范引用文献、格式化论文结构、准确使用术语等方式,帮助学生提升学术写作水平,确保论文质量。例如,在结题答辩阶段,导师和答辩组教师会重点关注论文的写作质量和结论的有效性,考查学生是否遵守学术规范,论文语言表达是否准确清晰,结论是否基于科学论证。这种严格的评估标准和指导反馈有助于激发学生对学术规范的重视和批判性思维的培养,使其在学术研究中能够保持谨慎和严谨的态度,不断提高自己的学术素养和写作水平。因此,市西中学重视学术规范和批判性思维的培养,通过拓展性论文项目的实施,为学生提供了一个良好的学术环境和学习平台,促进其全面发展和成长。

4. 全面评估学生研究过程和成果

市西中学拓展性论文项目的评估方法不仅考虑了学生在选题、论证、撰写等方面的表现,还关注学生的学术素养和批判性思维能力,这有利于发现和解决学生在学术探究中的问题,促进其全面发展。

评估方法注重学生在选题阶段的表现,考量其选题的创新性、可行性和应用价值。学生需要通过认真思考和分析,确定适合自己兴趣和能力的研究方向,从而在后续的研究过程中能够有所突破。例如,在案例中,学生杨同学通过多次尝试和导师的指导,成功将研究方向缩小到符合高中生视角和研究能力的范围,最终选定鲁迅的《起死》英译本进行翻译策略分析,展示其良好的选题能力和创新思维。另外,评估方法关注学生在论证和撰写阶段的表现,考察其文献综述的广泛性和深度,论证的逻辑性和说服力,以及论文的结构和语言表达。学生需要通过广泛查阅相关文献,批判性地分析和综合信息,构建严谨的论证体系,确保论文的内容和结论具有科学性和可信度。例如,学生杨同学通过对《起死》英译本中对隐喻性四字格的翻译策略进行深入分析,并结合高中生的学习实际,提出合理的结论和建议,展现其批判性思维和学术素养。综上所述,市西中学拓展性论文项目的全面评估方法充分考虑了学生在研究过程和成果方面的表现,有助于发现和解决学生在学术探究中的问题,促进其全面发展和成长。

5. 提供学术交流和展示平台

市西中学组织学术节、专题讲座等活动,为学生提供展示和交流学术成果的机会,激发学生的学术热情和创造力。

学术节是学校为学生提供的一个重要的学术交流平台。在学术节上,学生可以通过海报展示、口头报告等形式,向师生们展示自己的研究成果和学术探究成果。这种公开展示的机会不仅能够激发学生的学术热情和创造力,还能够促进学术交流和合作,帮助学生获得认可和鼓励。例如,在市西中学的学术节上,学生以多元形式展示自己的研究成果,与他人进行学术交流和讨论,从中获得启发和反馈,提高自己的学术水平和能力。另外,专题讲座是学校为学生提供的另一个重要的学术交流平台。学校邀请领域专家、学科教师或往届学生来校进行专题讲座,分享他们的学术研究和经验。学生可以通过参加这些讲座,了解前沿的学术动态和研究进展,拓展自己的学术视野和思路,激发学术兴趣和创新意识。例如,在市西中学的专题讲座中,学生可以聆听领域专家介绍最新的研究成果和方法,与他们进行深入的学术交流和讨论,从中获得启发和指导,提高自己的学术素养和能力。综上所述,市西中学通过提供学术交流和展示平台,为学生提供了一个展示和交流学术成果的机会,激发了学生的学术热情和创造力,促进了学生的学术发展和成长。

三、线上课前导学＋翻转课堂推动自主创新

线上课前导学与翻转课堂是一种融合互联网技术和课堂生态的教学模式,旨在推动学生的自主学习。通过线上课前导学,学生可以在课前自主选择学习内容,通过网络资源获取相关知识,为课堂学习做好准备。而在翻转课堂中,教师将课堂时间用于引导学生深入学习和讨论,激发其学习兴趣和思考能力。这种组合式的教学模式有效地促进了学生的自主学习,提高了他们的学习效率。下面以市西中学搭建 TeachAI 网学平台为例,对如何借助线上课前导学＋翻转课堂推动自主创新进行分析。

案例九:

(一) 案例背景

市西中学搭建 TeachAI 网学平台,为学生提供系统、多样化的英语学科学习资源。平台上的各板块内容分别着眼于对语言能力、文化意识、思维品质的培养,并最终合力促成学生自主学习能力的提升。

"语法知识"板块梳理高中阶段的语法知识结构,呈现教师讲解语法知识的视频,并配以相关练习,培养学生的语言意识和语感,筑牢语言能力这一构成英语学科核心素养的基础。语法知识视频以专题和子主题的层级结构呈现,清晰的架构便于学生在日常英语学习中有问题时精准定位语法知识,随时观看讲解视频或重做练习以进行复习。

"文化知识"板块呈现教师讲解和指导视频,辅以相关图表、图片、音频等,展示英国文化、美国文化、中华传统文化、跨文化沟通与交际等专题内容,以多样的形式激发学生的学习兴趣,提高学生的文化意识和思维品质。系列视频引导学生认识英语国家文化,正确观察语言和文化的各种现象,进行文化比较与分析,培养跨文化交际能力,并学习如何用恰当得体的英语讲好中国故事、传播中国文化。

"教材教学"板块提供与教材相链接的单元导学微视频,通过适当且科学的内容呈现和提问引导,促使线上导学与英语课堂教学相融合,助推教学中对学生高阶思维能力的培养。视频基于单元目标,根据各课型做出合理设计,以简洁生动的导入引发学生兴趣,以基础知识的夯实节省课堂时间,以拓展延伸的材料引导学生深入探究,从而为课堂中知识的系统建构打下基础。

"学科活动"板块通过展示丰硕的活动成果,为学生打开探索市西中学特色英语学科活动的大门,激励学生协调发展英语学科核心素养的四大要素。其中有的视频记录了英语戏剧节中学生自创剧本、自行排练的精彩过程,有的则是学生作主题演讲或读书推荐,还有的是学生以小组为单位制作的"文化初探"系列视频,既为学生提供向同伴学习的机会,更鼓励各年级学生积极参与不同阶段的学科活动,整合性地运用多元化能力。

通过在网学平台上的自主学习,学生的学习能力得到有效提升。从学习"教材教学"

板块的导学视频开始,学生意识到线上平台与线下传统课堂相结合的学习形式不仅新颖,更具有高效性和便捷性,"学习方法"板块的系列视频也为学生探索适合自己的学习方法提供引导。由此,学生自然地认识到在线自主学习对英语学习的助力,自发地探索平台上的其他板块学习资源,并通过网络等多种信息渠道就相关主题获取更多拓展知识,逐渐具备积极拓宽英语学习渠道的良好学习能力。此外,网学平台的学习模式有别于传统课堂的学习模式,学生具有更大的自主权,不同层次、不同学习风格的学生可根据个人的学习需求选择学习的内容、时间、速度、次数、频率等,这给予学生足够的个性化学习空间,有助于学生主动调适英语学习策略,做好英语学习的自我管理,自主高效地开展英语学习。

（二）教学设计

课文标题	Island story
单元名称	Making a difference
教材版本	上海教育出版社普通高中英语选择性必修第一册
授课年级	高二
教学设计理念	

	着重以《普通高中英语课程标准(2017 年版 2020 年修订)》教学建议中的第 5 点"重视培养学生的学习能力,为学生学会学习创造条件"和第 6 点"利用现代信息技术,拓宽学习和运用英语的渠道"为指导思想开展了针对该阅读语篇的教学实践探索。课前,学生在 TeachAI 网学平台观看教师自制的预学微视频,并完成预学任务单。课中,学生在教师指导下参与基于语篇的学习理解类和深入语篇的应用实践类学习活动。课后,学生自主选择并参与与本单元话题相关的、以学生为主体的思维广场讨论。在课程标准的指导下,以市西中学的实践项目为载体,将课前线上预学、课中教师导学、课后学生研学有机结合为一体,打破传统的教学时间和空间的概念,让学生学会学习,逐步转变为具有自主学习能力的学习者。

教学内容分析		
What		*Island story* 围绕气候变化对加特利岛的影响展开。开篇引用岛民 John Sailike 的话语,引发读者的阅读兴趣;第二段描述了岛上原始的生活;第三至五段记述了全球变暖对加特利岛的现实威胁、迁移安置对加特利文化的潜在影响和国际社会提供的帮助;第六段首位呼应,表达岛民的担忧,点明气候变化的主题。
Why		作者以加特利岛的不幸遭遇为切入点,以小见大,引发学生对"全球变暖"这一人类共同面对的重要议题的关注,凸显了气候变化的严峻性、人与自然关系的紧密性,以及环境保护的迫切性。
How		作者运用大量描述性语言,帮助读者构想岛上的环境和岛民的生活,原先虽落后但美好的日常生活和海平面上升后的生存状况形成对比,体现出气候变化对岛民生活的影响之大。结尾运用暗喻的手法,引起读者共情,使得读者更能理解气候变化与人类的关系,从而加入应对气候问题的行列。

教学目标

By the end of the period, the students are expected to:
1. grasp the main idea and detailed information by outlining the text content;
2. describe the impact of global warming on the Carteret Islands through retelling;
3. develop empathy and environmental awareness by reacting to the story.

教学重难点

- Key point: Students can grasp the main idea and detailed information and retell the text by referring to the outline.
- Difficult point: Students can interpret the last sentence and respond to the story, thus growing environmental awareness.

教学过程

课前

Watch the micro-learning video, preview the text and finish the worksheet.

课中

I. Reviewing (4 min)

> * T: Invite Ss to share their knowledge of the text based on pre-class online learning.
> * Ss: Review the main idea of each paragraph by referring to the worksheet.
> *Purposes*: To check Ss' preview work and prepare them for careful reading in class.

II. Reading (15 min)

> * T: Guide Ss to have a careful reading and in-depth understanding of the text.
> * Ss: Read each paragraph carefully and outline the main content.
> *Purposes*: To help Ss form a thorough understanding of the text content.

Guiding Questions:
Para. 2: What is your first impression of the Carteret Islands?
Para. 3: How does global warming threaten the survival of islanders?
Para. 4: What might happen when the islanders relocate?
Para. 5: How have people helped the islanders?

III. Retelling (12 min)

> * T: Encourage Ss to retell a part of *Island story* from the first person perspective.
> * Ss: Practice retelling the story by themselves.
> * T: Guide Ss to prepare for a speech at the UN Climate Change Conference, based on retelling, in groups of four.
> * Ss: Practice making a group presentation.
> * T: Invite Ss to retell the story, and deliver their speech.
> *Purposes*: 1. To have Ss consolidate their understanding of the text content;
> 2. To let Ss practice their oral English and group cooperative learning;
> 3. To evoke Ss' empathy by putting themselves in others' shoes.

续　表

课中

IV. Reacting（6 min）

* T：Encourage Ss to respond to the story and interpret the last sentence.
* Ss：1. Respond to the Carterets' experiences；
2. Share their understanding of the last sentence（T‒P‒S）.
Purposes：To raise their awareness of environmental issues.

Guiding Question：
1. How would you respond to the Carterets' experiences?
2. What is your understanding of the last sentence in the passage?

课后

1. Listen to the recording of the text and read aloud the text twice, with emotion.
2. Finish the summary on page 26 in the textbook.
3. Prepare for Thinking Square tasks：

Topic & Resources	Three tasks to choose from：
上教版选择性必修第一册 2A Making a difference Island story	**Round-table discussion：** In the past few years, humans have suffered a lot from the global warming. You may have heard or read some news, stories or predictions, which are disastrous or are similar to the story of Carteret Islands. Please share one or two examples about the impacts of climate change on humans.<hr>**Speech：** In Aug. 2021, the International Panel on Climate Change（ICC）released a major new report concluding that the world cannot avoid some devastating impacts of climate change, but that there is still a narrow window to keep the devastation from getting even worse. Aggressive, rapid and widespread emissions cuts, beginning now, could limit the warming beyond 2050. Please make a speech about what you can do or what humans should do to alter the climate path.<hr>**Group project：** As a group, create an art piece to raise awareness on the topic of climate change. This can be a poster, a song, a story, a painting or a mini-novel, etc. The more creative, the more thought-provoking, the better.

教学设计分析

第一，在"重视培养学生的学习能力，为学生学会学习创造条件"的教学建议的指导下，本节课的教学设计如下：

1. 课前，学生在观看 TeachAI 网学平台的预学微视频时，能够自主选择优势学习环境、时间、方式，开展教师线上指导下的自主学习，并通过学案的完成情况来评判自己的预学成效。在学案的最后一部分，教师特意设计了让学生提问的部分，旨在让学生主动思考，并带着问题走进课堂，为更深入的学习做好准备。

教学设计分析
2. 课中,学生在教师指导下开展个人、配对以及小组活动,特别是 Retelling 部分的活动设计,从个人复述到小组演讲,学生有机会向同学学习,同时需要和小组成员共同合作以完成任务,并基于同学、老师和自我评价来评判自己的课堂学习成效。 　　3. 课后,学生在准备思维广场讨论时,可以选择个人、双人或小组的方式,开展和语篇主题相关的深入探究,并在思维广场中充分交流和探讨自己的观点,从而获得对主题意义的深入理解。 　　第二,在"利用现代信息技术,拓宽学习和运用英语的渠道"的教学建议的指导下,本节课的教学设计如下: 　　1. 课前,学生在 TeachAI 网学平台观看教师自制的预学微视频,此外也可以在线上自主搜索和语篇内容相关、他们自己感兴趣的内容作为补充材料,进行自主学习。 　　2. 课中,教师播放了一段 Carteret Island 的视频片段,借助视频帮助学生更好地和语篇内容产生联结,从而形成对语篇内容和主题语境更深入的认识。 　　3. 课后,学生在准备思维广场讨论时,会大量使用互联网进行内容的搜索和筛选,在这一过程中获得语言和内容的输入,从而在思维广场讨论中进行语言和内容的输出。

(三) 教学设计经验总结

市西中学在英语学科教学中成功实施了线上课前导学和翻转课堂的教学模式,这一模式的成功经验可以总结如下:

1. 提供多样化的学习资源

市西中学搭建 TeachAI 网学平台为学生提供丰富多样的学习资源,这一资源的多样性体现在形式和内容上。平台上提供了预学微视频和教师讲解视频,这些视频以生动直观的方式呈现课程内容,使学生能够通过视听方式更轻松地理解和掌握知识。平台还提供了图表、图片和音频等多种形式的资源,丰富了学习材料,满足了不同学生的学习偏好和需求。例如,对于视觉学习者,图表和图片可以帮助他们更好地理解抽象概念;而对于听觉学习者,音频资源则可以提供额外的学习支持。这种多样化的学习资源不仅为学生提供更为全面的学习体验,同时也激发了他们的学习兴趣。通过丰富多样的资源,学生能够以更加生动有趣的方式进行学习,从而增强他们的学习动力和主动性。例如,通过观看精心设计的预学微视频,学生可以在课前对即将学习的内容有所了解,提前建立学习的基础;而通过教师讲解视频和其他多媒体资源的呈现,学生可以更加直观地理解知识,从而提高学习效果。因此,市西中学通过提供多样化的学习资源,不仅为学生打造了一个丰富多彩的学习环境,还有效地促进了他们的学习兴趣和学习效果的提升。

2. 引导学生自主学习

市西中学在教学中通过引导学生自主学习,建立了一个学习环境和机制,使学生能够在课前、课中和课后都能够主动参与学习。在课前,学生通过观看预学微视频和完成预学任务单的方式,自主选择学习环境和时间,预习课程内容。这种预习的方式不仅让学生在课堂上能够更好地理解和吸收知识,还培养了他们对学习的主动性和积极性。在课中和课后,学生通过个人复述、小组演讲和思维广场讨论等形式,主动参与学习,培养了自主学习的能力和学习方法。例如,通过个人复述和小组演讲,学生可以将自己的理解和思考与他人分享,从而加深对知识的理解和记忆;而通过思维广场讨论,学生可以在思考和交流中不断拓展自己的思维,提高问题解决能力和表达能力。这种学习方式不仅有助于学生更好地理解和掌握知识,还培养了他们的自主学习能力,使其成为具有自主学习能力和终身学习能力的学习者。这种引导学生自主学习的教学模式,为学生提供了更广阔的学习空间和更丰富的学习体验,有效地激发了他们的学习兴趣和学习动力。通过在课前自主预习、在课中主动参与、在课后深度思考和交流的学习过程,学生逐渐形成自主学习的习惯和方法,提高了他们的学习效率和学习质量。同时,这种学习方式也有助于培养学生的创新思维和团队合作能力,促进他们在学习过程中不断成长和进步。因此,市西中学通过引导学生自主学习,不仅为他们提供一个全面发展的学习平台,还为他们未来的学习和生活奠定良好的基础。

3. 利用现代信息技术

市西中学充分利用现代信息技术,特别是互联网和在线平台,为学生提供了更广阔的学习渠道和更丰富的学习资源。通过搭建 TeachAI 网学平台,学校为学生提供了丰富多样的学习资源,如预学微视频、教师讲解视频、图表、图片、音频等。这些资源以多种形式呈现,如视频、图文资料等,极大地丰富了学生的学习体验,使他们在学习过程中更加愉悦和高效。学生可以根据自己的学习需求和兴趣,随时随地通过在线平台获取所需的学习资源,自主选择学习内容和学习方式,实现学习的个性化和差异化。

除了提供丰富的学习资源外,市西中学还通过互联网和在线平台拓展了学生的学习和交流渠道。学生可以通过网络进行深入探究和交流讨论,与老师和同学分享学习心得和体会,共同探讨问题和解决困惑,促进学生之间的互动和合作。例如,在课前预学阶段,学生可以通过观看预学微视频和完成预学任务单,自主获取和预习课程内容;在课中和课后,学生可以通过思维广场讨论等形式,展开深入探究和交流,拓展学习的视野和范围。这种利用现代信息技术的学习模式不仅提高了学生的学习效率,还培养了他们的信息获取和处理能力,为其未来的学习和发展奠定良好的基础。

4. 促进合作学习

市西中学在英语学科教学中积极促进合作学习的实践,通过个人复述、小组演讲和思维广场讨论等形式,为学生提供丰富的合作学习机会。在个人复述环节,学生有机会将自己对课文内容的理解进行表达,同时也可以借此机会倾听同学们的见解,促进学生之间的交流和互动。而在小组演讲环节,学生需要与组员合作,共同准备和展示课文内容,这不仅锻炼了学生的团队合作能力,还提高了他们的表达和沟通能力,培养了学生的领导力和团队意识。另外,在思维广场讨论环节,学生可以自由选择讨论的话题,并与同学们进行深入交流和思想碰撞。这种开放式的讨论形式不仅拓宽了学生的视野,还促进了他们之间的合作与共享,激发了学生的学习兴趣和创造力。通过这些合作学习的机会,学生不仅可以从他人的经验和观点中受益,还可以培养自己的批判性思维和解决问题的能力,为其未来的学习和发展奠定坚实的基础。

第七章　追求有价值的英语学习评价

　　有价值英语学习的评价方式至关重要,在评价中应建立合理的评价框架和标准,以客观评价学生在英语学习中的实际成效和价值获取程度。量化与定性相结合的评价方法可以综合考量学生的学科知识掌握和综合素养发展的情况,使评价更加客观全面。同时,通过自我评价与反思的过程,能促进学生自我认知和学习能力的提升,并更好地了解和把握自己的学习状态和进步方向,以便及时调整学习策略。

第一节　价值学习的评价框架构建

一、新课标下高中英语评价改革

　　《普通高中英语课程标准(2017年版2020年修订)》以核心素养为纲,回答了课程性质、课程理念、课程目标、课程内容、学业质量、实施建议等六大问题。这六大问题犹如六颗珍珠,最终需要用核心素养将其串联起来成为珍珠项链。新课标的突破口之一,是英语学科超越原先的内容要求,采用以核心素养为统领的课程目标、课程内容与学业质量这种"目标一族"来呈现,建构了总体刻画学业成就表现的学业质量,这是新课标在评价理论上的重大突破。

　　高中英语学业质量设置三个水平。这三个水平是根据问题情境本身的复杂程度、问题情境对相关知识、技能、思维品质的要求以及问题情境涉及的情感态度和价值观等进行划分的。每一级水平主要表现为学生在不同复杂程度的情境中,运用知识、技能以及各种重要概念、方法和观念解决问题的关键能力。学业质量的三个水平与必修课程、选择性必修课程和选修课程中的提高类课程有关联性。高中英语学业质量水平的具体要求如下。

　　水平一:学生能够在相对熟悉的情境中,围绕必修课程内容所涉及的人与自我、人与社会和人与自然等主题语境,使用所学的语言知识和文化知识,有效运用学习策略,理解必修课程所规定的不同类型语篇所传递的意义、意图和情感态度,理解语篇中不同的文化元素及其内涵,分析不同语篇类型的结构特征和语言特点,并能以口头或书面形式陈述事件、传递信息、表达观点和态度等。

水平二:学生能够在不太熟悉的语境中,围绕选择性必修课程内容所涉及的人与自我、人与社会和人与自然等主题语境,使用所学的语言知识和文化知识,综合运用学习策略,理解选择性必修课程所规定的不同类型语篇所传递的意义、意图和情感态度,理解语篇中不同的文化元素及其内涵,分析不同语篇类型的结构特征和语言特点,并能以口头或书面形式陈述事件、传递信息、再现真实或想象的经历、阐释观点和态度等。

水平三:学生能够在更加广泛的或不熟悉的语境中,围绕选修课程中提高类课程内容所涉及的人与自我、人与社会和人与自然等主题语境,运用所学的语言知识和文化知识,综合运用学习策略,理解选修课程中提高类课程所规定的不同类型语篇所传递的意义、意图和情感态度,理解语篇中不同的文化元素及其内涵,分析不同语篇类型的结构特征和语言特点,并能以口头或书面形式陈述事件、传递信息、创造性地再现经历、阐释观点和态度等。

高中英语学业质量水平既是指导教师开展日常教学的依据,也是阶段性评价、学业水平考试和高考命题的重要依据。高中英语学业质量水平中,水平一主要用于检测必修课程的学习结果,是高中学生在英语学科应达到的合格要求,也是高中英语学业水平考试命题的主要依据;水平二主要用于检测选择性必修课程的学习结果,是英语高考命题的主要依据;水平三主要用于检测选修课程中提高类课程的学习结果,可以作为其他相关考试或测评的依据。

教学评价是英语课程的重要组成部分,其目的是促进英语学习,改进英语教学,完善课程设计,提高学业质量。科学的评价体系是实现课程目标的重要保障。英语课程的评价应反映以人为本的教育理念,着重评价学生的学科核心素养发展状况,以核心素养的内涵与水平划分为依据,涵盖教学内容的各个方面,体现学业质量的指标要求,采用科学、合理的评价方式和方法,对教学过程实施有效监控,对学习效果进行适时检测。教学评价应贯穿教学过程的始终,体现在教学实践的各个环节,既包括多途径收集信息的过程,也包括针对教学实践的各类反馈信息。

基于英语学科核心素养的教学评价应以形成性评价为主并辅以终结性评价,定量评价与定性评价相结合,注重评价主体的多元化、评价形式的多样化、评价内容的全面性和评价目标的多维化。评价结果应能全面反映学生英语学科核心素养发展的状况和达到的水平,发挥评价的激励作用和促学功能,对英语教学形成积极正面的反拨作用,促进英语课程的不断发展和完善。通过评价使学生在英语学习过程中不断体验进步与成功,认识自我,建立自信,调整学习策略,以此促进学生英语学科核心素养的全面发展。评价应能使教师获得英语教学的反馈信息,对自己的教学行为进行反思和调整,不断提高教育教学水平。评价应能使学校及时了解《课程标准》的执行情况,改进教学管理,促进英语课程的不断发展和完善。新课标中给出了英语评价建议,具体如下。

(一) 突出核心素养在学业评价中的主导地位,着重评价学生的发展与成长

英语评价目标的设定必须与学科核心素养和学业质量标准一致,全面考量语言能力、文化意识、思维品质和学习能力等维度的表现。这种评价旨在建立一个有机的评价体系,确保教学、学习和评价三者之间的一致性和相互促进。评价的手段应当多样化,如日常课堂表现、学习活动达成情况和语言综合运用等方面。通过综合评价全面地了解学生的学习情况和成长过程,为他们提供精准的指导和反馈。

在实际评价中,教师应充分重视学生的日常学习表现和成绩,同时注重学生的核心素养发展。鼓励学生积极参与自评和互评活动,使其从评价的接受者转变为评价活动的主体和积极参与者。通过自我评价和互评,学生可以更深入地了解自己的学习进展和不足之处,从而更有动力地改进和提高。这种评价方式不仅能够促进学生的自主学习和成长,还可以增强他们的学习动机和自信心,为其未来的发展打下坚实的基础。

(二) 突出学生在评价中的主体地位,关注学生的全面发展和进步

在英语评价中,突出学生在评价中的主体地位,着重关注学生的全面发展和进步至关重要。评价目标的设定、评价内容和方式的选择,以及评价方案的实施,都应以促进学生英语学科核心素养的发展为导向。这意味着评价不仅仅是对学生学习成绩的简单总结,更是一个有机的过程,涵盖了学生的语言能力、文化意识、思维品质和学习能力等诸多方面。在评价中,学生既是学习的主体,也是评价的主体。他们应该在教师的指导下,学习使用适当的评价方法和工具,积极参与评价,发现和分析学习中的问题。此外,评价过程也应该为学生提供充分的展示机会,让他们有机会展示自己的学习成果和进步。通过自评和互评,学生可以更好地认识自己的学习状况,从而更有动力地改进和提高。

在实践中,教师的角色是引导学生参与评价,并根据学生的反馈和表现进行调整和指导。评价过程应充分考虑学生的心理和认知发展特点,确保评价方式的合理性和有效性。此外,教师应该鼓励学生主动参与自评和互评,建立起积极的学习氛围。通过评价,学生不仅能够认识自己的学习情况,还能够提高自我监督和自我调控能力。因此,英语评价不仅是对学生学习成绩的反馈,更应该是一个促进学生全面发展和进步的过程。

(三) 关注课堂教学过程,通过英语活动实施各种评价

英语学习活动强调学生主体性和整合性学习,涵盖主题、语篇、知识、技能、策略等多个维度。因此,评价应体现综合性和多样性,以学生的全面发展和进步为目标。首先,教师应根据评价目标设计活动方案,注重学生参与设计,确保方案综合、关联、实践。其次,在活动实施中,教师可以采用提问、讨论、任务完成等方式引导学生思维外化,观察其语言表达、知识广度、思维深度、策略使用等。最后,综合考量学生表现,形成评价结果,把握其在不同维度上的发展情况,为后续学习提供指导。

在课堂评价中,着重考查学生在语言学习过程中的进步,强调评价的过程性和形成性特征,充分发挥诊断性评价的作用。教师和学生同为评价的主体,应注重正面激励,采用描述性、反馈性、等级评定等方式记录学生表现。评价过程中要关注学生的积极性和主动性,包括合作学习、与师生交流等。同时,也应关注学生的注意力、好奇心和解决问题的能力表现。通过对课堂教学过程的全面评价,有助于促进学生的全面发展和提高英语学习的效果。

(四) 注重评价方式的多样性和合理性,切实开展好形成性评价

英语课程的教学评价旨在通过全面观察、监测和评估学生的学习过程,深入了解其个性特征、学习效果和潜在能力,重点关注学生的学习过程和成长历程。因此,评价方式应具备多样性,以应对不同学生的学习需求和特点。教师应以英语学科核心素养为指导,与学生共同设计多样化的评价活动,如演讲、描述、展示、对话、游戏、讨论、思维导图等非传统评价形式。同时,应特别关注形成性评价的实施,通过日常测验、成长记录袋、问卷调查、访谈等方式,结合开放式问题鼓励学生思考,实现对学生学习过程的全面把握和反馈。

在教学评价的设计和实施过程中,教师应根据教学特点和评价目的,综合考虑学生的年龄、心理特征和认知水平,选择合适的评价方式,以实现形成性评价与终结性评价的有机结合。形成性评价作为评价的主要形式,更符合评价的目的和意义。因此,教师应将评价活动融入课堂教学的各个环节,为学生提供多样化的评价机会,并充分引导学生参与评价过程,使之成为学习过程中的有机组成部分,促进学生的有效学习和发展。这样的评价方式,能够更好地了解学生的学习情况,为其提供个性化的指导和支持,推动英语教学向更加灵活、综合和有针对性的方向发展。

(五) 正确处理日常评价与阶段性评价的关系,选择恰当的纸笔测试方法

英语评价应着重于正面激励作用,教师需要根据教学目标和学业要求,及时了解学生的学习效果和阶段性进展,突出评价的过程性特征,为学生提供学习成就的体验和反思机会。

在进行日常评价时,教师应考虑教学目标、内容和学生的学习环境,选择合适的评价方式和工具,并确立切实可行的评价标准。常见的评价方式包括描述性评价、等级评定等,可以运用课堂观察、学习档案、反思日志、问卷调查等形式。在实施纸笔测试时,教师应设计贴近学生生活经验和认知水平的题目,尤其是开放性问题,采取灵活多样的答题方式,避免学生过度焦虑。同时,考虑开卷或闭卷、个体独立完成或小组合作等方式,为学生提供及时的反馈和指导,鼓励他们不断改进和提高。

评价标准的具体性和翔实性至关重要,教师应区分不同表现水平,帮助学生更好地认识自己的学习状况。开放性题目的评价应全面考虑不同观点,为学生提供必要的评

价说明,从任务完成过程、难度和用时量等方面进行综合考量,凸显学生的综合语言运用能力和英语学科核心素养。最终,评价应促进学生的全面发展和提高,根据学生的实际需求和课程特点,制定恰当的评价方式,实现评价的积极效果。

(六) 发挥评价的反哺作用,实现评价为教和学服务的目的

评价在教学中扮演着重要角色,其作用不仅在于检验学生的学习成果,更应强调反馈作用,为教学服务。评价应促进学生的学习体验和认知,培养学生自信心,激发学习兴趣。教师应提供有效的形成性评价反馈,帮助学生不断提高。同时,评价结果应反映教学质量,帮助教师调整教学方法,提升教学水平。评价还应为学校和教育行政部门提供反馈信息,推动教育改革和发展。

教师应客观分析评价结果,及时调整教学计划和方法,给予学生和家长明确的反馈和指导。评价应反映学生的学习成就和不足,同时审视教师的教学表现。教师应与学生和家长充分沟通,共同促进学生的全面发展。最终,评价的真正价值在于反映教学的有效性,推动学生和教师的进步,为教育的长远发展贡献力量。

从中可以看出,英语新课标评价发生了改革。新课标之所以强调推进评价改革,是因为评价关系到培养目标(教育目的)是否且如何得以实现。如何将"想得到的美丽"(培养目标)落实为"看得见的风景"(《课程标准》),再分解为"走得到的景点"(教学目标),教育评价致力于寻求这些问题的专业答案。

二、开展价值学习评价的重要性

价值学习评价是对学生在学习过程中所形成的对知识、技能和情感的认知、理解和价值观的评价,通过评价旨在全面评价学生的学习成果,促进学生的全面发展和个人成长。开展价值学习评价具有如下作用。

(一) 确保评价与学科教育目标的一致性

价值学习评价框架的建立旨在确保评价与学科教育目标的一致性。通过明确的学习目标,评价框架能够为教师提供指导,帮助他们确定合适的评价方式和标准,从而保证评价的准确性和有效性。这种一致性有助于学生理解学习的意义与价值,激发他们的学习动力和兴趣。价值学习评价框架的建立还能够促进教师和学生的共同理解与合作,使评价过程更加科学和有序。同时,确保评价与学科教育目标的一致性,还能够提高评价的公平性和客观性,减少主观因素的影响,为学生提供公正的评价结果,促进其全面发展与个人成长。

(二) 引导学生明确目的性与价值选择

价值学习评价框架的建立可以引导学生明确学习的目的性与价值选择。通过明确的学习目标,学生能够更清晰地知道为何学习英语,除了掌握语言知识,还应对语言背

后的文化、历史、社会等进行多层次的理解。这样的明确性有助于激发学生的学习兴趣和动力,使他们更加积极主动地投入到学习过程中,追求更高的学习成就。通过价值学习评价框架,学生能够理解到学习英语不仅仅是为了应付考试或取得好成绩,更是为了更深入地理解世界,增长见识,提升自身素养,这种价值选择能够引导学生更加积极地投入到学习中去,从而实现个人价值的最大化。此外,价值学习评价框架的建立也有助于激发学生对英语学习的兴趣和动力。通过明确学习目标,学生能够更清晰地认识到学习英语的价值所在,进而树立正确的学习态度和价值取向。评价框架不仅关注语言知识的掌握,还注重对语言背后文化、历史、社会等方面的理解,这种全面性的学习目标能够激发学生的学习兴趣,使他们更加主动地去探索和学习。通过评价框架,学生能够更加清晰地认识到学习英语的价值,进而更加积极地投入到学习中去,实现个人价值的不断提升。

(三) 多样化评价方式全面评估学生水平与态度

价值学习评价框架的建立涵盖了多样化的评价方式,通过课堂表现、作业、考试、口语表达等多元化的评价方式全面评估学生的学习水平和态度。同时,价值学习评价框架的建立也能够促进学生对学习态度的认知和反思。通过多样化的评价方式,学生可以更全面地了解自己的学习情况和表现,从而激发学生的自我认知和自我反思能力。学生在接受评价的过程中,不仅能够了解自己的学习水平,还能够认识到学习态度和方法的重要性,进而调整学习策略,提升学习动力和效果。

(四) 提供个性化评价依据

价值学习评价框架的建立为个性化评价提供了重要依据。通过评价框架,教师可以更全面地了解学生的学习需求、兴趣爱好、学习风格和能力水平,从而为每个学生量身定制个性化的评价方案。评价框架不仅考虑学生的学业水平,还充分考虑其价值观、态度和行为习惯等方面的因素,使评价更加全面和准确。通过个性化评价,教师能够更好地指导学生的学习,帮助他们充分发挥潜力,实现个性化的学习目标。同时,个性化评价也能够增强学生的学习动力和自信心,促进其积极参与学习活动,进一步推动学生的个性化发展和成长。因此,价值学习评价框架的建立为实现个性化评价提供了有效的支持和保障,有助于实现教育的差异化和个性化发展。

(五) 促进学生自主学习与发展

在价值学习评价中,学生不仅能够清晰地了解学习目标和要求,还可以根据自身情况和兴趣选择适合自己的学习内容和方法。这种自主选择的学习方式能够增强学生的学习动力和主动性,激发其学习兴趣,积极地投入到学习中去。同时,价值学习评价框架也能够帮助学生建立正确的学习态度和价值观,认识到学习的重要性,培养出对英语学习的兴趣和决心,从而推动学生自主学习。此价值学习评价框架的建立还能够为学生提供反馈和指导,帮助他们更好地认识自己的学习情况和进步,从而更有针对性地调整学习策略,改进学习方法,进一步促进学生的自主学习与发展。评价框架不仅能够让学生在学习中感受到成就和进步,还能够培养其自我管理和自我调控的能力,使其在学习过程中更加成熟和自信。价值学习评价框架的建立对于促进学生自主学习与发展具有积极的意义。

三、价值学习评价框架构建的原则

价值学习评价框架构建过程中,为了保障评价效果,评价框架应坚持一定的原则。

(一) 客观性原则

价值学习评价框架构建中应坚持客观性原则。客观性原则要求评价过程和结果应该基于客观事实和标准,不受主观因素的影响。评价框架的设计应当充分考虑客观性,确保评价标准、方法和工具能够客观地反映学生的学习表现和发展情况。这意味着评价标准应该明确、具体、可操作,评价方法和工具应该科学可靠、公平公正,评价结果应该客观准确、符合实际情况。坚持客观性原则,评价框架能够有效避免主观偏见和误解,提高评价的公信力和可信度,保障评价结果的科学性和准确性,从而更好地指导学生的学习,促进其全面发展和成长。

(二) 科学性原则

科学性原则要求评价框架的设计应该建立在科学理论和研究基础之上,以确保评价的科学性和有效性。评价框架应当充分结合教育学、心理学、认知科学等学科的理论和方法,借鉴先进的评价模型和工具,科学地制定评价标准、方法和工具。按照这一要求,评价框架构建应充分考虑学生的发展特点和学习需求,结合课程目标和教学内容,合理选择评价指标和方式,确保评价的全面性、准确性和有效性。

(三) 公平性原则

公平性原则要求评价框架的设计和实施应保证每个学生都有平等的机会和条件接受评价,不受个人因素或外部因素的影响。即考虑到学生的不同背景、特点和能力水平,避免歧视和偏见,确保评价的客观、公正和公平。评价标准和方式应设计得尽可能清晰和透明,让学生和教师都能理解和接受,避免主观性和随意性。此外,评价过程应注重个体差异,采用多样化的评价方法和工具,综合考虑学生的多方面表现和发展,避免片面评价和误解。

(四) 全面性原则

坚持全面性原则,评价框架应全面考虑学生的学习成果、学科素养、学习态度和发展潜能等方面,以确保评价的全面性和多维度性。构建时,评价框架应包含多种评价方法和工具,覆盖不同的评价维度和内容;如知识掌握、能力运用、情感态度、价值观念等。同时评价标准和指标应涵盖学科教育目标的各个方面,从而能够全面反映学生的学习状况和成长情况。此外,评价过程也应全面关注学生的个性特点和发展需求,避免片面评价和偏颇观点,确保评价结果的客观性和准确性。

四、价值学习评价框架构建要素

价值学习评价框架构建时,确定价值学习评价框架要素十分重要,这是确保评价全面准确地反映学生的学习情况和态度,促进学生的全面发展和提高的重要保障。

(一)学习目标明确性

在清晰的学习目标下,评价者能明确学生应该达到的语言能力水平,准确地评价学生的学习成果。英语学习目标应该具体而明确,并涵盖语言的各个方面,如听、说、读、写等,以及相关的语言技能和知识领域。明确的学习目标有助于指导教学实践,帮助学生清晰地了解学习的方向和目的,提高学习效率和动力。在价值学习评价框架中,学习目标的明确性也为评价者提供了衡量学生学习成果的标准,使评价更加客观和准确。

为确保学习目标明确性,评价者需要细致地制定和说明学习目标,确保它们具有可操作性和可测量性。如明确指出每个目标所涉及的语言技能、知识和能力,并确保这些目标与课程内容和教学活动相一致。同时,评价者还需要考虑学生的学习特点和背景,制定相应的目标,以便更好地满足学生的学习需求。此外,学习目标的明确性还需要不断地与学生、教师和相关利益相关者进行沟通和调整,以确保目标的实现与评价的有效性和公平性相一致。通过这样的明确性,学习目标能够成为评价过程中的重要参考依据,为学生的学习提供明确的方向和指导,促进他们的全面发展和提高。

(二)多样化的评价方式

在多样化的评价方式下,结合课堂表现、作业成绩、考试成绩、口语表达能力等多种评价方式,评价者能够全面地评估学生的英语水平和学习态度。不同的评价方式可以从不同的角度和维度来观察和评价学生的学习表现,有助于获取更加全面和准确的评价信息。例如,课堂表现可以反映学生的听说能力和参与程度,作业成绩可以评价学生对知识的掌握程度,考试成绩可以衡量学生的学习成绩和应试能力,口语表达能力则可以评估学生的语言运用能力和沟通能力。通过多样化的评价方式,评价者能够更全面地了解学生的学习情况,从而更准确地指导学生学习的提高。

另外,多样化的评价方式还可以帮助评价者更好地适应不同学生的学习特点和需求。不同学生具有不同的学习方式和能力,单一的评价方式可能无法全面地反映他们的学习情况。因此,结合多种评价方式能够更好地满足学生的个性化评价需求,为其提供更加有针对性和有效的评价反馈。同时,多样化的评价方式也有助于促进学生的全面发展和提高。通过综合考量各种评价方式的结果,评价者能够更好地发现学生的优势和不足,为其提供更加全面和个性化的学习指导。因此,多样化的评价方式是构建价值学习评价框架的重要组成部分,有助于提高评价的准确性和有效性,促进学生的全面发展和提高。

(三) 反馈机制

反馈机制不仅提供了学生和教师之间的沟通渠道,还能帮助学生全面了解自己的学习情况,发现优势和不足。通过及时有效的反馈,学生能够更好地认识到自己的学习状态,从而更有针对性地进行学习和提高。反馈不仅限于学生接收到的信息,还包括学生对自己学习过程的反思和自我评价。这种双向的反馈机制有助于学生建立自信心,培养自主学习的能力,进而实现价值学习的目标。

另外,反馈机制还可以帮助教师更好地了解学生的学习情况,指导他们进行教学调整和提高。通过对学生的学习表现进行及时反馈,教师可以发现学生的学习困难和问题,及时进行教学策略的调整,以满足学生的学习需求。同时,反馈机制也有助于教师评估自己的教学效果,发现自身的不足之处,进而提高教学水平。通过反馈机制,教师和学生之间建立良好的互动关系,促进教学过程的顺利进行。

(四) 个性化评价

通过考虑每个学生的学习特点和需求,个性化评价能够更准确地反映学生的学习水平和发展情况,使评价更加公平和准确。不同的学生具有不同的学习风格、学习速度和学习能力,因此,采用统一的评价标准和方法往往难以全面客观地评价每个学生的学习情况。而个性化评价则能够根据每个学生的实际情况进行灵活调整,更好地满足学生的学习需求和发展目标。

个性化评价的重要性在于它能够帮助学生更好地了解自己的学习状态和问题所在,从而有针对性地进行学习调整和提高。通过个性化评价,学生能够得到更加具体、针对性的反馈,了解自己的学习优势和不足之处,为进一步的学习提供有效的指导和支持。同时,个性化评价也能够激发学生的学习动力和兴趣,增强他们对学习的自信心和积极性。根据学生的实际情况设计个性化的评价标准和方法,可以更好地激发学生的学习潜能,实现他们的个人发展目标。综上所述,个性化评价是构建价值学习评价框架的重要组成部分,对于促进学生全面发展和提高学习效果具有重要意义。

第二节 量化与定性相结合的评价

量化评价是使用数量化的指标来评价学生的学习表现,定性评价则是通过主观判断和描述来评价学生的工作表现。而将量化与定性相结合起来可以对学生有价值英语学习进行综合性的评价。

一、量化与定性相结合的评价优势

定性评价是一种通过观察学生的课堂表现、听说读写能力、语言交流能力等方面来进行评价的方法,旨在获取更深入的理解和评估。与量化评价相比,定性评价更侧重于对学生的学习过程和实际能力进行综合性的分析和评估,而不仅仅局限于数字化的成绩和分数。通过课堂观察、作业评价、口语交流、小组讨论等方式,教师可以更全面地了解学生的学习状态、学习动机、学习策略等方面,从而为教学提供更加具体有效的反馈和指导。定性评价的优势在于其能够帮助教师更加细致地了解学生的个性特点和学习需求,有助于个性化教学和学生发展的全面提升。

量化评价是一种使用可量化的指标,如成绩、分数等来评估学生的语言技能水平和学习成果的方法。在英语学习中,量化评价通常通过考试分数、作业得分等数字化的指标来衡量学生的学习表现。这种评价方式具有直观、客观、可比性强的特点,能够提供清晰的评价结果,帮助教师和学生快速了解学生的学习水平。通过定期的测验、期中考试、期末考试等形式,量化评价可以全面地评估学生在听、说、读、写等各方面的语言能力,并为学生提供明确的学习目标和反馈,促进其在英语学习中不断提高。

将量化指标与定性评估结合起来对价值学习进行综合性评价,可以提升评价的全面性、综合性。具体来讲,量化与定性相结合的评价的优势如下:

(一) 全面性

将量化指标与定性评估相结合,可以实现评价的全面性。量化指标提供了客观的评价结果,通过数字化的方式呈现学生的英语学习水平,具有一定的准确性和可比性。然而,仅仅依靠量化指标难以全面展现学生的综合素质和学习能力。定性评估则提供了更全面的评价视角,通过描述性的方式呈现学生在英语学习中的表现和特点,能够更加详细地展现学生的语言运用能力、思维能力、情感态度等方面。因此,将量化指标与定性评估相结合,可以更全面地了解学生的英语学习情况,有助于为学生提供更准确、更有效的教学指导和个性化发展建议。

(二) 公正性

将量化指标与定性评估相结合,有助于提高评价的公正性。量化指标的客观性可以减少主观判断的干扰,通过具体的数字数据呈现学生的表现,使评价更加客观和可比。然而,单一依靠量化指标可能无法全面反映学生的实际水平和特点,容易造成评价结果的偏颇。定性评估则能够弥补量化指标的不足,通过描述性的方式提供更多细致的评价信息,使评价更具有丰富性和多样性。因此,结合量化指标和定性评估,可以有效减少主观判断的影响,确保评价结果更为公正,为学生提供公平的评价和反馈。

(三) 个性化

将定性评估与量化指标相结合,可以实现个性化评价。定性评估通过描述学生的学习态度、思维能力和个性特点,为评价提供更为丰富和深入的信息。这种个性化评价能够更准确地了解每个学生的学习需求和潜力,并为其提供个性化的发展指导。同时,结合量化指标的客观性,可以对学生的学习表现进行量化评价,使评价更加全面和客观。因此,将个性化的定性评估与客观的量化指标相结合,有助于发现和培养学生的特长,为其在英语学习中实现个性化发展提供有力支持。

(四) 提供发展指导

综合考虑量化指标和定性评估结果,为学生提供发展的反馈和建议,有助于指导他们在综合素质方面取得进步,促进其全面发展。通过量化指标的客观评价和定性评估的深入描述,评价框架能够为学生提供多维度、全方位的反馈,帮助他们更好地了解自己的优势和不足。基于这些反馈,教师可以为学生量身定制个性化的学习计划和发展路径,指导他们在英语学习过程中不断提升自己的综合素质。这种综合评价的反馈和指导机制,为学生提供了更为有效的学习支持,使其能够更加自信地应对学习挑战,不断实现个人潜能的发展和提升。

二、量化与定性相结合的评价方式

平衡定量和定性评价的关键在于结合两者的优势,以获取更全面和准确的评价结果。量化与定性相结合的评价方式应用时,可以从如下几点做起:

(一) 设定合理的定量指标

设定合理的定量指标是量化与定性相结合评价方式的基础。定量指标可以是具体的成绩、分数、考试得分等,它们提供了可量化的数据,能够直观地反映学生在各方面的学习成绩和表现。然而,为了确保这些指标的有效性,必须设定合理的标准和依据,以保证其能够准确地反映学生的学习水平。这就需要结合教学实践和课程目标,确定适合学生发展水平和学科要求的量化指标,使评价结果更加客观和可信。具体来说,设定合理的定量指标可以通过如下途径实现:

1. 明确教学目标

明确的教学目标是教学评价的基础,为学生的学习提供明确的方向和目标。在制定教学目标时,教师需要根据学生的年龄、能力水平、学习需求以及课程要求等因素进行综合考虑。对于每个学习阶段,教师应该明确确定所希望学生在语言技能方面的发展目标。例如,对于听力技能,教学目标可以包括学生能够听懂不同主题和语境下的日常会话、听力材料或讲座等;对于口语技能,目标可以是学生能够流利表达自己的观点、参与各种交流活动,并且使用正确的语法和词汇等。此外,教学目标还可以涵盖语言水平的具体要求,如词汇量的积累、语法掌握程度的提高等。

2. 参考《课程标准》和教材

确定合理的定量指标时,教师可以参考所使用的《课程标准》和教材。《课程标准》和教材通常包含了对学生在不同学习阶段应达到的语言能力水平和学习成果的要求,这些要求可以作为制定定量指标的基础。教师可以仔细研读《课程标准》和教材,提炼出其中规定的学习目标、教学要求和评价标准,将其转化为可量化的指标。例如,《课程标准》和教材可能规定了学生应该掌握的词汇量、语法知识、听力理解能力、口语表达能力等方面的要求,教师可以将这些要求转化为具体的数值指标,如掌握 500 个单词、达到一定的语法正确率、听力理解能力达到某个水平等。通过参考《课程标准》和教材,教师可以确保所设定的定量指标与学科教育要求和学生实际情况相符合,有助于评价的客观性和准确性。

另外,教师还可以根据《课程标准》和教材中提供的学习目标和评价标准,结合学生的实际情况和教学环境,适当调整和完善定量指标。例如,可以根据学生的年龄、学习能力和学习进度等因素,对定量指标进行量化调整,使之更符合学生的实际情况。同时,教师还可以根据教学实践和经验,不断改进和完善定量指标,确保其科学性和有效性。通过参考《课程标准》和教材,教师可以更好地确定符合学科教育要求和学生实际情况的定量指标,为评价提供科学的依据和准确的标准。

3. 分解学习目标

分解学习目标是设定合理的定量指标的关键途径之一。通过将整体的学习目标细化为具体的、可量化的学习指标,可以更清晰地了解学生应该达到的具体水平和要求,从而有针对性地设计定量指标。

教师可以分析整体学习目标,将其细分为几个具体的学习领域或技能要求,如词汇掌握、语法运用、听力理解、口语表达等。然后,在每个学习领域或技能要求下,进一步细化为可量化的学习指标,即确定学生在每个方面需要达到的具体要求和水平。举例来说,在词汇掌握这一学习领域下,教师可以将整体学习目标分解为掌握单词量、掌握词汇的使用频率、掌握词汇的词义等具体指标。在语法运用方面,可以分解为掌握不同语法结构的使用频率、掌握语法错误的避免程度等指标。在听力理解方面,可以分解为听懂不同主题和场景下的对话或讲话、听懂不同语速和语调的语音材料等指标。在口语表达方面,可以分解为流利程度、准确性、语音语调等指标。在确定这些具体指标时,教师需要充分考虑学科教育要求、《课程标准》和教材提供的学习目标和评价标准。同时,还需要结合学生的实际情况和学习特点,合理设定每个指标的达成标准和量化程度。通过这样的分解和设定,可以让定量指标更具体、可操作,有利于教师进行评价和学生进行学习目标的达成。

(二) 引入 360 度评价机制

360 度评价机制是一种综合考虑来自不同角度的评价信息的评价方法,涵盖了多个评价来源,如教师、同学、家长等多个角色,旨在从多个角度获取反馈信息,以更全面地评估个体的表现和素质。这种评价方法不仅考虑了专业角度的评价,还包括同辈和家庭角度的评价,从而更全面地了解被评价者的能力、行为和表现。

1. 教师评价

教师评价在评估学生学习表现方面发挥着至关重要的作用。教师的评价可以获得专业的教学意见和反馈,了解学生在课堂上的表现情况、学习态度和学习进展。教师能够通过观察学生的表现、听取学生的发言和回答以及阅读他们的作业等方式,全面把握学生的学习情况。这样深入了解学生的学习状况有助于教师制定针对性的教学计划和个性化的辅导方案,以更好地满足学生的学习需求。通过教师评价,不仅可以及时发现学生学习中存在的问题和困难,还能够为他们提供及时有效的帮助和支持,促进其学习的持续进步。因此,教师评价不仅是学生学习过程中的重要组成部分,也是促进学生全面发展的关键环节。

2. 同学评价

同学评价对于评估学生在集体学习中的表现和影响力至关重要。他们对彼此的学习态度、合作精神以及团队合作能力等方面的评价,能够提供宝贵的同侪反馈。这种来自同学之间的评价不仅能够帮助学生更好地认识自己在团队中的角色和影响力,还能够促进学生之间的互动和合作,建立积极的学习氛围。通过同学评价,学生可以更清晰地了解自己在团队中的表现,发现自身的优势和不足之处,并积极改进,提升自己的团队合作能力和学习效果。此外,同学间的互评还能够培养学生的社交能力和人际交往能力,促进彼此之间的相互尊重和理解,为学生的综合发展提供良好的支持和帮助。因此,同学评价不仅能够提供多维度的反馈信息,还能够促进同学之间的良好互动,为他们的学习和成长提供有益的帮助。

3. 家长评价

家长作为学生的监护人,能够提供更加全面的家庭背景信息和学习支持。他们对学生在家中的学习情况、学习习惯以及学业压力的感受等方面的评价,对学校和教师具有重要的参考意义。通过家长评价,学校和教师可以更好地了解学生在家庭环境中的学习状态和生活情况,有助于制定更加贴近学生个性和需求的教育方案。此外,家长评价还可以帮助学校和教师更好地与家长沟通合作,形成家校共育的良好局面。家长的反馈不仅可以为学校提供更多的信息支持,还能够促进学校、教师和家长之间的密切联系,共同为学生的成长和发展努力。因此,家长的评价在综合评价中具有重要地位,对于促进学生的全面发展和提高教育质量起着至关重要的作用。

综合考虑来自不同角度的评价信息,有助于更客观地评价学生的学习表现和综合素质。通过量化指标和定性评估相结合的方式,结合 360 度评价机制,可以更全面地了解学生的学习情况和发展需求,为学校和教师提供更有针对性的教学和管理措施,从而促进学生全面发展和个性成长。

(三) 建立明确的评价标准和评价体系

在量化与定性分析相结合的评价方式中,建立明确的评价标准和评价体系是重要一环。

1. 明确评价内容

明确评价内容,首先需要根据学科教育要求和学生实际情况确定评价内容。评价内容可以涵盖语言技能的各个方面,如听力、口语、阅读、写作等,以及其他与英语学习相关的综合素质,如学习态度、合作精神、创新能力等。另外,应明确评价内容的具体要求和标准,包括评价的对象、范围、标准和权重等。评价内容的明确性可以通过参考《课程标准》、教材内容和学科教育要求来确定,同时也可以结合教师的专业知识和实际教学经验进行适当调整和完善。最后,需要确保评价内容的全面性和客观性,考虑到学生的学习需求和实际情况,以及评价的公平性和公正性,使评价内容能够准确地反映学生的学习水平和综合素质,为教学和学习提供有益的参考和指导。

2. 科学制定评价标准

科学制定评价标准应对每项评价内容所制定的具体标准和要求。制定评价标准时,首先应明确评价的目的和对象,根据目标确定相应的标准。这些标准可以是对语言水平的要求,如词汇量、语法掌握程度等;也可以是对表现行为的描述,如流利度、准确性、表达能力等;另外,还可以是对特定任务的完成情况的规范,如阅读理解、口语表达、写作能力等。制定评价标准时需要考虑评价的全面性、客观性和准确性,确保标准具有操作性和可量化性,能够清晰地指导评价和提供反馈。此外,评价标准的制定还应该充分考虑学生的学习需求和实际情况,以及评价的公平性和公正性,使评价过程更加科学和有效。因此,科学制定评价标准是建立综合评价体系的重要一环,对于实现评价的准确性、客观性和可信度具有重要意义。

3. 明确评价的权重

明确评价权重时,应考虑不同评价内容对于评估学生学习表现的重要性,可以通过课程目标、学科要求以及教学实践的经验来确定;可以采用专家意见调查、教师讨论会议等方式,征求相关专业人士和教育工作者的意见,以确保评价权重的客观性和合理性。此外,还可以结合学校或教育机构的教学理念和价值观,综合考虑学生的学习需求和特点,确定不同评价内容的权重。最后,评价权重的确定需要经过反复思考和讨论,并不断根据实际情况进行调整和修正,以确保评价体系的科学性和有效性。通过明确评价权重,可以使评价结果更加客观准确,为学生的学习提供更有针对性的指导和支持,促进其全面发展。

4. 评价方法的多样性和灵活性

量化与定性相结合的评价,评价方法十分重要。综合性评价,可以建立灵活的评价框架,允许在评价过程中灵活选择和组合不同的评价方法,以适应不同学生、不同教学内容和不同教学环境的需求。可以鼓励教师和评价者创新评价方法,引入新颖的评价工具和技术,如项目作业、口头表达、展示演示等,丰富评价方式,提高评价的灵活性和针对性。此外,促进评价方法的多样性,可以通过组织专题研讨、开展教师培训和交流活动,分享评价经验和教学实践,丰富评价思路,拓展评价手段,从而提升评价方法的多样性和适用性。通过以上措施,可以确保评价方法的多样性和灵活性,更好地满足不同学生的学习需求,促进其全面发展。

(四) 定期调整和优化

量化与定性相结合的评价,定期调整和优化评价体系是重要一环。

量化与定性相结合的评价体系应建立反馈机制,定期收集来自不同评价者的反馈意见和建议,如学生、教师、家长等以及评价者自身的评价体会和经验总结。这些反馈意见和建议可以通过定期的评价会议、问卷调查、个别访谈等形式收集,帮助评价者了解评价工作的实际情况和存在的问题,及时发现和解决评价过程中的困难和障碍,不断完善评价体系和提高评价效果。

评价体系应进行定期的评估和审查,通过对评价体系的实施效果进行定量和定性的分析,发现评价过程中的不足和问题,及时调整和优化评价指标、标准和方法,提高评价的科学性和有效性。此外,评价体系还应不断借鉴和吸收国内外评价经验和先进理念,关注评价领域的最新发展和前沿动态,及时调整和更新评价理念和方法,确保评价体系与时俱进,适应教育改革和发展的需要。通过定期调整和优化评价体系,可以不断提高评价工作的质量,促进教育教学的改进和提高。

在评价体系的定期调整和优化过程中,应注重以下几个方面:第一,应关注评价目标和标准的合理性和科学性,通过定期的评估和审查,不断调整和优化评价指标和标准,确保其能够准确反映学生的学习表现和综合素质。第二,应关注评价方法和工具的科学性和有效性,通过实践和研究,不断完善评价方法和工具,提高评价的科学性和准确性。第三,应关注评价过程和结果的公正性和客观性,通过建立健全的评价机制和监督体系,加强对评价工作的监督和管理,确保评价过程的公正和透明,保障评价结果的客观和准确。第四,应关注评价体系的灵活性和适应性,根据教育教学的实际情况和发展需要,及时调整和优化评价体系,确保与时俱进,适应不同层次和阶段的教育教学工作。通过定期调整和优化评价体系,可以不断提高评价工作的质量和效率,促进教育教学的改进和提高。

(五) 加强对评价者的培训和指导

加强对评价者的培训和指导是确保量化与定性相结合评价有效运作的关键。评价者应接受系统的培训。这种培训应该由专业的教育评价专家或相关领域的专业人士进行,内容涵盖评价原理、评价方法、评价工具、评价标准等方面,帮助评价者建立正确的评价观念和方法论基础。其次,评价者还需要接受实践指导和案例分析,通过实际操作和案例学习,加深对评价实践的理解和把握,提高评价的准确性和专业水平。另外,评价者还应定期参加专业培训和学术研讨会,了解最新的评价理论和方法,掌握最新的评价技术和工具,不断提升自己的评价能力和水平。评价者还应加强与教师、家长和同行的沟通和交流,建立良好的合作关系,共同促进评价工作的改进和提高。

在评价者的培训和指导过程中,应重点关注以下几个方面:第一,评价者应了解评价的基本原理和目的,明确评价的重要性和意义,树立正确的评价观念和态度。第二,评价者应掌握各种评价方法和工具的使用技巧,包括定量评价和定性评价的方法,熟练掌握各种评价工具和标准的使用方法,确保评价过程的科学性和准确性。第三,评价者应具备良好的沟通能力和团队合作精神,能够与教师、家长和同行建立良好的合作关系,共同推动评价工作的开展和完善。第四,评价者应不断提升自己的评价能力和水平,参加相关的培训和学习活动,积极参与评价实践和教学研究,不断改进和完善评价体系,为学生的成长和发展提供更好的评价服务。加强对评价者的培训和指导,可以提高评价工作的质量和效率,促进教育教学的改进和提高。

三、量化与定性相结合评价的方法

(一) 加权平均法

加权平均法是一种常用的量化与定性相结合的评价方法,其核心思想是通过合理设置权重,将不同的量化指标和定性评估结果进行综合,得出综合评价结果。在英语价值学习的评价中,加权平均法是一种常用的方法,它将量化指标和定性评估结果进行综合,以得出全面的评价结果。

评价者需要确定不同评价要素的权重,这可以根据评价内容的重要性和学校或教育机构的具体要求来确定。例如,语言技能水平可能被赋予较高的权重,而学习态度和综合素质可能具有较低的权重。然后,对每个评价要素进行量化评分,比如通过考试成绩、作业表现等来获取量化数据。同时,也需要进行定性评估,这可以通过观察学生的课堂表现、参与度、学习态度等方面来进行。接下来,将量化评分和定性评估结果进行加权平均,按照事先确定的权重进行加权计算,得出综合评价分数。最后,根据综合评价分数给出反馈和建议,帮助学生了解自己的学习状况和发展方向。

加权平均法的优势在于能够综合考虑量化指标和定性评估结果,确保评价结果更加客观和全面。通过设置权重,可以准确地反映出不同评价要素的重要性,从而更好地理解学生的学习表现和综合素质。此外,加权平均法还可以根据学校或教育机构的实际情况进行调整和优化,以适应不同的评价需求和教育目标。因此,在英语价值学习的评价中,加权平均法是一种有效的方法,可以帮助评价者更准确地了解学生的学习情况,为他们提供个性化的发展建议和指导。

(二) 评价模型综合应用

评价模型综合应用是一种将量化指标和定性评估有机结合的评价方法,通过建立评价模型,利用数学模型和统计方法对各项评价指标和结果进行综合考虑和加权处理,从而得出综合评价分数。

在英语价值学习的评价中,评价模型的综合应用可以将量化指标和定性评估整合到一个统一的评价模型中,以综合考虑各项指标和评估结果,得出综合评价分数。

应用过程中,第一,评价者需要建立一个完整的评价模型,包括量化指标和定性评估的具体内容、评价标准和权重。这一过程需要综合考虑学校或教育机构的教学目标、评价要求以及学生的学习特点,以确保评价模型的科学性和有效性。第二,评价者需要收集和整理评价所需的数据和信息,包括学生的成绩、作业表现、课堂参与情况等量化指标,以及教师、同学、家长等的定性评估结果。然后,利用数学模型和统计方法对各项指标和评估结果进行综合考虑和加权处理,得出综合评价分数。第三,根据综合评价分数给出反馈和建议,帮助学生全面了解自己的学习状况和发展方向,促进其个人发展和进步。

评价模型的综合应用具有三个优势:第一,它能够综合考虑量化指标和定性评估结果,避免单一评价方式可能存在的局限性和偏差。第二,通过运用数学模型和统计方法,可以客观地对各项指标和评估结果进行综合加权,确保评价结果更为准确和可靠。第三,评价模型还可以根据学校或教育机构的实际情况进行调整和优化,以适应不同的评价需求和教育目标,具有一定的灵活性和适用性。因此,在英语价值学习的评价中,评价模型的综合应用是一种有效的方法,可以帮助评价者更全面地了解学生的学习表现和综合素质,为其提供个性化的发展建议和指导。

(三) 反馈和建议

在评价过程中,反馈和建议起着至关重要的作用。除了简单地给出评价分数,综合考虑量化指标和定性评估结果,为学生提供个性化的发展反馈和建议至关重要。这样的反馈不仅能帮助学生更好地了解自己在哪些方面做得好和需要改进,还能告诉他们自己的学习状况和发展潜力,激发他们的学习动力。

有效的反馈和建议应该具有针对性和建设性。针对性意味着反馈应该具体到学生的个人情况和学习需求,而不是泛泛而谈。通过详细的评价结果,学生可以清楚地了解自己在语言技能、学习态度等方面的优势和不足,从而有针对性地制定改进计划。此外,建设性的反馈和建议应该具有指导性,为学生提供具体的改进方法和学习建议。这些建议可以涵盖学习策略、课外学习资源、个性化辅导等方面,帮助学生更好地提高自己的学习水平和综合素质。

综合考虑量化指标和定性评估结果,为学生提供个性化的发展反馈和建议,有助于激发学生的学习动力,提高他们的学习效果和综合素质。因此,在评价过程中,不仅要关注评价结果本身,还需要重视评价反馈和建议的质量和实效性,确保其能够真正促进学生的个人发展和成长。

第三节   自我评价与反思的重要性

学习是一个不断积累和进步的过程。在我们努力学习的过程中,除了学习知识和技能,反思和自我评估也是至关重要的环节。通过反思和自我评估,我们可以更好地了解我们的学习情况,找出不足之处并做出改进。追求有价值的英语学习评价,也可以通过自我评价与反思的方法帮助学生更好地认识自己的学习情况,发现问题并加以改进,更好地实现学习目标。

一、自我评价与反思的重要性

自我评价与反思是提高自主学习能力的重要途径。通过认识自己的学习需求和风格,学生可以更加有针对性地制定学习计划和选择学习方法;通过反思性学习过程和成果,学生可以培养自主学习的能力和意识,提高学习的自主性和主动性。这样的自我评价与反思过程有助于学生更好地掌握学习的主动权,实现个人学习目标,提高学习效果和成就感。具体来讲,自我评价与反思的重要性体现在如下几点:

(一) 发现和解决问题

自我评价与反思不仅有助于发现问题,还能引导学生解决问题,促进他们的持续进步和成长。通过自我评价,学生能够审视自己的学习表现和学习成果。可以对照学习目标和标准,客观地评估自己在语言技能、语言运用和综合素质等方面的表现,识别出自己的优势和不足。例如,某位学生可能意识到自己的阅读理解能力相对较弱,口语表达流利度不够,或者写作中存在语法错误较多等问题。这种自我评价的过程使学生更清晰地认识到自己的学习现状,为进一步的改进提供基础。另外,通过反思性学习过程和成果,学生可以深入分析学习的原因和效果,思考学习策略和方法的合理性和有效性。

他们可以回顾自己的学习经历,思考学习中遇到的困难、挑战以及取得的进步和成就。这种反思过程有助于学生发现问题的根源和寻求到解决方法。例如,学生可能发现阅读理解能力不足的原因是词汇量不够,口语表达不流利可能是缺乏练习,写作中存在的语法错误可能是因为对语法规则理解不够透彻。通过分析这些问题的原因,学生可以有针对性地制定改进计划和目标,采取相应的学习策略和方法,逐步解决问题,提升学习效果和综合素质。这样的自我评价与反思过程是学生学习自我管理和自我提升的关键,有助于他们在英语学习中不断进步、成长和发展。

(二) 强化学习记忆

自我评价与反思在强化学习记忆方面发挥着重要作用。通过自我评价,学生可以加深对学习内容的理解和记忆。在进行自我评价的过程中,学生需要回顾学习内容,审视自己的理解和掌握程度。这种回顾和审视能够帮助学生将学习内容重新梳理和整合,进而加深对知识点的理解和记忆。例如,学生在自我评价中发现自己在阅读理解方面存在理解不清晰的问题,可能会重新阅读相关内容,加深对文章主题、细节和观点的理解,从而提高对知识点的记忆和掌握。另外,在反思学习过程和成果过程中,学生可以巩固学习成果和提升学习效果。在反思过程中,学生会回顾自己的学习经历,总结学习过程中的收获和教训,思考学习策略和方法的有效性,找出学习中的问题和改进的空间。这种反思过程不仅有助于学生对学习过程的深入理解,还能够帮助他们发现学习中的不足和改进的方向。通过及时调整学习策略和方法,有针对性地进行学习,学生可以更有效地提升学习效果,加深对知识点的理解和记忆。例如,学生在反思中发现自己在语法学习中更适合通过实践来巩固记忆,可能会加大练习的时间和频率,从而加强对语法知识的记忆和掌握。这样的自我评价与反思过程可以帮助学生更加有效地巩固学习成果,提升学习效果,实现知识的长期记忆和应用。

(三) 提高自主学习能力

自我评价与反思也能有效提高自主学习能力。通过自我评价,学生可以更好地认识自己的学习需求和学习风格。通过审视自己的学习过程和成果,学生可以深入了解自己的学习习惯、学习偏好和学习方式,进而找到适合自己的学习方法和策略。另外,通过对英语学习过程和成果的反思,学生可以培养自主学习的能力和意识。在反思过程中,学生会思考学习的目标和意义,审视学习的过程和方法,总结学习的经验和教训,从而形成自主学习的习惯和态度。例如,一个学生在反思中发现自己在课堂学习中效果不佳,可能会主动寻找额外的学习资源和方法,加强自主学习的能力和意识。通过不断反思和调整学习策略,学生可以逐渐培养自主学习的能力,学会自主地解决学习中遇到的问题,提高学习的自主性和主动性。

二、自我评价与反思的方法

（一）创建良好的学习环境

创建良好的学习环境对于实现英语有价值学习中学生的自我评价与反思至关重要。良好的学习环境应是一个安静、整洁、有序的学习场所，如宽敞明亮的教室或舒适安静的自习室。这样的环境有助于学生集中注意力，更好地进行自我评价与反思。例如，一个安静的学习环境可以让学生更容易思考自己的学习进展和问题，有利于他们对自己的学习情况进行深入的分析和反思。良好的学习环境还应有丰富的学习资源和支持，如图书馆、电脑实验室、学习资料和教学设备等。这些资源可以为学生提供更多的学习机会和选择，激发他们的学习兴趣，促进他们更全面地进行自我评价与反思。例如，学生可以利用图书馆的图书和期刊，查找相关资料，了解自己感兴趣的领域，拓展知识面，从而更深入地进行自我评价与反思。因此，教师在进行英语评价中，可以通过创建良好的学习环境，学生可以更好地进行自我评价与反思，从而实现英语有价值学习的目标。

（二）建立明确的学习目标和标准

可以通过建立明确的学习目标和标准来实现自我评价与反思。明确的学习目标和标准可以帮助学生更清晰地了解自己的学习方向和目标。通过明确的学习目标，学生可以更好地规划学习计划，明确学习重点，从而更有针对性地进行学习。同时，明确的学习标准可以为学生提供一个衡量自己学习成果的标准。例如，通过学习目标和标准，学生可以清楚地了解自己在听、说、读、写等英语技能方面的要求，以及所需掌握的词汇量、语法知识等。这样，学生可以更有目标地进行学习，更准确地评价自己的学习成果，从而更有效地进行自我评价与反思。

另外，建立明确的学习目标和标准可以为学生提供一个明确的自我评价和反思的依据。学生可以根据学习目标和标准，对自己的学习情况进行全面、客观的评价。例如，他们可以将自己的学习成果与设定的学习目标进行对比，分析自己在各个方面的优势和不足，找出自己的学习问题和改进方向。同时，明确的学习标准还可以为学生提供一个规范的评价标准，帮助他们更准确地评价自己的学习成果，并提出相应的改进措施。通过不断地自我评价和反思，学生可以发现自己的学习问题，及时调整学习策略，提高学习效率和学习成果，实现英语高价值学习的目标。

（三）提供适当的评价工具

自我评价与反思中，教师可以提供适当的评价工具。适当的评价工具可以帮助学生更全面地了解自己的学习情况。评价工具可以包括各种形式的自我评价问卷、学习日志、反思笔记等。通过这些评价工具，学生可以系统地记录自己的学习过程和成果，对自己的学习态度、学习方法和学习效果进行全面的自我评价和反思。例如,学生可以通过填写自我评价问卷或撰写学习日志来记录自己的学习目标、学习计划和学习成果,分析自己的学习优势和不足,总结学习经验和教训,找出改进的方向和措施。这样,学生可以更清晰地了解自己的学习情况,更有针对性地进行自我评价与反思。

另外,提供适当的评价工具可以帮助学生更有效地进行自我评价与反思。评价工具应当具有针对性、灵活性和实用性,能够满足不同学生的需求和学习特点。例如,评价工具可以根据学生的年龄、学习水平和学科特点进行设计,包括不同形式的评价表格、评价标准和评价指南等。同时,评价工具还应当具有灵活性,能够适应不同学习场景和学习目的。又如,评价工具可以根据学生的学习阶段和学习目标进行调整和优化,以满足不同学生的自我评价和反思需求。最重要的是,评价工具应当具有实用性,能够为学生提供有效的自我评价和反思指导,帮助他们更好地认识自己、提高自己,实现英语有价值学习的目标。

(四) 引导学生进行自我评价

自我评价与反思中,教师应引导学生进行自我评价,教会学生掌握相应的方法在学习中展开自我评价。

1. 提出针对性问题

提出针对性问题是引导学生进行自我评价的有效方式。针对性问题可以帮助学生聚焦于特定的学习方面或问题,从而更深入地进行自我评价。这些问题可以涵盖各个学习阶段和学习领域,如学习目标、学习方法、学习过程、学习成果等。通过提出具体、明确的问题,学生可以更有针对性地思考和回答,从而更全面地了解自己的学习情况和学习表现。例如,针对学生的英语口语能力,可以提出如下问题:你觉得自己在英语口语方面的表现如何? 你最近有没有参加英语口语练习或比赛? 你觉得自己的口语能力有哪些优势和不足? 这些问题可以引导学生自我评价口语能力的水平和发展方向,为他们制定下一步的学习计划提供指导和建议。另外,提出针对性问题可以促进学生进行深入的自我反思。通过回答具体问题,学生不仅可以评价自己的学习表现,还可以分析其背后的原因和影响因素,从而更深入地了解自己的学习状态和学习需求。这种深入的自我反思有助于学生发现问题、解决问题,进而提高学习效果和学习动力。例如,针对学生的学习方法,可以提出如下问题:你觉得自己的学习方法是否有效? 你最近有没有尝试过新的学习方法? 你觉得自己在学习中遇到了哪些困难? 通过回答这些问题,学生可以深入分析自己的学习方法和学习体验,找出问题所在,探索改进的途径,从而提高学习效果和学习动力。

2. 激发学生反思

激发学生反思也可以促进学生进行自我评价。教师可以通过提出开放性的问题或情境,激发学生的思考和反思。这些问题或情境可以与学生的日常生活、学习经历或课堂内容相关联,具有一定的启发性和挑战性,能够引起学生的兴趣和注意力。例如,教师可以提出一个与英语学习相关的情境,要求学生描述自己在类似情况下的表现及感受,并对自己的表现进行评价和反思。通过这种方式,学生被激发思考并自主地进行自我评价,从而增强他们的学习动力和自主学习能力。教师还可以通过提供具体的学习案例或经验分享,引导学生进行自我评价。教师可以选择一些学习成绩优秀的学生,邀请他们分享自己的学习经验和学习方法,并与其他同学一起探讨学习的效果和感受。这种学生之间的互动和交流能够激发其他学生的学习兴趣和思考,促使他们对自己的学习进行反思和评价。同时,教师也可以通过提供一些成功的学习案例或故事,让学生从中汲取经验和教训,自我评价自己的学习状态和学习效果。通过这种方式,学生被引导思考并学会用更加积极的态度和方法对待自己的学习,从而提高他们的学习效果和学习动力。

3. 鼓励自我评价

鼓励自我评价是促进学生进行自我反思和评价的有效方式之一。教师可以通过积极的表扬和肯定,建立学生自信心,使他们愿意对自己的学习过程进行客观、深入的分析和评价。教师可以在学生取得进步或克服困难时给予及时的肯定和认可,让他们感受到自己的努力和付出得到重视和肯定。这种正面的反馈能够激发学生对自己的学习情况进行更加积极和全面的评价,增强其自我认知和自我评价能力。教师还可以通过设立反思环节或任务,鼓励学生主动参与自我评价。在课堂教学中,教师可以设置一些反思性的问题或任务,要求学生对自己的学习进行总结和反思,并书面或口头表达出来。例如,教师可以要求学生每周写一篇学习日记,总结本周的学习收获、学习困难以及下一步的学习计划。通过这种方式,学生被鼓励主动思考和表达自己的想法和感受,从而培养他们的自我评价和表达能力。同时,教师也可以在学生的反思内容中给予及时的指导和建议,帮助他们更好地理解和分析自己的学习状态和学习需求。这种师生之间的交流和互动有助于促进学生的自我认知和学习成长。

(五)引导学生进行反思和规划

引导学生反思过去的学习经历,并制定未来学习计划,有助于提高他们的自我认知和学习效果。引导学生进行反思和规划的方法较多,具体包括:

1. 引导学生检查学习策略

通过引导学生检查学习策略,可以帮助他们审视自己的学习方法是否有效,是否需要调整和改进。学生可以通过回顾过去的学习经验,分析哪些学习策略取得了成功,哪些存在不足或失败。在此基础上,学生可以进行反思和规划,思考如何调整学习策略,以提高学习效率和成果。这种过程不仅能够帮助学生发现自己的优势和不足,还可以培养他们的学习自觉性和自我管理能力,从而更好地适应未来的学习挑战。

引导学生进行反思和规划是一个持续的过程,需要教师在教学中不断提供支持和指导。教师可以通过课堂讨论、个别指导和书面反馈等方式,引导学生思考自己的学习策略是否合理和有效。同时,教师还可以向学生介绍一些常用的学习方法和技巧,帮助他们丰富学习策略的选择,并指导他们如何在实践中应用这些策略。通过这种方式,学生不仅能够更加主动地参与到学习过程中,还能够提高对学习策略的认识和理解,从而更好地实现自我评价和学习规划的目标。

2. 指导学生设定目标

教师可以通过与学生进行讨论和交流,帮助他们明确自己的学习目标和期望成果。在这一过程中,教师可以向学生提出一些引导性问题,例如:"你希望在本学期的英语课程中取得什么样的进步?"或者"你想在英语学习方面达到什么水平?"通过这些问题,学生可以更清晰地认识到自己的学习目标,并且能够将这些目标具体化和量化,以便更好地进行后续的反思和规划。

学生设定学习目标后,教师可以引导他们进行反思和规划。在这个过程中,教师可以与学生一起分析他们当前的学习状态和学习策略是否符合实现这些目标的要求。教师可以鼓励学生思考如何调整和改进自己的学习方法,以更有效地达到设定的目标。同时,教师还可以向学生介绍一些学习规划和时间管理的技巧,帮助他们合理安排学习时间,有效利用资源,提高学习效率。通过这样的反思和规划过程,学生不仅能够更清晰地认识到自己的学习需求和挑战,还能够学会如何制定有效的学习计划,从而更好地实现自我评价和学习目标。

3. 帮助学生制定行动计划

在帮助学生制定行动计划中,教师可以与学生一起探讨实现学习目标所需的具体行动步骤和时间安排。在这个过程中,教师可以向学生提供指导和建议,帮助他们分解目标,确定可行的任务和阶段性目标。同时,教师还可以帮助学生识别可能遇到的挑战和障碍,并提供解决问题的策略和方法。一旦学生制定了行动计划,教师就可以引导他们进行反思和规划。在这个过程中,教师可以与学生一起审视他们的行动计划是否合理和可行,是否能够有效地帮助他们实现学习目标。教师可以向学生提出一些关键性问题,例如:"你的行动计划是否包含了所有必要的步骤和任务?"或者"你是否考虑了可能遇到的挑战和障碍?"通过这些问题,学生可以更加全面地审视自己的行动计划,并对其进行调整和优化。同时,教师还可以鼓励学生设定明确的时间表和里程碑,监督自己的学习进度,及时调整学习计划,确保能够按时实现学习目标。通过这样的反思和规划过程,学生不仅能够更好地理解自己的学习需求和挑战,还能够学会如何制定有效的行动计划,从而更好地实现自我评价和学习目标。

第八章　总结反思与展望未来

　　对核心素养教学成效的评估是为了对教学有效性进行衡量，并观察学生综合素养的提升情况，涉及对学生的知识掌握程度、技能提升和态度变化等方面的评价。同时，分析有价值学习实践的效果关注的是学习成果的质量以及对学习目标的实现程度，借此判断这样的学习实践是否真正帮助学生达到了他们的学习目标，并提高了他们的批判性思维能力、问题解决能力和创造性。教学创新实践的成果总结则更注重教学方法和策略的创新性以及它们对学生学习和成长的促进作用。然后，对教学实践中遇到的问题和挑战进行总结，可以进一步验证研究结果，并为未来的研究和教学实践提供有价值的参考和指南。

第一节　研究结论与成效

一、核心素养教学的成效评估

（一）核心素养教学成效评估的重要性

　　核心素养教学成效评估是指对教学过程中核心素养培养目标的实现情况进行系统、全面的评估和分析，通过对学生在这些核心素养方面的表现进行评价，来判断教学目标是否达成，教学效果是否达到预期。核心素养教学评估不仅关注学生的知识掌握情况，还注重学生的能力培养和素养提升，是一种综合性的评价体系，能够全面反映教学质量和学生发展水平。核心素养教学成效评估具有如下作用：

1. 指导教学改进

　　通过评估学生在核心素养方面的实际水平和表现，教师可以深入了解学生的学习状况和需求。这种了解有助于教师有针对性地调整教学策略和方法，以满足学生的学习需求和提高教学效果。如果评估结果显示学生在批判性思维方面表现较弱，教师可以针对这一情况调整课堂教学内容和活动设计，引导学生开展更多的批判性思维训练。

另外,评估结果还可以帮助教师发现教学中存在的不足和问题,及时进行教学反思和改进。通过分析评估结果,教师可以发现教学中存在的问题,如教学内容设计不合理、教学方法不够灵活等,然后有针对性地进行教学改进。如果评估结果显示学生对课堂中某一环节的参与度较低,教师可以通过调整课堂氛围、增加互动环节等方式激发学生的参与热情。

2. 促进学生发展

对学生核心素养的评估,教师可以全面了解教学的实际效果和学生的学习状况。通过全面评价能帮助教师发现教学中存在的问题和不足,如果发现某些学生在批判性思维或沟通能力方面表现不佳,或者发现某些教学方法并未有效地促进学生的核心素养发展。一旦发现这些问题,教师可以制定相应的改进措施,调整教学策略和方法,以期提升教学质量。如果评估结果显示学生在批判性思维方面表现不佳,教师可以针对这一问题采取更多的启发式教学,引导学生思考和分析,从而提升其批判性思维能力。另外,通过评估核心素养教学的成效,教师还可以及时调整教学目标和教学内容,使其更加贴近学生的实际需求和学习特点,满足学生的学习需求,进一步提升教学质量。

3. 提升教学质量

评估核心素养教学的成效是提升教学质量的重要手段。通过对学生在核心素养方面的表现进行全面评价,教师可以更准确地了解教学过程中存在的问题和不足,再针对问题和不足制定出相应的改进措施,提升教学质量。通过改进和优化教学过程,教师可以提高课堂教学的效果和质量,让学生能更好地掌握核心素养和相关知识,提升学习效果。

4. 推动课程优化

核心素养教学成效评估是为课程设计和优化提供重要参考的手段。通过对学生在核心素养方面的表现进行评估,教师和学校可以了解到学生的实际需求和核心素养培养目标的达成情况。基于评估结果,他们可以调整课程内容和教学目标,使其更贴近学生的需求和培养目标。通过调整教学内容的重点和深度,优化教学方法和策略,增加与核心素养相关的实践活动和案例分析等,不断地优化课程设计,教师和学校可以提高教学的针对性和有效性,满足学生的学习需求,促进他们在核心素养方面的全面发展。

5. 提高教育教学管理水平

评估核心素养教学成效有助于提升教育教学管理水平。根据评估结果,教育管理部门和学校领导可以获得科学的数据支持,全面了解学校的教学状况和学生的学习情况。这一数据能为他们制定相应的教育政策和管理措施提供重要参考依据。另外,评估结果还可以帮助教育管理部门和学校领导发现教学管理中存在的问题和不足,如师资力量不足、教学资源配置不均衡、课程设置不合理等。发现这些问题之后,可以采取相应的措施加以解决,提高教育教学管理水平。

（二）核心素养教学成效评估因素

1. 学习成绩评估

学习成绩评估中，可以通过定期考试、测验或作业评估学生在听力、口语、阅读、写作等方面的学习成绩。这一评估方式反映了学生在不同语言技能和核心素养方面的掌握程度，为教师和学校提供重要的数据支持和参考依据。学习成绩评估能客观地反映学生在各项语言技能和核心素养方面的水平，包括听力、口语、阅读、写作等方面的表现。通过定期的考试和测验，教师可以了解学生对课程内容的掌握情况，及时发现学生存在的问题和困难，并采取相应的教学措施进行帮助和指导。另外，学习成绩评估可以帮助学校和教育管理部门全面了解教学质量和学生学习状况，为制定教学政策和管理措施提供科学依据。通过分析学生的学习成绩，可以发现教学过程中存在的问题和不足，从而有针对性地进行课程改进和教学优化。学习成绩评估还是学生自我评价和反思的重要参考依据。通过对自己的学习成绩进行分析和总结，学生能了解自己的学习状态和水平，有针对性地调整学习方法和提高学习效果。

2. 核心素养评估

核心素养评估采用问卷调查、观察记录、项目作品等方式，评估学生对核心素养的理解和应用能力。核心素养评估方法主要关注学生在核心素养方面的表现，了解他们的学习和发展情况。

核心素养评估通过问卷调查的方式，收集学生对核心素养的认知和理解情况。设计出针对性的问卷，了解学生对英语核心素养的认识程度，以及他们在日常学习和生活中的应用情况，为教师和学校提供重要参考资料。通过观察记录学生的行为表现，可以直观地评估其核心素养的发展情况。教师通过课堂观察、小组讨论等方式，观察学生在核心素养等方面的表现，了解其优势和不足，并及时进行指导和反馈。也可以通过项目作品等实际成果的展示，评估学生核心素养的应用能力和创造性思维水平。学生通过完成项目作品或参与实践活动，展示自己的批判性思维、沟通能力等素养，为评估其综合能力提供直接依据。

3. 学习动机和兴趣评估

学习动机和兴趣评估中，采用调查问卷、学生访谈等方式了解学生对英语学习的动机和兴趣是否提高，以及他们对学习的积极性和主动性。

学习动机评估关注学生参与英语学习的内在动力和目标。通过设计调查问卷，可以了解学生学习英语的动机是基于内在的自我实现还是外在的功利性目标，以及他们对英语学习的期待和目标定位。此外，学生访谈也是评估学习动机的重要途径，通过与学生深入交流，了解他们对英语学习的态度、情感和期望，发现潜在的学习动机，并引导他们树立正确的学习目标和态度。兴趣评估则关注学生对英语学习的兴趣和参与度。

通过观察学生的课堂表现、课外活动参与情况等,初步了解学生对英语学习的兴趣程度和参与程度,发现潜在的问题和障碍,并采取相应的措施加以解决。同时,学生访谈也可以深入了解学生的学习兴趣和偏好,从而根据其特点和需求设计有针对性的教学活动和课程内容,激发学生的学习兴趣,提高其学习积极性和主动性。

4. 学习策略运用评估

学习策略运用评估是指观察记录学生在学习过程中采取的各种学习策略,如自主学习、合作学习、探究学习等,来评估其学习效率和学习成果。学习策略的评估可以帮助教师了解学生在学习过程中如何运用各种学习策略来获取知识和解决问题。通过观察学生在课堂上和课外学习活动中的表现,可以了解他们是否能够灵活运用不同的学习策略,如是否能够主动提出问题、合作探讨、积极参与课堂活动等,从而评估其学习效率和学习质量。

学习策略的评估也有助于发现学生在学习过程中存在的问题和困难。通过观察学生在学习中可能出现的困惑、迷茫和挑战,可以及时发现学生的学习障碍,并通过个性化指导和辅导措施帮助他们解决问题,提高学习效果。另外,学习策略的评估还可以促进学生的学习自觉和自我管理能力。通过对学生学习策略的观察和评估,可以激发他们对学习的主动性和积极性,培养其良好的学习习惯和自我调节能力,提高学习效率和学习成果。

5. 学习态度和学习能力评估

学习态度和学习能力评估中,主要观察学生的日常表现、参与课堂讨论的情况以及解决问题的能力等,全面了解学生在学习过程中的态度和能力。

学习态度评估能够反映学生对学习的态度和态度的积极性。通过观察学生是否主动参与课堂讨论、是否认真完成作业、是否积极主动地解决学习中遇到的问题等行为,初步了解学生对学习的态度和投入程度。学习能力的评估是评估学生在学习过程中所展现出的各种能力,包括思维能力、解决问题的能力、创新能力等。通过观察学生在解决问题时的思维方式、分析问题的能力、解决问题的方法和策略等方面,可以评估学生的学习能力水平。另外,学习能力的评估还可以反映出学生的自主学习能力、合作学习能力和创新学习能力等方面的表现,为教师提供有价值的参考信息。

6. 教师教学效果评估

教师教学效果评估是采用教师自我评价、同行评议和学生反馈等多种方式,全面评估教师在核心素养教学中的教学效果和影响。教师自我评价是评估教学效果的重要手段之一。教师可以通过反思自身的教学实践,审视自己的教学方法、教学资源利用以及对学生学习的引导和支持情况,对自己的教学效果进行客观评估和分析。同行评议也是一种有效的教学评价方式。教师可以邀请其他同行对自己的教学进行评价和指导,通过交流和互动,发现自己的不足之处,并从中汲取经验,改进教学方法,提高教学水平。

另外,学生反馈是评估教学效果的重要依据之一。教师可以通过收集学生的意见和建议,了解学生对教学的满意度和反应,从而及时调整教学策略,提高教学效果。

二、有价值学习实践的效果分析

(一) 有价值学习实践效果分析的重要性

有价值学习实践的效果分析是指对教育教学实践进行综合评价和分析,以了解和评估教学活动对学生学习的影响和成效。有价值学习实践的效果分析旨在全面了解教学活动的有效性,了解教学活动是否能够有效地激发学生的学习动机、提高学习成绩、培养学生的学习兴趣和学习策略运用能力,以及是否能够有效地塑造学生的学习态度和提高学习能力。这样的分析有助于教师和教育管理者全面了解教学活动的实际效果,从而指导教学改进和提升教学质量。有价值学习实践的效果分析具有重要意义,具体体现在:

1. 有助于全面了解教学活动的实际效果

(1)学科能力的提升:通过定期的学业测评,了解学生在英语听说读写各方面能力的提升情况,尤其是阅读理解和口语表达,从而判断教学活动是否需要调整和改进。

(2)核心素养的发展:分析学生在英语教学中活动参与、问题解决等方面的表现,可以及时调整策略,提升学生在文化理解、批判性思维和创造性解决问题等方面的综合能力。

(3)学习动机和兴趣的增强:分析学生参与学习的原因和动力、对教学内容的兴趣和偏好,在此基础上调整教学内容和方式,贴近学生的实际需求,提高教学的吸引力。由此,学生的学习由外在压力变为内在需求,学生更积极,更愿意享受学习过程。

(4)学习策略的有效运用:分析了解学生在学习过程中采取的具体学习策略和方法,进而根据不同的学习任务,指导学生灵活选择和调整策略,如时间管理、信息处理等,以实现学生在学习策略方面的有效运用,提升其自我调节和策略运用能力。

(5)学习品质的形成:分析了解学生在学习过程中的态度、精神等的表现,如学习的积极性、主动性、创造性等,当发现学生存在问题和不足时,可以及时进行针对性指导,帮助学生克服困难,提高学习能力和学习质量。

2. 提供改进教学的参考依据

有价值学习实践的效果分析能为改进教学提供参考依据。通过分析教学活动的效果,教师可以全面了解学生的实际情况,包括学生的学习动机、学习成绩、学习兴趣、学习策略运用、学习态度和学习能力等。通过对这些方面的分析,教师可以了解到教学活动的优点和不足,进而有针对性地进行改进和调整。

有价值学习实践的效果分析可以为教师提供重要的改进教学的参考依据。通过分析教学活动的效果,教师可以发现教学中存在的问题和瓶颈,及时采取措施加以解决。

例如,如果分析结果显示学生的学习动机不高,可能需要调整教学内容或者教学方法,以提升学生的学习兴趣和积极性;如果学生的学习成绩不理想,可能需要重新设计教学计划或者加强对学生的辅导和指导。这样,教师可以根据分析结果有针对性地进行教学改进,从而提高教学效果和质量,促进学生的全面发展。

3. 为学校和教育管理部门提供决策支持

有价值学习实践的效果分析在提供决策支持方面具有重要意义。借助教学活动效果分析,学校和教育管理部门可以全面了解教学的实际情况,在深入分析教学有关情况指标的基础上,学校和教育管理部门可以掌握教学的优点和不足,为制定教育政策和管理措施提供科学依据。

有价值学习实践的效果分析可以为学校和教育管理部门提供重要的决策支持。通过分析教学活动的实际效果,学校和管理部门可以发现教学中存在的问题和挑战,及时制定相应的改进计划和策略。例如,如果分析结果显示学生的学习动机普遍较低,可能需要学校和管理部门加强对学生学习动机的培养和引导;如果学生的学习成绩整体不理想,可能需要制定更加有针对性的教学方案和课程设置。这样,学校和管理部门可以根据实际情况进行调整和改进,以提高教育教学的质量和效果,促进学校的可持续发展。

(二) 有价值学习实践效果分析因素

1. 学习动机的分析

对学生学习动机进行分析,能了解教学活动对学生学习动机的激发程度。观察学生参与学习的积极性和主动性,以及他们对学习任务的投入程度,可以直观地反映出教学活动的吸引力和影响力。如果学生在课堂上展现出积极的学习态度,主动参与讨论和提问,以及对学习任务表现出高度的投入和兴趣,那么可以推断教学活动在一定程度上成功地激发了他们的学习动机,促使他们产生积极的学习行为。另外,学习动机的分析有助于评估教学活动的实际效果和影响。学习动机与学生的学习成绩、学习表现和学习效果密切相关。因此,观察学生学习动机的变化和发展,可以间接评估教学活动对学生学习的影响程度。如果教学活动能够有效地提高学生的学习动机,激发他们的学习兴趣和积极性,那么通常可以看到学生的学习表现和学习成绩有所提升。反之,如果学生的学习动机较低,缺乏学习的积极性和主动性,可能会导致学习效果不佳。因此,通过对学习动机的分析,可以客观地评估教学活动的实际效果,为教育工作者提供改进教学的参考依据,以提高教学的效果和质量。

2. 学习成绩的分析

学习成绩是评价学生学习水平和教学效果的主要指标之一。通过期中、期末考试、测验或作业评估学生在各个学科和领域的学习成绩,可以客观地反映出教学活动对学生学习成绩的影响程度。如果教师的教学活动有提升学生学习兴趣、激发学生学习动机的教学方法,一般会提升学生学习成绩。相反,教学活动存在问题或者教学方法不合理,可能会导致学生学习成绩的下降或者没有明显的提高。因此,通过对学习成绩的分析,可以客观地评价教学活动的实际效果,为教学改进提供科学依据。

学习成绩的分析还可以帮助识别学生的学习困难和问题,及时采取相应的教学措施进行干预。通过分析学生在不同学科和领域的学习成绩,可以发现学生的学习状况和问题所在。此外,学习成绩的分析还可以帮助教师了解学生的学习特点和学习需求,为个性化教学提供参考依据,促进学生的全面发展。

3. 学习兴趣的分析

学习兴趣是影响学生学习动力和学习效果的关键因素之一。借助调查问卷、学生访谈等方式,可以了解学生对学习内容和教学活动的兴趣程度,帮助教师评估教学活动对学生学习兴趣的培养效果。如果学生对学习内容和教学活动感兴趣,他们通常会更加主动地参与学习,愿意投入更多的时间和精力,取得学习成效。因此,通过分析学生的学习兴趣,可以评估教学活动的吸引力和有效性,为教学改进提供参考依据。

学习兴趣的分析还能帮助发现学生的个性化学习需求,促进个性化教学的实施。不同学生对学习内容和教学活动的兴趣程度可能存在差异,了解学生的学习兴趣可以帮助教师更好地满足学生的个性化学习需求。根据学生的兴趣特点调整教学内容和教学方法,增强学生的学习动力和参与度,提高教学效果。因此,学习兴趣的分析不仅有助于评估教学活动的效果,还可以促进个性化教学的实施,提升教学质量。

4. 学习策略的分析

学习策略的有效运用对学生的学习效果至关重要。通过观察记录学生在学习过程中采取的学习策略,可以评估教学活动对学生学习策略的培养效果。不同的学习策略可以帮助学生更有效地处理学习任务,提高学习效率和学习成果。例如,采用自主学习策略的学生可能更能够独立思考和解决问题,采用合作学习策略的学生可能更能够与他人合作共同完成任务,而采用探究学习策略的学生可能更能够主动探索知识和发现问题的解决方法。因此,通过分析学生在学习过程中采取的不同学习策略,可以评估教学活动对学生学习策略的培养效果,为教学改进提供参考依据。

学习策略的分析还可以帮助发现学生的学习需求和困难,促进个性化教学的实施。不同学生在学习过程中可能会面临不同的困难和挑战,因此,了解学生在学习过程中采取的学习策略可以帮助教师更好地了解学生的学习需求和困难。通过根据学生的学习策略调整教学内容和教学方法,可以更好地满足学生的个性化学习需求,提高教学效果。因此,学习策略的分析不仅有助于评估教学活动的效果,还可以促进个性化教学的实施,提升教学质量。

5. 学习态度和学习能力的分析

有价值学习实践效果分析汇总,还应对学习态度和学习能力进行分析。学习态度和学习能力是学生学习过程中至关重要的因素。学生的学习态度包括对学习的态度和情感投入程度,而学习能力则包括学习的自主性、解决问题的能力以及学习的适应性等方面。通过观察学生的学习表现、讨论参与情况以及解决问题的能力等方面,可以评估教学活动对学生学习态度和学习能力的影响。例如,积极参与讨论、乐于解决问题的学生可能具有较好的学习态度和学习能力,而消极抵触、对学习缺乏兴趣的学生可能需要进一步的激励和引导。因此,通过对学生学习态度和学习能力的分析,可以了解教学活动是否能够有效地改善学生的学习态度和学习能力,提高他们的学习效果和学习质量。

学习态度和学习能力的分析还可以帮助发现学生在学习过程中的问题和困难,促进个性化教学的实施。不同学生在学习过程中可能会面临不同的困难和挑战,因此,了解学生的学习态度和学习能力可以帮助教师更好地了解学生的学习需求和所面临的困难。通过根据学生的学习态度和学习能力调整教学内容和教学方法,更好地满足学生的个性化学习需求,提高教学效果。学习态度和学习能力的分析不仅有助于评估教学活动的效果,还可以促进个性化教学的实施,提升教学质量。

三、教学创新实践的成果总结

教学创新实践的成果总结是对教学改革和创新工作的归纳和评价,旨在总结和归纳教学创新实践的成果、经验和教训,为今后的教学工作提供借鉴和指导。教学创新实践的成果总结是系统性的过程,需要综合考量各方面的因素,从而形成科学、客观、全面的总结和评价,为今后的教学工作提供有益的借鉴和指导。本书中指向核心素养的高中英语教学创新实践,从深度学习、探究性学习、自主学习等方面对有价值学习进行概述,在进行教学创新实践的成果总结时,不仅要对教学方法实践进行总结,还要从其他方面进行综合考量。

(一)教学成效评估

教学成效评估是对教学创新实践成果进行客观评价的重要手段,通过评估学生在教学中的各方面表现,可以全面了解教学活动对学生的影响和效果,为教学改进和提高教学质量提供重要的参考依据。

教学成效评估主要包括学生的学习效果、学习态度和学习能力。学生学习效果评估是评价教学成果的重要指标之一。通过定期考试、测验、作业和项目作品评估学生在各个学科和领域的学习成绩,可以客观地了解到教学活动对学生学习成绩的影响程度。这些评估不仅涵盖了学生的知识掌握程度,还包括了对核心素养的理解和应用能力,从而为教学成效提供了量化的指标和依据。学习态度和学习能力评估是教学成效评估的另一重要方面。通过观察学生的学习态度、讨论参与情况以及解决问题的能力等方面的表现,可以深入了解教学活动对学生学习态度和学习能力的影响。学生的学习态度包括了对学习任务的积极性和主动性,而学习能力则涵盖了学生的批判性思维、沟通能力、创造性思维等方面的发展。通过综合评价学生的学习态度和学习能力,可以更全面地了解到教学创新实践的成果,为今后的教学工作提供重要的参考依据。

(二) 学生反馈和评价

学生的反馈和评价对于教学创新实践的改进至关重要。通过收集学生对教学创新实践的反馈意见和评价,可以深入了解他们对新教学方式的接受程度和满意度。这种了解有助于发现教学中存在的问题和改进的空间,更好地满足学生的学习需求和提高教学质量。学生的反馈可以通过多种途径进行收集,如课堂讨论、问卷调查、面对面交流等是常见的方式。课堂讨论过程中,教师可以主动与学生交流,听取他们的想法和建议;问卷调查可以匿名进行,让学生更自由地表达意见;而面对面交流则可以提供更加深入的沟通和了解,有助于建立师生之间更密切的联系。另一方面,学生的反馈和评价也能够促进教师的专业发展和成长。通过倾听学生的声音,教师可以更好地了解自己的教学效果和不足之处,从而有针对性地进行改进和提升。这种反馈机制不仅可以帮助教师更好地调整教学策略和方法,还能够增强教师与学生之间的互动和信任。因此,学生的反馈和评价不仅是对教学创新实践的一种监督和检查,也是教师专业发展的重要支持和促进因素。

(三) 教学团队的总结和交流

教学团队的总结和交流是教学创新实践中不可或缺的一环。在教学团队中,教师们共同合作,共同探讨教学实践中的经验和教训,有效地促进教学质量的提升。教学团队可以就教学实践中取得的成功经验进行总结和分享。通过分享成功案例,教师可以相互启发,学习他人的成功经验,提高自身的教学水平。此外,教学团队还可以共同探讨教学中遇到的困难和挑战,分析问题的根源,并寻找解决方案。这种团队合作和交流有助于加深教师之间的沟通和理解,提高教学团队整体的执行力和协作能力。另外,教学团队的总结和交流还可以促进教学策略和方法的不断创新和优化。通过共同探讨教学实践中的挑战和问题,教师可以发现现有教学策略的局限性,并寻求更加有效的教学方法。在团队交流中,教师可以提出各自的想法和建议,共同探讨新的教学理念和实践方式。这种开放式的交流氛围有助于激发创新思维,推动教学模式的不断更新和提升。因此,教学团队的总结和交流不仅有助于提高个体教师的专业水平,还能够促进整个教学团队的发展和成长。

(四) 教学资源的利用情况

评估教学创新实践中的教学资源利用情况涉及教学活动的顺利进行和教学效果的提升。对教材的利用情况进行评估是评价教学资源利用的重要方面之一。教材作为教学的基础,对于教学创新实践具有重要的支撑作用。评估教材的利用情况主要包括教师是否充分利用教材进行教学、教材的更新和选用是否符合教学内容的要求等。通过评估教材的利用情况,可以及时发现教学中可能存在的教材不足或教材使用不当的问题,提出相应的改进建议,确保教学活动的顺利进行和教学效果的提升。

另外,评估多媒体设备和教学场地的利用情况也是教学资源利用评估的重要内容之一。多媒体设备和教学场地是教学活动进行的物质基础,对于教学效果的提升具有重要作用。评估多媒体设备的利用情况包括设备的数量、性能和使用率等方面;评估教学场地的利用情况包括场地的大小、布局和适用性等方面。通过评估多媒体设备和教学场地的利用情况,可以发现设备和场地的不足或浪费现象,提出相应的改进建议,以优化教学资源的利用,提高教学效果。因此,对教学创新实践中教学资源的利用情况进行评估,有助于发现问题,提出改进建议,促进教学质量的提升。

（五）教学模式和方法的探索和创新

教学创新实践中的教学模式和方法的探索与创新是教学质量不断提升的重要保障。总结采用的各种教学模式和方法,如问题解决式教学、合作学习、探究性学习等,可以了解到每种教学方式的特点、优势和局限性。如问题解决式教学能够培养学生的批判性思维和解决问题的能力,而合作学习则有助于促进学生之间的交流与合作。另外,评价这些教学模式和方法在实际教学中的效果和适用性至关重要。通过观察学生的学习情况、收集学生和教师的反馈意见,可以客观地评价每种教学模式和方法对学生学习的影响以及其在不同教学场景中的适用性。这种评价有助于发现教学模式和方法的优缺点,为今后的教学工作提供经验和启示,指导教学模式和方法的选择与运用。

此外,教学创新实践中的教学模式和方法的探索和创新也需要不断实践和改进。在评价教学模式和方法的效果和适用性的基础上,需要有针对性地对其进行调整和优化,以适应不同学生群体和教学环境的需求。例如,根据评价结果,可以有针对性地调整教学模式和方法的设计,增加教学活动的趣味性和互动性,提高学生的学习积极性和参与度。此外,还可以开展教师培训和交流活动,促进教师对教学模式和方法的深入理解和应用,进一步提升教学质量。

第二节　问题探讨与展望

一、实践中存在的问题与挑战

本书对指向核心素养的高中英语教学创新实践进行研究,提出了很多促进有价值英语学习的创新实践教学经验与案例。然而,在核心素养框架下推进高中英语教学创新时，我们不仅要重视创新实践，更要关注这些实践过程中潜在的问题和挑战。下面对一些可能存在的问题与挑战进行了概述。

（一）教学理念转变困难

教学理念转变困难在当前高中英语教学中具有显著的挑战性。传统的英语教学模式通常侧重于语言知识的灌输和应试技巧的培养，而核心素养的培养要求教师从多个方面进行全面转变。这种转变涉及教学目标的重新设定，教学方法的调整以及评价方式的改变，需要教师有意识地转变教学观念和态度，适应新教学理念。然而，这种转变并非一蹴而就，而是一个需要长期投入和不断实践的过程。

教师的认知和态度上的改变是教学理念转变的关键。传统的教学理念下，教师通常以知识传授和应试训练为主要目标，而核心素养教育则要求教师关注学生的综合能力培养和自主学习能力的提升。这种教学理念的转变需要教师有意识地认识到传统教学模式的局限性，并愿意接受新的教学理念和方法。然而，由于长期以来的教学经验和教育环境的制约，教师可能会对改变产生抵触心理，缺乏足够的积极性和动力去尝试新的教学方式。教师需要进行相关的培训和提升。核心素养教育涉及教学目标、教学方法、课程设计以及评价方式等多个方面的改变，而教师的专业能力和素养也需要与之相适应。因此，教育部门和学校需要加强对教师的培训和指导，提供相关的教学资源和支持，帮助教师逐步适应新的教学理念和实践。然而，由于资源和机制的限制，教师的培训和提升可能受到一定的制约，导致教学理念转变的进程受阻。

（二）教学资源匮乏

教学资源匮乏是当前高中英语教学中普遍存在的一个严重问题。在一些学校，缺乏适用于核心素养培养的教学资源成为制约教学质量提升的重要因素之一。

现代化的教学设备在很多学校中依然不足，例如计算机、投影仪等设备的不足可能导致教师无法充分利用多媒体资源进行教学。多样化的教材也是一个问题，传统的教科书内容单一、教学方法陈旧，无法满足学生的个性化学习需求和核心素养培养的要求。再者，丰富的教学活动也受到限制，由于学校资源有限，很多学校无法开展丰富多彩的教学活动，导致学生的学习体验和参与度不够，难以真正激发他们的学习兴趣和动力。

这一教学资源匮乏的问题可能对教学效果产生一系列负面影响。针对教师而言，教师在教学过程中受到了极大的限制，无法充分利用现代化的教学手段和多样化的教学资源来丰富教学内容和方法。针对学生来讲，学生的学习体验和参与度都受到了影响，由于教学资源的匮乏，教师难以开展多样化、创新性的教学活动，导致学生的学习效果和学习体验无法得到有效提升。而这些也可能加重教师的教学负担，因为教师需要通过传统的教学方式来满足教学需求，增加了他们的教学压力和工作量。因此，缺乏适用于核心素养培养的教学资源已经成为当前高中英语教学中亟待解决的一个严峻问题。

（三）学生学习动机问题

学生学习动机问题是当前高中英语教学中面临的一个重要挑战。由于学生对于新的教学方式和学习目标可能存在抵触情绪，导致他们对于核心素养教学的接受度不高。在传统的应试教育模式下，学生习惯被动授予知识和技能的学习方式，而对于需要主动参与、独立思考、探究学习的教学方式缺乏足够的认同感和积极性。这种情况可能导致学生缺乏对于核心素养教学的兴趣和动力，影响他们在学习中的投入和学习效果。这种学生学习动机的问题也可能受到多种因素的影响。如学生个体差异、家庭环境、社会文化背景等因素都会产生影响。有些学生可能来自对于传统教学方式更加习惯的家庭和社会环境，对于新的教学模式缺乏适应性。此外，部分学生可能缺乏对英语学习实际需求的认知，认为传统的语言知识传授和应试技巧培养更为重要，忽视了核心素养对于综合素养的提升的重要性。这些因素的共同作用，使学生在接受核心素养教学时存在一定的阻力和抵触情绪，制约了教学效果的提升和学生学习动机的培养。

（四）评价体系不完善

评价体系不完善是当前高中英语教学中面临的一个问题。目前的评价体系主要侧重于学生的学科知识掌握程度和考试成绩，而对于核心素养的评价相对不足。这种评价体系的不完善可能导致教学目标与实践脱节。由于核心素养的培养需要更多关注学生的综合能力和发展潜力，而传统的考试评价方式往往难以全面反映学生在核心素养方面的发展情况。因此，缺乏科学有效的评价体系可能使教师难以准确评价学生的学习情况，从而影响了教学的导向和效果。

评价体系不完善的问题还可能导致教学过程中教师和学生的教学行为和学习态度受到误导。由于评价体系过于侧重于考试成绩，教师可能更倾向于传统的教学方法和内容，而忽视核心素养的培养。学生也可能将学习目标局限在应试范围内，忽视了综合素养的培养。这种情况下，教学目标和实践之间存在着较大的鸿沟，导致教学效果的下降和教学质量的不断下滑。因此，评价体系不完善是当前高中英语教学中亟待解决的一个严峻挑战。

（五）教师培训和支持不足

教师培训和支持不足是影响高中英语教学创新实践的一个重要问题。在追求有价值英语学习的教学创新实践中，教师需要具备更多的教学理论知识和实践技能，以适应新的教学需求。然而，现实中往往存在着教师培训和支持不足的情况。教师可能缺乏系统性的培训计划，无法及时获取最新的教学理论和实践经验。此外，由于学校资源有限或教学管理机制不健全，教师也可能缺乏有效的支持和指导，难以在教学实践中得到及时的帮助和反馈。

缺乏足够的教师培训和支持可能导致教师在教学创新实践中面临诸多挑战和困

惑。教师可能感到缺乏教学方法的灵活运用和教学内容的更新换代,无法有效地应对学生的多样化学习需求。此外,缺乏相关培训和支持也可能导致教师对于新的教学理念和方法缺乏认知,影响其对教学创新实践的积极性和信心。因此,教师培训和支持不足的问题亟待解决,以提升教师的专业水平和教学能力,促进有价值英语学习的实施和发展。

二、应对策略

结合上述问题分析,可以采取如下措施进行改进与应用。

(一) 转变教学理念

教学理念的转变是一项迫切而具挑战性的任务。针对传统教学理念的困境,需要采取一系列可操作的对策来实现教学理念的转变。

教育主管部门可以通过加大对教师培训和支持的投入,建立完善的培训体系和资源共享平台,为教师提供必要的培训和支持。学校应该鼓励教师参与教学创新实践,提供必要的资源和条件,同时建立评价体系的改革机制,将核心素养纳入评价范畴。教师则需要不断提升自己的教学理念和能力,积极参与培训和交流活动,勇于尝试新的教学方法和策略,逐步实现教学理念的转变。通过这些对策的实施,可以为教学理念的转变提供有力的支持和保障,推动教学工作朝着更加高效、创新和有价值的方向发展。

教育部门、学校和教师是推动教学理念转变的关键力量。教育主管部门可以通过政策引导和资源投入,为教师提供必要的培训和支持,推动教学理念的转变。学校则应该积极营造创新的教育氛围,为教师提供充足的资源和条件,鼓励他们尝试新的教学方法和策略。教师作为教学实践的主体,应该不断提升自己的教学水平,积极参与培训和交流活动,勇于探索和实践,逐步实现教学理念的转变。通过共同努力,教学理念转变的目标将更加清晰,教学工作也将迈向更加高效、创新和有价值的方向。

(二) 丰富教学资源

针对高中英语教学资源匮乏的问题,可以通过多种途径实现丰富教学资源。学校可以积极引进现代化的教学设备和多媒体技术,如电子白板、投影仪、电脑等,以提升教学效果和吸引学生的注意力。教师可以利用互联网资源,如在线教学平台、教学视频、教学游戏等,为学生提供更加丰富多样的学习体验。此外,学校还可以鼓励教师参加相关培训和学术交流活动,不断提升教师的教学水平和教学资源的利用能力。综合利用这些途径,可以有效解决高中英语教学资源匮乏的问题,丰富教学资源,提升教学质量。

(三) 提升学生英语主动学习动机

提升学生学习动机是提高教学效果的关键之一。教师可以通过增设有趣的学习内容和活动,如实践性的任务、小组合作项目等,激发学生的学习兴趣。其次,给予学生自主选择学习内容的机会,让他们感受到学习的自由度和权利,提高学习的积极性。建立正向的学习氛围和良好的师生关系也是重要的策略,教师可以通过鼓励、认可和支持,激发学生的学习动机。另外,及时给予学生反馈和奖励,让他们感受到学习的成就感和满足感,进而增强学习动机。最后,通过设置明确的学习目标和规划学习进程,帮助学生建立自信心和激发学习动力,提高学习效果。

(四) 完善评价体系

完善评价体系是提高教学质量和促进学生发展的关键措施。这一举措的核心在于建立多元化的评价方式,包括定期考试、课堂表现评价、项目作业评估等,以全面反映学生的学习情况和能力发展。同时,应注重对学生核心素养的评价,包括批判性思维、沟通能力、创造性思维等方面的考量,不仅关注学科知识掌握程度。科学有效的评价标准和指标体系的建立是确保评价结果客观准确的保障,教师应积极参与评价体系的建设,优化评价方式和内容,以提高评价的有效性和可操作性。最后,注重评价结果的应用和反馈,及时向学生和教师传达评价结果,帮助他们了解自身的优势和不足,从而促进教学持续改进和提高教学效果。

(五) 加强教师培训与支持

加强教师培训与支持是提升教育质量和促进学生发展的重要途径。第一,应建立完善的培训机制,如定期举办专业化的培训课程、研讨会和工作坊,以提升教师的教学理论水平和实践技能。第二,注重个性化培训,根据教师的实际需求和发展阶段,量身定制培训计划,提供个性化的教学指导和支持。教育部门和学校还应加大对教师培训的投入,提供更多的培训资源和机会,为教师提供更广泛的学习平台和资源。第三,应建立有效的支持机制,如提供专业导师或指导教师,定期进行教学观摩和反思,为教师提供及时的指导和反馈。此外,还应建立合作共享的教学资源平台,促进教师之间的交流与合作,共同提升教学水平。教育部门和学校还可以建立师资培训基地或研究中心,开展教育研究和实践创新,为教师提供更深入的学术支持和专业指导。第四,应建立健全的激励机制,通过薪酬激励、荣誉表彰等方式,激发教师的学习积极性和教学热情,提高其教学效果和工作满意度。

三、未来研究方向和展望

(一) 深化对核心素养教育的理解和实践

英语教学创新实践中,还需要进一步深化对高中英语核心素养教育的理解和实践。因为传统的英语教学往往过于侧重语言知识的传授,忽视了学生综合能力和创新能力的培养。因此,教学实践创新中需要探索更有效的教学模式和方法,以更好地培养学生的综合能力和创新能力。

　　教师应当深入理解核心素养教育的内涵和目标,不仅要关注学科知识的传授,还要注重培养学生的批判性思维、沟通能力、合作精神和创新意识等综合素养。另外,加强教学模式和方法的创新,通过问题解决式教学、探究性学习、合作学习等方法,激发学生的学习兴趣和积极性,培养其独立思考和解决问题的能力。此外,还可以利用现代教育技术,如在线学习平台等为学生提供更丰富的学习资源和学习环境,促进其学习的个性化和自主发展。

(二) 关注教育技术的发展和应用

　　在高中英语教学中,应关注教育技术的发展和应用,以不断提高教学效果和个性化教育水平。随着信息技术的迅猛发展,人工智能、大数据等先进技术已经成为教育领域的重要工具,为教学提供了全新的可能性和机遇。如人工智能技术可以通过个性化学习系统和智能辅助工具,根据学生的学习需求和特点,提供定制化的学习资源和学习路径,实现个性化教学和精准辅导。这不仅能够满足学生多样化的学习需求,还可以提高教学的针对性和效率,促进学生的个性化发展和学习成就。大数据技术可以帮助教师更好地了解学生的学习情况和行为特征,实现对学生学习过程的深入分析和精准预测,为教学决策和个性化教育提供科学依据和支持。通过利用大数据技术,教师可以更好地发现学生的学习规律和问题,及时调整教学策略和方法,提升教学效果和个性化教育水平。在高中英语教学中,应关注教育技术的发展和应用,这是提升高中英语教学质量和水平的重要途径之一,需要教育界和学者们共同努力,充分挖掘技术的潜力和价值,为教育事业的持续发展和学生的全面发展做出更大的贡献。

(三) 关注学生心理健康和情感教育

　　高中英语教育,除了关注学生的学术能力和核心素养培养外,还需要重视学生的心理健康和情感教育。在高中阶段,学生面临着学业压力、人际关系、自我认知等多方面的挑战,因此,教育工作者应该探索有效的心理辅导方式和情感管理方式,以促进学生全面发展和健康成长。学校可以建立健全的心理健康教育体系,包括心理健康课程、心理咨询服务等,为学生提供必要的心理健康知识和技能,帮助他们更好地应对压力和情绪波动。教师可以通过关怀与支持、倾听与沟通等方式,营造积极的班级氛围和良好的师生关系,为学生提供情感上的支持和安全感。同时,学校还可以开展各类丰富多彩的文体活动,让学生在参与中培养情感表达和交流的能力,增强团队合作意识和集体荣誉感。总之,关注学生心理健康和情感教育是高中英语教育的重要任务之一,通过探索有效的心理辅导和情感管理方式,可以更好地促进学生的全面发展和健康成长,为其未来的成功奠定坚实的基础。

(四) 加强教育改革和政策支持,建立健全的教育体系和管理机制

　　随着社会的不断发展和变化,教育领域也面临着日新月异的挑战和机遇。为了应

对这些挑战并实现教育事业的可持续发展,应加强教育改革和政策支持,建立健全的教育体系。

教师的教学应该以适应时代需求和学生发展为导向,积极探索教育的创新路径。具体包括改革课程设置、教学方法、评价体系等方面,以确保教育质量和教学效果的提升。教育主管部门应制定更加科学合理的教育政策,支持教育事业的发展。这包括加大教育投入、优化教育资源配置、提高教师待遇和培训水平等方面,为教育的健康发展提供坚实的物质保障和政策支持。同时,还需要建立健全的教育管理机制,强化教育监管和评估,确保教育工作的规范运行和质量保证。随着教育改革的不断深入和政策支持的不断加强,教育事业将迎来新的发展机遇,为培养更多有社会责任感、创新精神和国际竞争力的优秀人才奠定坚实基础。

第三节　总结与回顾

一、本研究的影响力与局限性

(一) 本研究的影响力

本研究在深入探讨高中英语教学创新实践过程中做出了重要贡献:

第一,通过对核心素养教学的概述和实施困境的分析,深入理解了英语学科核心素养的重要性及实践中的挑战。核心素养作为英语教学的重要组成部分,不仅关乎学生的语言能力,更涉及他们的思维能力、学习态度和综合素养的培养。然而在实践中,也面临诸多挑战,如传统教学模式的固化、评价体系的不完善以及学生学习动机的不足等。这些困境不仅影响教学效果的提升,也阻碍学生核心素养的全面发展。因此,对核心素养教学的概述和实施困境的深入分析,为我们进一步探索有效的教学策略和方法提供重要的理论基础和实践指导。

第二,结合新课标对核心素养的要求,提出了一系列的教学方法和策略,旨在提高学生的学习效果和核心素养水平。追求有价值的英语学习过程,强调寻求高效率、追求有价值和深度学习等概念,为教师提供了指导思路和实践方法。这些方法和策略不仅注重学科知识的传授,更侧重于培养学生的综合素养,包括批判性思维、创造性思维、沟通能力和合作精神等。通过实践和反思,我们不断完善和调整教学方法,确保其与新课标的要求相符合,为学生提供更高质量的英语学习体验。在教学创新实践方面,则以案例的形式呈现了具体的教学活动和成果,展示了不同教学模式和方法的有效性和可行性。这些案例涵盖了词汇教学、阅读教学、写作教学等多个方面,旨在激发学生的学习兴趣,提升他们的学习动机和学习效果。通过案例展示,向教师展示了如何运用不同的教学模式和方法,以及如何根据学生的特点和需求进行差异化教学。这不仅为教师提供丰富的教学资源和实践经验,也为学生提供了更加丰富多彩的学习体验和成长机会。

第三,通过构建有价值学习评价框架,探讨了评价体系的建设和实践方法,为教学质量的提升提供了参考依据。这一过程充分考虑了学生在核心素养方面的发展情况,不仅关注其学科知识掌握程度,还注重评估其批判性思维、沟通能力、创造性思维等方面的表现。建立了多元化的评价方式,涵盖了定期考试、课堂表现评价、项目作业评估等丰富的评价形式,以全面反映学生的学习情况和能力发展。同时,重视量化与定性相结合的评价方法,通过量化数据和定性分析相结合,确保评价结果客观准确。此外,还强调了自我评价与反思的重要性,鼓励学生和教师对学习过程进行反思和总结,以促进持续改进和提高教学效果。这一评价框架不仅为教师提供了科学有效的评价工具,也为学生提供了更加全面的学习指导和反馈,从而推动教学质量的不断提升。

(二) 本研究的局限性

在研究过程中也面临一些局限性和挑战。第一,由于研究范围和时间的限制,研究中未能对所有可能影响教学质量的因素进行全面分析,存在一定的主观性和片面性。第二,尽管研究中提出了一些教学方法和策略,但实际应用和效果尚需进一步验证和完善,需要更多实践经验和案例支持。第三,教育环境和学生特点的多样性也会影响教学效果的评估和推广,需要更多的实地调研和跨学科合作。第四,对于评价体系的建设和教学改革的推进还存在一定的局限性,需要进一步探讨和完善。因此,未来研究应该进一步深化对核心素养教育的理解和实践,探索更多有效的教学模式和方法,为提高学生综合能力和创新能力提供更为系统和科学的支持。

二、对英语教学的洞见与价值

本研究对指向核心素养的高中英语教学创新实践进行研究。在新课标概述的基础上利用理论结合实际的形式对高中英语教学创新实践进行分析。通过本研究,能为高中英语教学创新带来如下几点实践经验:

(一) 核心素养教学的重要性

研究中肯定了核心素养教学的重要性。按照核心素养要求展开有效教学,实现了英语教育的焦点从简单的知识传授到培养学生全面素养和能力发展的转移。传统英语教学中,往往侧重于语言技能的传授,如听、说、读、写等,而忽视了学生综合素养的培养。然而,现代社会对学生的要求已经不再局限于语言技能,更多地强调他们的思维能力、跨学科融合意识以及创新能力。

核心素养教学强调的是学生思维能力的培养。在英语学习中,不仅仅是掌握语法规则和词汇量,更重要的是培养学生的批判性思维、逻辑思维和创造性思维。通过引导学生进行思维导图、逻辑推理、问题解决等活动,可以激发他们的思维潜能,提高他们分析和解决问题的能力。另外,核心素养教学关注的是学生的跨学科融合意识。现代社会的发展已经越来越强调不同学科之间的交叉融合,而不是孤立地学习某一学科。在英语教学中,可以通过跨学科的教学设计和活动,将英语与其他学科如历史、文学、科学等进行有机结合,帮助学生更好地理解和应用所学知识。此外,核心素养教学还注重学生综合能力的培养,如沟通能力、合作能力、创新能力等。在英语学习中,不仅要培养学生的语言表达能力,还要注重他们的团队合作能力和创新意识。通过小组讨论、项目合作、实践活动等方式,可以帮助学生提高团队合作能力和创新意识,为他们未来的学习和工作打下坚实的基础。

(二) 追求有价值的学习

追求有价值的英语学习突出了教育的价值导向,强调教育应该为学生带来实际价值和意义,而不只是为了应付考试。这一理念的提出,意味着英语教学不再局限于简单地传授语言知识和技能,而是更注重培养学生的实际语言运用能力和跨文化交流能力,以应对现实生活和职业需求。

追求有价值的英语学习强调语言的实际运用能力。传统的英语教学侧重于语法和词汇教学,忽视了学生在真实交际中的语言运用能力。然而,在现实生活和职业中,人们更需要的是能够流利、准确地运用英语进行交流和沟通的能力。因此,英语教学应该注重培养学生的听、说、读、写能力,使他们能够在不同场合自如地运用英语,为他们的未来学习和职业发展打下坚实的基础。另外,追求有价值的英语学习注重跨文化交流能力的培养。随着全球化的发展,跨文化交流已经成为一个重要的趋势。在这样的背景下,学生需要具备跨文化意识和跨文化沟通能力,能够理解和尊重不同文化背景下的观念和习惯,并能够有效地与不同文化背景的人进行交流和合作。因此,英语教学应该注重培养学生的跨文化意识,通过文化交流和跨文化交流活动,使他们能够更好地适应和融入多元化的社会环境。

(三) 深度学习和探究学习的重要性

深度学习和探究学习在英语教学中的重要性不可忽视。这种学习方式不仅是简单地接受和记忆知识,而是通过深入思考和自主探索,激发学生的思维,培养他们的创造性和批判性思维能力。

深度学习和探究学习能够激发学生的思维。传统的英语教学往往侧重于教师的讲解和学生的接受,为此学生被动接收信息而缺乏主动思考的机会。然而,深度学习和探究学习强调学生的主动参与和深入思考,让他们借助探索和发现来建构知识,实现深入地理解所学内容。另外,深度学习和探究学习可以培养学生的创造性和批判性思维能力。在这种学习方式下,学生不仅要掌握知识,还要学会运用知识解决问题、发现问题的本质,并提出创新的观点和见解。通过探究性学习项目和深度阅读活动,学生可以培养自己的批判性思维,更好地理解和评价所学内容,提升自己的学术能力和创造力。

(四) 自主学习能力的培养

自主学习能力培养在现代教育中变得愈发重要。本研究强调把自主学习作为未来学习和生活中至关重要的技能,要求学生需要具备自主规划、自我激励、自我监控和自我评价等能力,以有效地应对各种学习挑战。对于英语教学而言,这一点尤为重要,因为英语是一门需要长期坚持和不断学习的语言,而且学习英语也是一个持续的过程,学生需要不断地更新知识、提升技能。因此,英语教学应该注重培养学生的自主学习能力,让他们能够在面对新的语言学习挑战时更加自信和有效地应对。

自主学习能力的培养可以通过多种途径实现。教师可以通过教学设计和指导,引导学生学会制定学习目标和计划,并教授他们使用各种学习策略和方法。例如,教师可以教授学生如何有效地使用词汇记忆方法、阅读理解技巧和写作技巧等,以提高他们的学习效率和成果。教师还可以通过激发学生的学习兴趣和动机,激发他们的学习潜能。例如,教师可以设计有趣、生动的教学活动和项目,让学生在实践中学习,提高他们的学习主动性和积极性。此外,教师还可以通过给予学生自主选择和控制学习的权利,激发他们的学习兴趣和动机。

(五) 教学创新实践的重要性

教学创新实践在英语教学中的重要性不言而喻。研究中所展示的案例,如词汇网络、跨文化阅读教学、探究性学习项目等,凸显了教学创新对于提升教学效果和吸引力的关键作用。如词汇网络的运用打破了传统的单一词汇教学模式,通过图形化的方式将词汇之间的联系呈现给学生,提高学生的记忆和理解效果。研究中提到的跨文化阅读教学不仅仅注重学生对英语文本的理解,更强调对不同文化背景和价值观的认知,促进学生跨文化交流能力和跨文化意识的培养。而探究性学习项目引导学生通过自主探索和实践活动,培养学生独立思考和问题解决的能力。这些案例都表明,教学创新不仅能够提高教学效果,更能够激发学生的学习兴趣和参与度,使他们更加积极主动地投入到学习中。因此,英语教学需要不断创新,以适应时代发展和学生需求的变化,提高教学效果和吸引力。教师应该积极探索和尝试各种教学方法和手段,不断改进和完善教学内容和形式,满足学生的学习需求和提升他们的学习体验。在不断持续教学创新下,英语教育才能与时俱进,真正发挥其教育功能,培养出更多具有综合素养和创新能力的英语学习者。

三、对教育实践的启迪与引领

本研究涉及英语教学创新实践的很多方面,从核心素养教学到深度学习、探究学习、自主学习以及教学创新等,每一章节都探讨了创新对于英语教学的重要性和实践方法。这些内容除了理论探讨,也对教育实践带来了影响和启迪。

(一) 核心素养教学引领教育实践从传统知识传授转向综合素养的培养

核心素养教学的引领对教育实践产生深远的影响。它不仅仅是一种新的教学方法,更是一种教育理念的转变,从传统的知识传授转向培养学生的综合素养和能力。这意味着教育不再仅仅关注学生的课程知识掌握程度,而是更加注重对他们的思维能力、情感素养、创新精神和团队合作能力等方面的培养。核心素养教学提示教师应该关注学生的综合发展,为他们提供更广泛的学习机会和更丰富的学习体验,引导他们成为具有全面素养和能力的现代公民。这种转变不仅能够提高学生的学习效果,更能够促进他们的个性发展和社会适应能力,为其未来的学习和生活打下坚实的基础。因此,核心素养教学的重要性在于它引领了教育实践朝着更加全面、多元、富有活力的方向发展,为学生的综合发展和社会进步做出了重要贡献。

(二) 肯定了教育的价值导向和学生深度思维、自主探究的重要性

研究中提出追求有价值的英语学习,并从深度学习、探究性学习、自主学习等方面对有价值学习进行分析。这些内容的研究突出了教育的价值导向和学生深度思维、自主探究的重要性,对教育实践产生深远的启示。在教育有价值导向下,教育不再仅仅追求学生的分数或表面的成绩,而是关注学生的综合素养和内在价值。教育的价值导向意味着教育应该以培养学生的品格、道德、创造力和社会责任感为目标,让他们成为有担当、有情怀、有追求的人。而学生深度思维和自主探究的重要性则提示教育实践应该注重培养学生的独立思考、问题解决和创新能力,引导他们主动探索、质疑和发现,实现真正的学习深度和广度。这些内容的启示将教育实践的目标从简单的知识传授转变为全面的人才培养,让教育更加关注学生的个性发展和社会责任,而非仅仅是追求学术成绩或浮华的荣誉。因此,这些内容对教育实践的启迪意味着教师需要重新审视教育的价值和目标,调整教学方式和方法,注重培养学生的综合素养和内在动力,使其真正成为能够为社会和人类进步有贡献的人才。

(三) 教学创新实践为教育提供具体的案例和方法

研究从多方面对追求有价值的教学创新实践进行案例分析。这些案例展示了教师如何运用创新的教学手段和方法,让学习更加生动有趣、实用而富有挑战性。如建立词汇网络等方法,学生能够更直观地理解词汇之间的关联,从而提高对词汇的记忆和应用能力;而跨文化阅读教学则拓宽了学生的视野,增强了他们的跨文化交流能力和文化素

养。这些实践案例提示着教师需要不断创新教学方法和手段，以应对不断变化的教育环境和学生需求。通过引入新颖的教学方式和技术，教师能够提高教学效果和吸引力，激发学生的学习兴趣和积极性。因此，教学创新实践不仅为教育实践提供了实用的指导和启示，更提示教师在教学过程中需要不断探索和创新，以不断提升教学质量和效果，促进学生的全面发展和成长。

参考文献

［1］包丰.指向思维品质培养的差异化文本解读[J].中小学英语教学与研究,2021(4)：57-62.

［2］毕胜.高中英语融合性词汇教学实践与探索[J].中小学英语教学与研究,2022(3)：12-15.

［3］陈彩虹,付建慧.促进深度学习的高中英语课堂评价[J].中小学英语教学与研究,2020(2)：63-66.

［4］程浩,张光陆.深度学习视角下的高中英语读后续写教学[J].中小学英语教学与研究,2021(6)：49-53.

［5］范文慧.逆向教学设计推进高中英语读后续写的深度学习[J].教学与管理,2021(16)：68-70.

［6］付永庆,刘丽,刘梦然.指向深度学习的高中英语单元整体教学实践策略[J].中国教育学刊,2023(2)：106-109.

［7］龚海平.试论英语深度学习的三个向度[J].中小学英语教学与研究,2021(9)：2-4.

［8］梁美珍.基于语篇知识的高中英语阅读教学设计例析[J].中小学英语教学与研究,2021(10)：44-48.

［9］林小燕.高中英语阅读教学的育人价值及其实现路径[J].中小学英语教学与研究,2020(9)：38-40,52.

［10］任美琴,吴超玲.指向学科核心素养的高中英语教学设计研究[J].全球教育展望,2020,49(7)：79-91.

［11］孙勇.情境视角下的英语深度学习研究[J].中小学英语教学与研究,2021(8)：61-64.

［12］唐书哲,袁辉.基于修辞手段的深度解读语篇的方法：以《牛津高中英语》中的"Appreciating Literature"为例[J].中小学英语教学与研究,2020(2)：18-21.

［13］王春苗,王继周,毛曦,等.深度学习与先验知识结合的英语地名音译技术[J].测绘科学,2020,45(5)：182-188.

［14］王飞涛.高中英语阅读教学中培养学生问题解决能力的实践与反思[J].中小学英

语教学与研究,2021(8):43-47.

[15] 吴亚东.立足语篇 问题引领 促进学生思维品质发展[J].中小学英语教学与研究,2021(5):27-31.

[16] 徐剑,袁辉.体认语言学视角下的英语词汇教学策略[J].中小学英语教学与研究,2022(4):16-20.

[17] 许莎莎.大观念视角下高中英语单元整体教学设计实践[J].中小学英语教学与研究,2021(8):56-60.

[18] 杨延从.英语学习活动观视域下高中英语新教材语篇教学编排思路与活动设计[J].中小学教师培训,2022(1):55-60.

[19] 杨宇学,杨建玫.试论新课标背景下中学英语教师的专业素养及其提升策略[J].中小学教师培训,2021(4):18-22.

[20] 袁辉,张小红.基于深度教学的高中英语语法教学实践[J].中小学英语教学与研究,2021(4):27-31.

[21] 张宏武.从教材视角看英语学科语言能力的实现路径[J].教学与管理,2022(21):91-94.

[22] 张华.论核心素养的内涵[J].全球教育展望,2016(4):10-24.

[23] 张学顺,崔广进.英语词汇深度学习的教学策略[J].教学与管理,2020(10):56-59.

[24] 赵连杰.如何在英语学习活动中生成和应用结构化知识[J].中小学英语教学与研究,2020(7):31-35.